恰同学少年

毛泽东与师长学友的交往

主编 王爱枝

山西出版传媒集团

山西人民出版社

图书在版编目（CIP）数据

恰同学少年——毛泽东与师长学友的交往 / 王爱枝主编. -- 太原：山西人民出版社，2014.1（2020.7重印）
ISBN 978-7-203-08381-8

Ⅰ. ①恰… Ⅱ. ①王… Ⅲ. ①毛泽东（1893～1976）—生平事迹 Ⅳ. ①A752

中国版本图书馆CIP数据核字（2013）第275992号

恰同学少年——毛泽东与师长学友的交往

主　　编：	王爱枝
责任编辑：	来普亮
装帧设计：	谢　成
出 版 者：	山西出版传媒集团·山西人民出版社
地　　址：	太原市建设南路21号
邮　　编：	030012
发行营销：	0351-4922220　4955996　4956039　4922127（传真）
天猫官网：	https://sxrmcbs.tmall.com　　电话：0351-4922159
E-mail：	sxskcb@163.com　发行部
	sxskcb@126.com　总编室
网　　址：	www.sxskcb.com
经 销 者：	山西出版传媒集团·山西人民出版社
承 印 者：	山西新浪印业有限公司
开　　本：	720mm×1010mm　1/16
印　　张：	20
字　　数：	300千字
印　　数：	11001-15000册
版　　次：	2014年1月　第1版
印　　次：	2020年7月　第4次印刷
书　　号：	ISBN 978-7-203-08381-8
定　　价：	39.00元

如有印装质量问题请与本社联系调换

出 版 人　李广洁
出版策划　来普亮

毛泽东人际交往丛书编委会

主　　编　王爱枝
执行主编　田　烨
编　　委　(以姓氏笔画为序)
　　　　　王爱枝　田　烨　田　烽　龙　梗　李　红
　　　　　李　强　李　晖　宋佩玉　金庆军　孟　原
　　　　　张小芳　张　祥　胡毅婕　柳承旭　段卫东
　　　　　贺晚霞　贾　娟　聂正平　唐桂兰　常　林
　　　　　郭芬云　黄　晨　曾　珺　樊　中　潘移风

本册撰稿　田　烽　黄　晨

钟山风雨起苍黄,百万雄师过大江。
虎踞龙盘今胜昔,天翻地覆慨而慷。
宜将剩勇追穷寇,不可沽名学霸王。
天若有情天亦老,人间正道是沧桑。

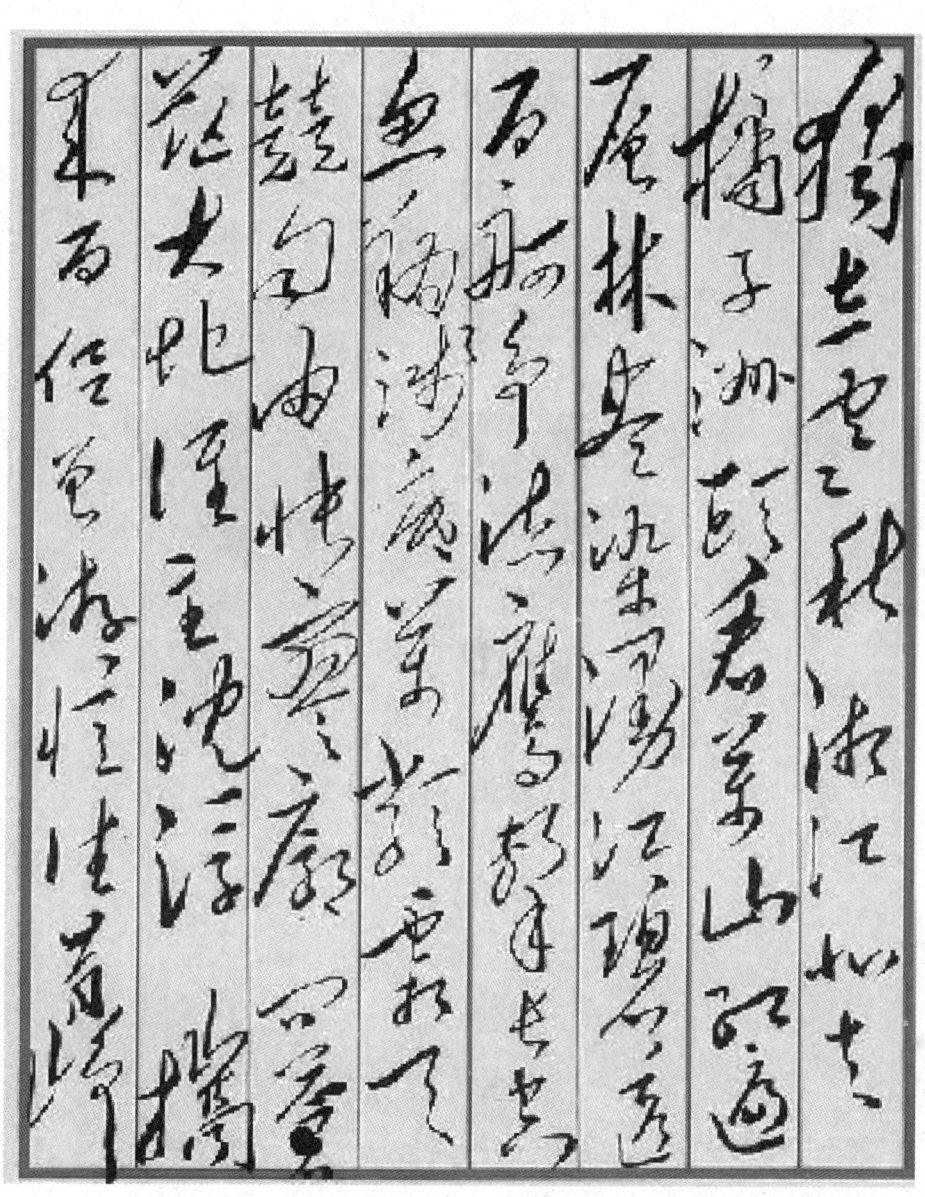

毛泽东手书《沁园春·长沙》

前言

20年前，为了纪念毛泽东诞辰100周年，我们曾着手策划出版一套《毛泽东交往百人丛书》。之所以选择"百人"这个字眼，是因为"100"这个数字在中国人眼里乃是吉祥而圆满的象征。在毛泽东诞辰100周年之际，出版这套丛书，表达的正是我们对伟人这样的一种祝福和怀恋的心情。这套丛书原计划出版6本，但由于方方面面的原因，当时仅有《军事人物篇》和《民主人士篇》问世，其余各篇，只好付之阙如，成为读者、编者乃至出版者的一件憾事。

10年前，为了弥补这一缺憾，我们约请部分原作者，请他们在当年书稿的基础上，重新编写剩下的4本书。但由于事出仓促，原作者又分散在北京、上海各地，最终只有《毛泽东与他的亲友》和《毛泽东与他的师长学友》两本书及时面世，再次留下了未尽的遗憾，令人扼腕叹息。

岁月如梭，光阴荏苒。转眼又是10年过去了，毛泽东在历史的旷野里愈行愈远。然而，面对这样一位对20世纪的中国乃至世界产生过巨大影响的历史巨人，人们不得不说，要了解20世纪的中国，首先就必须了解毛泽东；而要真正全面地了解毛泽东，又不能不去了解他的人际关系。在新世纪的10余年里，像"毛泽东的人际交往"、"毛泽东的人格魅力"这样的话题，仍然被人们常谈常新，意犹未尽。事实证明，这一不断延伸的历史时段，为我们提供了越来越长的审视距离。随着时间的推移，当伟人的音容笑貌在人们的记忆中变得日渐模糊的时候，他的人格魅力却会在现实的认知中变得更加清晰；他所留下的精神和思想经过历史风雨的洗礼与淬炼，其时代价值也变得越发真切和实在。

正是因为这样的原因,在过去的10年乃至20年里,不断有读者给我们(包括作者和编者)打电话、写信、发邮件,询问《毛泽东交往百人丛书》的后续出版情况。他们不仅对已经出版的4本书给予了充分的肯定,而且迫切要求把这套丛书出齐。殷切之情,溢于言表,令人感动,令人鼓舞。为此,我们再次经过多方努力,终于找到了部分当年的原作者,补齐了剩下的两本书,以谢广大读者对我们的关爱之情,也表达我们对毛泽东由来已久的缅怀之意。

都说"十年磨一剑"。我们经过20年的努力,终于把当年承诺的6本书全部出齐,但个中的曲折和艰辛,不足为外人道。回首往事,可以毫不夸张地说:过去的20年,既见证了毛泽东经久不衰的人格魅力和思想影响,也见证了广大读者对毛泽东日久弥深的崇敬和热爱;既检验了各位编撰者坚持毛泽东研究和宣传的恒心与毅力,也检验了出版者一切从读者需要出发的工作态度和尊重作者劳动的负责精神。

为了纪念毛泽东诞辰120周年,我们这次把6本书一起推出,重新命名,统一体例,统一封面设计,以全新的面貌面世。它们分别是:《数风流人物——毛泽东与民主人士的交往》《恰同学少年——毛泽东与师长学友的交往》《江天水一泓——毛泽东与文化名人的交往》《当年鏖战急——毛泽东与军事人物的交往》《谈笑人依旧——毛泽东与亲朋好友的交往》《当惊世界殊——毛泽东与国际人士的交往》。这种分类编写的方法,能够反映出毛泽东在不同领域、不同阶层与不同身份人物交往的不同内容和方式,便于人们了解毛泽东与各界人士交往的全貌、特点及其在各个领域里活动的具体情景。每本书各选约100人,大致可以覆盖毛泽东在各个领域里的人际交往活动,较为全面地再现毛泽东与各界人士交往的特点、过程以及交往情景、相互影响。

本着爱国不分先后、功劳不分大小、职位不分高低的原则,除《当惊世界殊——毛泽东与国际人士的交往》一书按英文字母顺序编排之外,其余各书一律按姓氏笔画顺序编排。人物的取舍、篇幅的长短,根据交往的深浅和材料的多寡而定。在记述毛泽东的交往过程中,还简要介绍了他所交往人物的生平经历,生动形象地反映他们的性格特征,同时还披露了一些鲜为人知的趣闻轶事。

在这次的编写出版过程中,我们对前两次出版的4本书进行了必要的修订并适当补充了新的材料,同时在书中增插了部分毛泽东手书的交往书信以飨读者。在编写过程中,我们参考了目前公开出版的有关毛泽东及其交往人物的各类书籍和报刊,同时又以更加翔实的资料和严谨的体例形成了自己的特色。这里我们谨对前人的劳作表示衷心的感谢,同时也为能留下一份毛泽东人际交往的系统材料而感到由衷的欣慰。对于编写过程中出现的错漏之处,欢迎有关专家、学者和广大读者批评指正。

说不尽的毛泽东,写不尽的毛泽东人际交往世界。在编写过程中,我们深感,毛泽东研究是一个历久弥新的时代课题,也是一个充满艰辛的求真历程。我们历经20年,虽然终于完成了毛泽东人际交往丛书的写作与出版,但仍然真心希望因纪念毛泽东诞辰而引发的高潮过去之后,留下基于恒心和平常心的持久关注,在广大毛泽东的崇敬者、爱好者的共同努力下,不断把毛泽东研究推向深入。

毛泽东人际交往丛书编委会

2013.11

目录

孔昭绶 ··· 001
　　毛泽东在湖南第一师范读书时的校长。在 1917 年和 1918 年"一师"经受的两次战乱中,他授权毛泽东组织学生保卫学校,使学校得以避免兵祸。

文正莹 ··· 004
　　他被毛泽东称作是自己真正的启蒙老师。他不仅教毛泽东读书识字,还教他做人的道理。

方维夏 ··· 007
　　毛泽东在湖南"一师"读书时的老师。他积极引导毛泽东等从事社会实践活动,放弃高官,四十多岁投身革命。

毛咏生 ··· 011
　　毛泽东在韶山关公桥私塾读书时的老师,他不仅严格督促毛泽东苦读经书,而且还辅导他练习书法……

毛岱钟 ··· 013
　　他是毛泽东的堂叔,也是毛泽东法学知识的最初启蒙者。他曾积极协助毛泽东从事农民运动,还曾协助毛泽东主编《政治周报》。

毛森品 ··· 016
　　毛泽东在东山高等小学堂、湘乡驻省中学的同学,关系甚密。大革命时期,在毛泽东的影响下积极参加了农民运动。新中国成立后,毛泽东曾三次赠款接济他的生活。

毛裕初 ··· 020
　　毛泽东在南岸私塾读书时的同学。1957年11月年应邀到北京,毛泽东在中南海丰泽园会见了他,离京时又送他钱物……

毛新梅 ··· 022
　　早年,他是韶山人民所称颂的"乡间好郎中",是大革命时期在韶山培养的共产党员之一,是"韶山五杰"中第一个为革命牺牲的人。

毛福轩 ··· 024
　　中共韶山党支部第一任书记,大革命时期毛泽东在韶山从事农民运动的得力助手,著名的"韶山五杰"之一。

毛简臣 ··· 026
　　毛泽东的堂祖父,曾跟随左宗棠的部队远征新疆,作过钱粮师爷。毛泽东曾在其创办的乌龟井私塾里读过半年书。

毛麓钟 ··· 028
　　毛泽东的堂伯父,是当时韶山毛氏家族中唯一的长沙府学秀才,毛泽东在其私塾中读过半年书。

王立庵 ··· 031
　　毛泽东在湖南"一师"读书时的数学老师。对于毛泽东的"偏科"现象,能给予充分的理解。他对毛泽东的循循善诱,使毛泽东改变了对自然科学的看法。

王光祈 ·· **034**
　　毛泽东加入少年中国学会的介绍人。对于他发动成立"工读互助团"的主张,毛泽东极为赞同。

王季范 ·· **036**
　　他既是毛泽东的表兄,又是毛泽东在湖南"一师"读书时的数学老师。他对毛泽东的成长极为关心,对他的革命事业也给予了大力支持。

邓中夏 ·· **040**
　　中共早期开展工人运动的卓越领导人,是毛泽东的亲密战友。他们曾作为中共早期工农运动的领导人并肩战斗。

刘仁静 ·· **043**
　　他和毛泽东相识于北大红楼图书馆,再见于中共"一大"会议上。后来因政见不同 分道扬镳……

刘天民 ·· **045**
　　她曾是童养媳,是毛泽东救她脱离苦海,引导她走上革命道路。后来,她曾帮助毛泽东摆脱军阀的追捕。

向警予 ·· **047**
　　中共的第一任妇女部长,第一个女中央委员,是"我国妇女运动"的先驱、"中国的蔡特金"……

朱其升 ·· **051**
　　曾经担保毛泽东加入新军,是毛泽东在新军里的同班战友……

朱剑凡 ··· 054
　　周南女校的创办者。毛泽东与他相识并建立了师生关系。他曾资助毛泽东创办文化书社……

汤增璧 ··· 057
　　毛泽东在湖南第一师范读书时的第一任国文教员。曾对毛泽东思想认识的发展产生过不小的影响。

汤藻贞 ··· 059
　　毛泽东早年在东山高等小学堂的同学，是一位颇有建树的数学家。英年早逝，毛泽东深感悲痛……

许志行 ··· 061
　　一个流浪者，和毛泽东在武汉萍水相逢。毛泽东曾资助他上学，待他亲如兄弟。

何叔衡 ··· 065
　　毛泽东在湖南省立第四师范和第一师范时的同学。曾协助毛泽东在湖南宣传马克思主义、筹备建党工作和创办长沙文化书社……

劳君展 ··· 069
　　新民学会会员。曾参加毛泽东在湖南发起并领导的"驱张运动"和留法勤工俭学活动，"周南四杰"之一。

张　干 ··· 071
　　毛泽东在湖南第一师范读书时的校长，曾给毛泽东等带头"闹事"的学生以记大过处分。新中国成立后，毛泽东亲自赠送钱物对其生活予以救济。

张平子 ·· 076
长期致力于《大公报》的编辑工作。新中国成立后,毛泽东曾两次邀请他登上天安门城楼观礼台。

张申府 ·· 078
毛泽东在北京大学图书馆工作时的同事。毛泽东后来称他为自己的顶头上司和老师。

张有成 ·· 081
一名乡村木匠,是毛泽东少年时期的好朋友。曾设法帮助毛泽东躲过国民党官兵的追捕。

张国基 ·· 083
毛泽东在湖南省立第一师范时期的同学,是最早赴南洋从事华侨教育的新民学会会员之一。

张昆弟 ·· 085
毛泽东在湖南省立第一师范时的同窗密友和早期的战友,曾共同发起成立了新民学会……

李大钊 ·· 088
中国共产党的创始人之一,又是一位著名的学者。毛泽东第一次到北京,由他安排到北大图书馆工作。

李元甫 ·· 092
毛泽东在东山学堂读书时的校长。在看了毛泽东入学时写的《言志》一文后,对毛泽东的才学极为赞赏,认为是一名"建国才"。

李　中 ·· 095
　　毛泽东在湖南省立第一师范的同学,曾被毛泽东称之为"我的'救命菩萨'"。新中国成立后,毛泽东曾三次写信邀请他去北京。

李立三 ·· 097
　　他和毛泽东一起积极领导工人运动,是我国工人运动的杰出领导人……

李启汉 ·· 101
　　曾经参加过毛泽东率领的"驱张"请愿团,赴北京请愿。后来成为上海工人运动的开拓者……

李思安 ·· 103
　　新民学会会员,曾受毛泽东之托去调查一起女士自杀事件。她还资助过毛泽东开办的长沙文化书社。

李振翩 ·· 105
　　他和毛泽东相识于1919年,是毛泽东率领的"驱张"请愿代表团成员之一。后来长期在美国从事医学研究。他回国访问时,毛泽东曾送给他湖南特产冬苋菜。

李耿侯 ·· 108
　　毛泽东儿时的学友。大革命时期韶山支部最早的党员和农民运动的骨干,著名的"韶山五杰"之一。

李漱清 ·· 110
　　在韶山被称做"过激派",毛泽东则把他称做是自己民主思想的启蒙老师。虽然毛泽东并未在其门下读过书。

杨昌济 ·········· 114
　　毛泽东在湖南第四师范和第一师范读书时的修身课老师，也是对毛泽东一生影响最为直接、关系最为紧密的老师。

杨树达 ·········· 118
　　我国现代著名语言文字学家，曾做过"中华民国"中央研究院院士。毛泽东在早年旁听过他的课。新中国成立后，毛泽东亲自推荐他做全国政协委员。

杨钟健 ·········· 122
　　陕西省最早与毛泽东结识和交往的人，曾举荐毛泽东到他父亲在陕西开办的中学任教……

邵飘萍 ·········· 124
　　毛泽东在北大参加新闻学研究会时认识的老师，毛泽东直到晚年还提及他对自己的帮助。

邹春培 ·········· 126
　　毛泽东的启蒙老师，被毛泽东视为"严师"。少时的毛泽东曾以逃学的方式造他的"反"。

邹普勋 ·········· 129
　　毛泽东私塾时的同学。新中国成立后，毛泽东曾接他到北京游览，并多次寄钱接济他的生活……

陈子博 ·········· 132
　　新民学会会员，参加"驱张运动"和文化书社，曾与毛泽东一道从理论和行动上为湖南建党做准备工作。

陈　昌 135
　　毛泽东在湖南第一师范时的同学和挚友，新民学会的重要成员。为毛泽东早年革命活动的得力助手。

陈独秀 139
　　被毛泽东称作是"五四运动时期的总司令"、"中国的普列汉诺夫"，在思想方面曾给毛泽东以相当大的影响……

陈润霖 143
　　毛泽东在湖南第四师范读书时的校长。五四运动中，他参与组织健学会，与毛泽东领导的新民学会相互配合，推动了湖南新文化运动的发展。

周少希 145
　　毛泽东在桥头湾和钟家湾私塾读书时的老师。他曾辅导毛泽东练习书法，主要研习钱体草书。

周世钊 147
　　毛泽东在湖南第四师范和第一师范求学时的同班同学，还是毛泽东诗词唱和的密友。他们的友谊持续了半个多世纪。

周辅仁 154
　　在湘乡高等小学堂时与毛泽东同学。他曾为毛泽东筹措300元银洋，作为革命活动经费。为此毛泽东亲自打了收条。

庞叔侃 156
　　大革命时期毛泽东亲手培养和发展的共产党员，"韶山五杰"之一。北伐战争中成为韶山农民自卫军的总指挥。

易礼容 ·· 158
  新民学会会员。曾积极配合毛泽东领导"驱张运动"……

易昌陶 ·· 162
  毛泽东在湖南第一师范的同班同学。他去世时,毛泽东曾为他写过许多挽诗和挽联……

易培基 ·· 164
  毛泽东在湖南第一师范读书时的国文老师。他担任"一师"校长时,曾聘请毛泽东为"一师"附小主事。

林　蔚 ·· 168
  在长沙明德中学求学期间,结识了毛泽东,并成为毛泽东组织的湖南第一批赴法勤工俭学的学生之一。

罗元鲲 ·· 170
  毛泽东在湖南第一师范读书时的历史老师。新中国成立后,毛泽东曾给他题写了"力食居"三个字,并允其作为家宅的匾额。

罗学瓒 ·· 174
  毛泽东在湖南四师和"一师"时的同班同学,新民学会最早的成员之一,并和毛泽东同在湖南自修大学附设补习学校和湘江中学任教。

罗　哲 ·· 178
  大革命时期,他曾任全国农协筹委秘书,是毛泽东的得力助手……

罗教铎 ·· 180

　　毛泽东在湖南第一师范读书时的物理老师。在驱逐军阀张敬尧的运动中,他和毛泽东一道赴北京请愿。

罗章龙 ·· 182

　　当年积极响应"二十八画生"的征友启事,与毛泽东结成好友。后来,他淡出政治,长期在高校从事教学科研工作。

恽代英 ·· 187

　　中国青年运动的领袖。当年他组织领导的利群书社和毛泽东的文化书社有密切的业务往来……

柳　潜 ·· 190

　　毛泽东在湖南省立第一中学读书时的国文老师兼班主任。称赞毛泽东"才气过人,前途不可限量"……

胡　适 ·· 192

　　在一段时间内曾被毛泽东视做"楷模"。毛泽东在北大图书馆工作期间,加入了胡适等发起的哲学研究会……

胡汝霖 ·· 196

　　毛泽东在湖南省立第一中学和湖南第一师范读书时的老师。曾将自己珍藏的《御批历代通鉴辑览》借给毛泽东阅读。

贺尔康 ·· 199

　　湖南农民运动的领袖之一,被衡山群众亲切地称为"湖南的彭湃"。曾在韶山协助毛泽东开展农民运动。

贺岚岗 ················ 201
毛泽东在湘乡东山学堂读书时的老师。后来他到湘乡驻省中学任教,又把毛泽东带到那里。

贺　果 ················ 204
毛泽东在湖南第四师范和第一师范读书时的同班密友,共同求学的时间长达5年半之久。而他们之间的友谊,则延续了50多年。

钟志申 ················ 207
他和毛泽东曾经一同在韶山南岸私塾诵读经书,一同在池塘游泳欢悦,一同在课堂接受私塾先生的体罚……

唐自刚 ················ 209
早年在文化书社当营业员,与毛泽东算是同事,毛泽东亲切地称他为"我的小同乡"。

夏　曦 ················ 212
早年毕业于湖南第一师范学校,是毛泽东的学弟,也是中共早期参加新民学会的党员之一。

徐特立 ················ 215
毛泽东在湖南第四师范和第一师范读书时的老师。他的"不动笔墨不看书"的读书方法,使毛泽东受益终身。

袁仲谦 ················ 221
毛泽东在湖南第四师范和第一师范时的国文老师。在他的引导下,毛泽东掌握了古文写作技巧。

郭伯勋 ······ 223
　　毛泽东在韶山井湾里私塾读书时的塾师。据说他"能掐会算",当年曾断言毛泽东日后必成大器。

郭　亮 ······ 225
　　在毛泽东的影响下,加入了新民学会,并成为湖南最早的党员之一……

郭梓材 ······ 228
　　在韶山井湾里私塾上学时,他和毛泽东形影不离,情同手足。他和家人曾两次掩护毛泽东躲过军阀的追捕。

郭梓阁 ······ 232
　　毛泽东在井湾里私塾念书时的同窗好友,曾经救过毛泽东。新中国成立后,他被划为地主,但毛泽东却说他"是个好人"。

黄　爱 ······ 235
　　他和庞人铨是毛泽东在湖南开展工人运动时首先团结的湖南劳工会领袖。

符定一 ······ 237
　　毛泽东在湖南省立第一中学读书时的校长。解放战争时期,他曾向中共中央进言解决平津问题的方策……

萧　三 ······ 241
　　毛泽东小学、中学时代的同学,青少年时代的挚友,早年一起参加革命活动。

萧子升 ··· **246**

他和毛泽东相识于湘乡东山高等小学堂。求学于湖南第一师范,他是毛泽东青少年时代最亲密的伙伴之一。由于思想观念的分歧,他们逐渐由亲密转向疏远……

萧佚名 ··· **250**

毛泽东在湘乡东山高等小学堂读书时的音乐和英语老师。毛泽东通过他的介绍,开始注意中国以外的事情……

彭友胜 ··· **252**

毛泽东在新军里当兵时的副目,常常手把手地教毛泽东擦拭枪支、打靶;毛泽东则教他读书、写字……

彭泽民 ··· **254**

中国农工民主党的创建人之一。和毛泽东在20年代结下了深厚的友谊。

彭道良 ··· **257**

毕业于湖南省立第一师范学校,是毛泽东的学弟,新民学会会员。

彭　璜 ··· **260**

毛泽东在五四运动的浪潮中结识的亲密朋友。他们一起领导湖南学生联合会,筹办《湘江评论》,发起成立文化书社……

蒋竹如 ··· **263**

毛泽东在湖南省立第一师范求学时的同学,长期从事教育工作。新中国成立后,毛泽东曾鼓励他对汉语语言文字进行改革。

蒋梯空 ································ 266
蒋、毛两家是世交,因此他很早就认识毛泽东。他是毛泽东亲自培养的中共党员,后来成为毛泽东在韶山开展农民运动的得力助手。

谢觉哉 ································ 269
曾考取过秀才,在毛泽东等人的影响下,走上了革命道路。1933年,曾担任过毛泽东的秘书……

熊光楚 ································ 272
奉毛泽东为"己身言行之准"。曾利用自己在湖南省立第一师范学校图书馆当管理员的机会为毛泽东借书提供便利……

熊瑾玎 ································ 275
毛泽东主持筹建的湖南自修大学建立后,他曾担任自修大学的教务主任,为培养农民运动的骨干和党员的教育竭心尽力。

蔡元培 ································ 277
中国近现代史上著名的民主革命家、教育家、科学家,被毛泽东称为"学界泰斗,人世楷模"。毛泽东曾为他的两次演讲作过记录。

蔡和森 ································ 280
他和毛泽东相识于第一师范学校。"一个共产党员应该做的,和森同志都做到了。"毛泽东用简短的话语概括了蔡和森短暂而不平凡的一生。

谭世瑛 ·· 284
　　在东山高等小学堂,曾同毛泽东同窗共寝,友谊深厚。新中国成立后,毛泽东对他的境况"深表同情",并多次汇款,予以资助。

谭咏春 ·· 286
　　他是毛泽东在东山高等小学读书时的国文老师和级主任。在他和其他老师的帮助下,毛泽东得以走出乡关,到长沙湘乡驻省中学就读。

谭泮泉 ·· 289
　　毛泽东在湘乡驻省中学读书时的同学,两人过从甚密。1925年8月,毛泽东遭军阀赵恒惕围捕,在他的掩护下毛泽东得以脱险。

黎锦熙 ·· 291
　　毛泽东在湖南第四师范和第一师范时的历史老师,和毛泽东有长达60多年的历史之交。毛泽东对他非常敬重,尊称他为"邵西先生"。

孔昭绶

毛泽东在湖南第一师范读书时的校长。在1917年和1918年"一师"经受的两次战乱中,他授权毛泽东组织学生保卫学校,使学校得以避免兵祸。

孔昭绶,生年不详,1918去世。字竞存,湖南浏阳人,早年毕业于湖南高等师范学堂。1914年,孔昭绶到日本东京法政大学学习,1916年从该校毕业,取得法学学士学位。他曾在长沙多所中学、师范学校任教,1913年和1916年两度出任湖南第一师范校长。

1916年,孔昭绶重返湖南第一师范主政,对学校进行了大刀阔斧的改革。他首先聘请了一批道德高尚、有学问、思想进步的老师到湖南第一师范执教,这些人中大都是师范毕业并从事过师范教育的专门人才,还有6人是留过洋的,他们中的很多人对毛泽东的成长产生过比较大的影响。在这之后,孔昭绶还着手全面制定学校教育方针,修改各项章程,调整教学内容。为了突出新文化运动的主题,他确定"采最新民本主义规定教育方针",以"知耻"二字为校训中心,以"人格教育、国民教育、实用教育为实现救国强种唯一之教旨"。他还在总结以往办学经验的基础上、吸收东西方一些国家的教育方式和管理办法,加强对教职员工的管理,注重提高教学质量。他主张学生的学习不要局限在课堂之内,提倡学生的学习要深入社会。孔昭绶的改革给湖南第一师范带来了新的气象。湖南第一师范校史对他的评价是:"孔昭绶顺应新文化运动的潮流,运用在国外考察教育的成果,进一步发展了湖南第一师范的民主教育,并使之章程化、制度化。"由此可见,孔昭绶对湖南第一师范建设有着卓著的贡献。

毛泽东在湖南第一师范读书的头两年,对学校的管理制度大为不满,产生了退学的想法。在孔昭绶第二次主政湖南第一师范之初,毛泽东向学校提出了退学申请。孔昭绶在弄清了事情的原委后,劝毛泽东不要急于退学,让他过一段时间再做决断。另外,毛泽东的朋友萧子升比毛泽东高两届,孔昭绶第一次在湖南第一师范当校长时他也在该校读书,对孔昭绶的人品能力比较了解,他也劝毛泽东不要退学。在他们的劝说下,加之孔昭绶的改革与毛泽东的许多想法不谋而合,于是,毛泽东打消了退学的念头,继续留在湖南第一师范读书。他从此安定下来,一面认真读书,一面积极参加社会活动。

对于毛泽东主持的学友会和工人夜学的工作,孔昭绶都给予了充分肯定,大力支持他开展各项活动。

在孔昭绶所采取的革新举措中,与毛泽东关系最密切的是组建湖南一师学生志愿军。1916年10月,学校贴出成立学生志愿军的布告后,学生们踊跃报名,毛泽东也积极报名参加。学校把报名的学生编成一个营,营下设两个连,每一连有3排,每排3班,每班14人,共计269人。学生志愿军除在课内学习军事常识外,还在课外进行军训,学习基本的军事技能。孔昭绶亲任学生志愿军"总指挥",总指挥部设纠察员,由学监担任,负责总指挥交办的有关志愿军的一切事务。营长、副营长由兵式操教师担任,营以下的连、排、班长由学生充当。刚开始,毛泽东被孔昭绶任命为一连连部的上士文书,负责传递上级命令,担任本连一切文牍事务。第二年,因在袭击溃兵的战斗中指挥有功,毛泽东被提升为第一连连长。

那是1917年11月护法战争期间,由北洋军阀政府派往湖南镇压护法运动的军阀傅良佐,被桂系军队打败,他带着残兵败卒逃出长沙,向湖北方向溃退。而桂军还在衡山、湘乡一带,长沙成为一座空城,只有少数的地方警察维持秩序。11月20日,增援傅良佐的北洋军某混成旅之一部3000多人,由株洲、湘潭一线沿铁路向长沙撤退,已经到了距离湖南"一师"不远的猴子石一带。消息传到学校,全校顿时陷入紧张慌乱的状态之中,校方准备将师生疏散到城东暂避。毛泽东反对撤离,他提出让正在受军事训练的学生志愿军负责守卫。校方同意了他的建议。毛泽东亲自带人去打探敌情,了解到北洋溃兵完全陷入饥饿、疲劳之中,犹如惊弓之鸟,战斗力基本丧失。于是,经过精心策划,毛泽东指挥学生志愿军对溃兵进行袭击,打了敌人一个措手不及,将他们全部缴械,使长沙城避免了一场兵祸。毛泽东的胆识和才能受到了全校师生的一致称赞,校长孔昭绶鉴于毛泽东的非凡表现,提升他为一连连长。对毛泽东来说,这件小事是他平生搞的第一次军事行动。事后,人们称毛泽东"浑身是胆"。

1918年春,南北军阀之间再次发生战争,张敬尧的军队侵入长沙。在这次战乱中,孔昭绶授权毛泽东以学生志愿军为基础组织警备队,毛泽东担任警备队队长,负责护卫学校。毛泽东带领警备队日夜巡逻,严密地保卫着学校,使学校仍能照常上课。为了纪念这件事,孔昭绶特命摄影留念,并在照片上题写:"戊午上期,本校教职员学生弦歌不辍,几不知有兵祸云。"这张照片作为毛泽东当年带领学生志愿军护校的见证,至今还陈列在"湖南第一师范毛泽东同志纪念馆"内。

孔昭绶当时还亲笔将毛泽东带领学生志愿军智取溃军、组织警备队护校等事情记入《一师校志》,并将毛泽东写的1917年到1918年间的《学友会记事录》一本、《夜学日志》两本一起收藏起来。1951年,它们在孔昭绶家中被发现,成为研究湖南一师和毛泽东在该校的学习生活情况的珍贵历史资料。

毛泽东在湖南"一师"的这段经历,为他后来从事革命活动打下了坚实的基础。1936年,他在陕北与美国记者爱德加·斯诺谈话时说道:"我在湖南省立第一师范学校的生活中,发生的事很多,我的政治思想也在这一时期开始形成。在这里,我也获得了社会活动的最初经验。"1949年,毛泽东在北京接见当年的老同学时讲道:"我没有正式进过大学,也没有到国外留学,我的知识,我的学问,是在'一师'打下的基础。'一师'是个好学校。"

文正莹

他被毛泽东称作是自己真正的启蒙老师。他不仅教毛泽东读书识字,还教他做人的道理。

文正莹(1859—1929),号玉钦,湖南韶山市韶山区大坪乡大坪村唐家圫(当时属湘乡县)人,是毛泽东的八舅父。从1896年春至1902年春,毛泽东在唐家圫外婆家寄养过一段时间。在那里,他成为文正莹所开私塾的一名"旁听生",接受了长达数年的学前教育。

当时,毛泽东只有几岁,还没到上学的年龄,其外祖母见他一个人没人照看,怕出意外,就让他的表哥文运昌、文南松等带他到舅父文正莹的私塾里玩耍。没想到毛泽东竟能安静地坐下来听课,跟学生们一起念书。后来他居然把《三字经》、《百家姓》等课文背下来。看到毛泽东读书这样有天赋,文正莹就有意对他进行培养。除了在课堂上教毛泽东读书识字外,文正莹还抽空教毛泽东读一些适合儿童口味的古诗,像曹植的《七步诗》、骆宾王的《咏鹅》、李白的《静夜思》以及李绅的《悯农》等脍炙人口的诗歌名篇。后来文正莹见毛泽东接受能力特别强,就拿自己在课堂里给学生们讲授的文章来教毛泽东。

关于毛泽东在这个时期受教育的情况,毛泽东的表兄文南松曾回忆道:父亲文正莹对毛泽东抱有较高的期望,常常教给他一些超出年龄范围的东西。如让毛泽东读难度较高的童蒙诗书《千字文》和《六言杂字》,还给毛泽东讲授过被鲁迅先生称之为"夸着读书人光荣"的《神童诗》。文南松说,当时他和表弟毛泽东都还小,不懂诗中的含义,只朦朦胧胧地记得父亲说过,这是宣讲读书好处的书,就跟着他囫囵吞枣地背诵,由于该诗朗朗上口,易于记忆,竟学会了不少。

除了教毛泽东等读书识字外,文正莹还相当注重对后辈们做人方面的教导,希望他们"干正事,走正道,成大器"。他曾手抄《家范箴言》一卷,用来教育学生。

1902年春,毛泽东由父亲接回韶山正式入私塾接受教育。临行前,文正莹送给毛泽东一本《康熙字典》。

对于文正莹给予自己的启蒙教育，毛泽东在1951年会见表兄文运昌时，还饶有兴味地谈起童年时做"小小陪读郎"的趣事，称赞舅父文正莹说："他才是我真正的启蒙老师哩！"在这之后，文正莹对毛泽东的成长与事业一直极为关注。在毛泽东正式读私塾期间，他经常借给毛泽东一些书籍报刊，从而拓展了毛泽东的视野。1910年秋，文正莹听说毛泽东的父亲毛顺生想让他到湘潭一家米店学经商，于是他会同毛泽东的几位老师和其他亲友一起说服毛顺生，让毛泽东到湘乡东山高等小学堂继续读书。

1918年夏，毛泽东从湖南"一师"毕业，为组织湖南青年赴法勤工俭学活动，前往北京。在走之前，他把生病的母亲托付给舅父们照顾，并给文正莹等写了一封信。信中写到：

> 前在府上拜别，到省忽又数日。定于初七日开船赴京，同行有十二三人。……家母在府上久住，并承照料疾病，感激不尽。乡中良医少，恐久病难治，故前有接同下省之议。今特请人开来一方，如法诊治，谅可收功。如尚不愈之时，到秋收之后，拟由润莲护送来省，望二位大人助其成行也。

1919年，毛泽东回到长沙，为提供母亲治病费用和生活所需，他应聘到长沙修业小学担任历史教员。在这期间，毛泽东于1919年4月28日写信给文正莹等亲戚，告知母亲在长沙治病情况，并对于舅父舅母对母亲的精心照料表示感谢。后来，毛泽东的母亲终因医治无效，于1919年10月病逝。文正莹帮助毛家料理了后事。

1921年春节期间，为动员亲人投身革命，毛泽东从长沙回到韶山。他曾专程到舅父家给文正莹及舅母拜年，还让舅父帮其处理家中田产。文正莹支持毛泽东变卖家产的举动，派两个儿子协助毛家妥善地处理了此事。

1922年11月，毛泽东在长沙主持中共湘区委员会和中国劳动组合书记部长沙分部的工作，他趁有同乡回乡之机，特地修书一封给文正莹。信中说：

舅父母大人尊前：

> 久不通信，疏忽得很！二位大人谅都人好，合宅谅都安吉！甥在省身体尚好，惟学问无进，甚是抱愧！刘先生回乡之便，托带片言，借当问候。有便望二位大人临赐教诲为祷！敬颂德安！

甥 毛泽东上
十一月十一号

1925年2月至8月，毛泽东偕妻子杨开慧回乡养病期间，在韶山开展农民运动，并创建韶山党支部。期间，毛泽东曾多次到唐家圫看望文正莹夫妇，还发动外祖父家的亲友们参加农会。

1927年春节前夕，毛泽东以国民党中央候补执委的身份回到湖南，对湘潭、湘乡、衡山、醴陵、长沙五县的农民运动进行考察。在此期间，毛泽东回到家乡，请文正莹出面把唐家圫的父老乡亲叫到一处，向他们宣讲办农会的好处，介绍革命的形势。在毛泽东的动员下，外祖父家的很多亲戚都积极投身于农民运动之中。

大革命失败后，毛泽东发动和领导了湘赣边界秋收暴动，接着，率部上井冈山创立了第一个农村革命根据地，走上了以武力反对国民党反动派统治的道路。反动派在对革命军队实施"围剿"的同时，也对毛泽东的亲属进行迫害，文正莹一家被列为"匪属"，屡次遭到缉捕。1929年2月22日，军阀许克祥部将文正莹抓获。匪兵对文正莹施尽酷刑，逼他同毛泽东脱离舅甥关系，公开宣布不认毛泽东这个外甥，招供外甥媳妇杨开慧的去处，均被他严词拒绝。后来，因为地下党组织发动湘乡县各界士绅联名作保，也由于文正莹年迈体弱，已被匪兵折磨得奄奄一息，才被释放回家。文正莹回家后，因伤疾不治，于当年故去。

新中国成立后，毛泽东于1951年4月邀请表兄文运昌、文涧泉到北京叙旧。见面后，谈及八舅文正莹，毛泽东动情地说："八舅是个大好人啊，他不仅是我知识上的启蒙老师，他还教我怎样做人。他对我毛泽东是有大恩的。"毛泽东还表示，有时间的话，想到舅家看看去，也去给文正莹上上坟。

1959年，毛泽东回到阔别32年的故乡，他特意派人把外婆家的人接到韶山，并与他们合影留念。

方维夏

毛泽东在湖南"一师"读书时的老师。他积极引导毛泽东等从事社会实践活动,放弃高官,四十多岁投身革命。

方维夏(1880—1936),又名绪光,肖国,号竹雅,湖南平江人。1909年毕业于湖南优级师范学堂,后留学日本。1911年学成回国,到湖南第一师范学校任博物、农业课教师,1916年被聘为湖南"一师"学监。在此期间,方维夏被选为湖南省议员。1920年他离开湖南"一师",出任湖南省教育会会长。据《湖南第一师范校史》记载:方维夏在湖南"一师"担任了近5年的学监主任,其地位和作用仅次于校长孔昭绶,是公认的"实权派人物",为湖南"一师"民主教育事业的发展和人才的培养做出了重大贡献。

方维夏为人公正,品德高尚,在湖南"一师"乃至湖南教育界享有很高的威望。他在"一师"任教期间即被选为省现补议员,后被选为省议员。他平易近人,重视教学与实践相结合。在担任农业课教师时,亲自领着学生开辟实习场地,种植各种农作物。

方维夏最初认识毛泽东是在1914年春。当时毛泽东就读的湖南第四师范并入湖南第一师范,方维夏刚好是毛泽东所在班级的任课教师。开始,他们的交往并不太多。后来,方维夏和杨昌济、黎锦熙等人在长沙李氏芋园组织了"宏文图书社",毛泽东经常到那里参加活动。1915年上半年,毛泽东和蔡和森、陈昌、张昆弟等组织课外哲学学习小组,也经常到李氏芋园向老师们请教问题,方维夏也是他们走访、请教的对象,有时就在方维夏家中进行讨论。通过经常的接触,方维夏对怀有远大抱负的毛泽东加深了了解,也极为赞赏,由此开始结下深厚的友情。

在1915年上半年湖南"一师"发生的驱逐校长张干的学潮中,校方决定开除毛泽东为首的17名学生。方维夏站在学生一边,同徐特立、杨昌济、袁仲谦、王季范等老师一道据理力争,为学生们辩护。在他们的压力下,校方最后改为给毛泽东等记大过处分，使他们免于被开除出校。

毛泽东在"一师"读书期间，受方维夏的影响，非常重视社会实践，积极参与和组织了不少社会活动。当时方维夏提倡读书要面向社会，鼓励学生们走出学校的"小课堂"，投身社会的"大课堂"，真正做到理论联系实际。为实现自己的教育构想，方维夏在湖南"一师"首创了"修学旅行"的教学模式，以校章的形式对学生提出节假日做旅行调查的各种规定，从制度上保证"修学旅行"的推行。受方维夏的影响，毛泽东利用课余时间和节假日进行修学旅行。在1917年夏、1917年12月、1918年夏，毛泽东和其他同学一起在湖南部分地区进行过几次"游学"活动。这些都加深了毛泽东对中国社会，尤其是对广大农村的了解。

另外，毛泽东还参与了组建新民学会、主持湖南"一师"学友会和创办工人夜学等社会工作。特别是对于后两项活动，方维夏给毛泽东以极大的支持。1917年下半年，湖南"一师"学友会进行改组，时任"一师"学监主任、学友会代理会长的方维夏推荐毛泽东担任学友会总务，他们共同负责主持学友会工作。毛泽东在方维夏的支持下积极开展工作，他的提议大多都获得通过。据湖南"一师"校史记载：1917年10月13日、14日，在学友会职员会议上，总务毛泽东的6项提案获准通过。在方维夏提出的"务实、致用"的办会思想指导下，毛泽东在学友会中主要开展学术研究和体育锻炼这两件工作。由于领导得力，学友会各项活动空前活跃。仅1917年10月15日至11月26日期间，学友会各部的活动就有64次之多。1918年5月，毛泽东在毕业前夕将学友会的会金、器物、图书及簿据等移交给校方。方维夏对毛泽东主持学友会的工作给予了高度评价，他嘱咐学生将该届会务活动成功经验留传下去。毛泽东对学友会今后的工作提出了具体建议，形成文字后交给方维夏。

1917年秋到1918年夏，毛泽东和方维夏共同主办工人夜学，这是他们主持学友会期间所办的一件大事。方维夏和毛泽东经过了解和商量，确定以湖南"一师"右侧的国民学校教室为工人夜学的校址，以在湖南"一师"附近居住的产业工人和校内工友为培养对象。为了使工人了解办学的意图，毛泽东为学友会起草了一份通俗的白话招生广告，并印刷了近千份，由毛泽东和同学们带着挨家挨户进行宣传。几天之内，就有100多人报名参加工人夜学。经过精心筹备，工人夜学在1917年11月9日正式开学，方维夏亲自主持了开学典礼。毛泽东还在夜学担任历史课老师。为了办好工人夜学，毛泽东经常找工人谈心，听取他们对教学的意见和要求，不断改进教学方法。为了进一步扩大社会影响，毛泽东还在1918年3月19日的湖南《通俗教育报》上发表《告夜学生》一文,详细介绍了"一师"举办工人夜学的情况和经验。通过举办工人夜学,毛泽东了解了工人的生活状况,并与他们建立了深厚的感情,"一师"附近的工人们都亲切地称他"毛先生",为后来毛泽东在长沙开展工人运动奠定了良好的群众基础。

1920年,毛泽东在长沙筹划创办一个传播马克思主义和新文化书刊、报纸的书社。他找到当时已担任湖南教育会会长的方维夏谈了他的想法,方维夏对毛泽东的主张极为赞同,答应参加投资并为毛泽东联络教育界人士参与集资。他们还商定了创办书社的具体事宜,将书社定名为"文化书社"。为了向社会宣传文化书社,1920年7月31日,毛泽东在湖南《大公报》上发表《发起文化书社》一文。8月中旬,"文化书社"正式开业。在方维夏等社会名流的扶持和毛泽东等人的苦心经营下,"文化书社"的发展十分迅速。在其开办的7年间,先后在平江、浏阳、宝庆、衡阳、宁乡、武冈、隆回、溆浦等地设立了分社。

1920年9月,毛泽东等在长沙发起成立俄罗斯研究会,此事也得到方维夏的大力支持。在此之前,方维夏出面借用长沙县知事公署的会议室,召开了俄罗斯研究会的筹备会议。9月16日,俄罗斯研究会在文化书社举行成立大会,方维夏等人出席了会议,毛泽东被推选为书记干事。该会成立后,开展了对俄国十月革命和马克思主义的研究,还介绍刘少奇、任弼时、肖劲光等16名进步青年赴苏俄学习,这些人中的多数后来成为中国共产党早期的领导骨干。1924年,已届天命之年、身为中国国民党老党员的方维夏,由中共湘区委员会接纳为中国共产党党员,实现了他人生的根本转折。1926年,方维夏投身北伐战争,出任国民革命军第二师党代表,参加了进军江西、攻打南昌的战斗。

大革命失败后,方维夏参加了南昌起义,任起义军第二十军第一师党代表。此后,党组织安排他赴苏联莫斯科,进入中山大学特别班学习。

1931年,方维夏从苏联回国,奉命到闽西革命根据地担任红军学校政治部主任。1932年中华苏维埃共和国临时政府成立后,方维夏受毛泽东邀请到江西瑞金担任总务厅厅长,后当选为江西省苏维埃政府执行委员兼教育部部长。1933年,方维夏调入湘赣革命根据地,担任湘赣苏维埃政府教育部部长兼裁判部部长。1934年8月,湘赣的红六军团在任弼时、王震、萧克率领下突围西征,方维夏奉命留守湘赣坚持革命斗争。1935年4月,方维夏率领湘赣红军独立第四团到湖南开辟游击区。1936年4月,因叛徒出卖,被捕后英勇就义。

半年后，毛泽东在陕北听到方维夏牺牲的消息，非常痛心，他对时任中华苏维埃共和国中央政府教育部部长的徐特立说："方先生是我的好老师、好同志啊！他敦品励学，德高望重，放着国民党的高官不做，四十多岁投身革命，了不起呀！"

毛咏生

> 毛泽东在韶山关公桥私塾读书时的老师，他不仅严格督促毛泽东苦读经书，而且还辅导他练习书法……

1904年秋，毛泽东就读的南岸私塾由于塾师邹春培出远门而关闭，他被父亲送到韶山关公桥私塾。这里的塾师是毛咏生（生卒年不详），毛泽东称呼他为"开四阿公"。毛咏生教书严肃而认真，对待学生非常严厉，学生们对他都有一种畏惧感。新中国成立后，毛泽东在接见他少时的另一位老师李漱清时，曾询问过毛咏生的情况，并这样回忆道："他很恶，那时我们读书都怕他。"

毛泽东在关公桥私塾求学时，科举制度在中国已临近废除，不少地方已经开设了新式学堂，但是在韶山，私塾仍是儿童们读书求学的唯一选择。毛泽东的父亲供他念书也没有多大的要求，无非是略识几个字，便于记账或打官司等。毛泽东在这所私塾的学习任务是读书识字，主要还是接受启蒙教育。当时私塾里使用的教材是《三字经》、《百家姓》、《增广贤文》、《幼学琼林》以及"四书"、"五经"等普及性读物，所以毛泽东自小就接受了儒家文化传统的熏陶。当时私塾里普遍的教授方法是让儿童死记硬背，经书里说的是什么先生并不去讲解，小学生们大都莫名其妙，有的完全不懂，有的似懂非懂。毛泽东并不太喜欢这些枯燥难懂的经书，但他有着过人的记忆力和理解力，仍然学得很好。在毛咏生的严格督促下，毛泽东在关公桥私塾苦读了半年经书，这使他自幼就对儒家的经典著作非常熟悉，到成年后著书写文章总能旁征博引，运用典故娴熟自如。

另外，在毛咏生的辅导下，毛泽东开始练习毛笔字，主要是师法欧阳询的风格。欧阳询是唐代著名的书法家，他的字笔力险劲，结构独异，行书、楷书都名冠一时。毛泽东主要是吸收了欧阳询书法的飘逸风格。

在关公桥私塾的书法练习，为毛泽东后来在这方面达到相当高的造诣打下了最初的基础。自此，毛泽东对书法产生了浓厚兴趣，以后更成为他的终身嗜好。投身革命后,无论是在艰苦的战争年代,还是和平建设时期,他从未间断书法的练习,在吸取欧阳询、怀素、徐渭、王铎、祝允明、米芾、黄庭坚等历代名家优长的基础上,最终成为中国20世纪书法的杰出代表之一。他的书法不但在艺术上形成了一个独立体系,而且在内容上成为团结人民、教育人民、打击敌人和消灭敌人的有力武器,成为群众十分爱戴的艺术瑰宝。毛泽东一生笔耕不辍,为中国书法开辟了一条宽广的道路,把中国传统书法推进到了一个新的阶段。1974年,毛泽东还特意将自己十分喜爱的《怀素自叙帖真迹》赠送给来华访问的日本首相大平正芳,促进了两国的文化交流。

  1905年春,毛泽东结束了关公桥私塾的读书生活,转入桥头湾私塾学习。他告别了自己的塾师毛咏生,却永远记住了老师对自己的教诲和期望。

毛岱钟

他是毛泽东的堂叔,也是毛泽东法学知识的最初启蒙者。他曾积极协助毛泽东从事农民运动,还曾协助毛泽东主编《政治周报》。

毛岱钟(1890—1937),湖南省湘潭县韶山人,论辈分是毛泽东的堂叔。毛岱钟5岁发蒙,12岁考入湘潭高等小学堂,15岁进长沙法政学堂接受新式教育,19岁从法政学堂毕业。

毕业时,毛岱钟正值青年,思想比较激进,对封建末代王朝那种法度紊乱、官场腐败的社会丑恶现象颇为不满,因此很不得志,甚至连工作也没找到,不得不回到家乡韶山乌龟井。当时毛岱钟的父亲毛简臣在家开办了一所私塾,见毛岱钟在家无所事事,就让他暂时到私塾和自己一同教书。

毛岱钟毕竟是一位具有新型观念的知识分子,他思想活跃,一改旧时私塾死读古书的传统格局,利用自己的所学和专长,在私塾讲解大清帝国的法律条例,传授衙门诉讼的诀窍。他的这一举动,在闭塞落后、不知"王法"为何物的韶山冲自然是一件新奇的事。当地民众对此有不同的议论,也有不少人将子弟送到这里来学习法律知识,指望将来能凭借精通律例谋得一官半职,或者至少可以学一点法律知识,以备将来打官司时可以派上用场。毛泽东就是其中的一位学生。当然,这是他1909年秋复学后的事情。

关于毛泽东师从"法科生"毛岱钟一事,《毛泽东年谱》有如下记载:"(1909年)秋,复学,在韶山乌龟井私塾就读,塾师毛岱钟(以讼笔著称于韶山一带)。"毛泽东在这里接受了半年的法学启蒙教育。

此前,毛泽东已经停学在家两年,他一边务农,一边自学。一个偶然的事件,给了他复学的机会。就在1909年这一年,为了一块柴山,毛泽东的父亲毛顺生和别人打了一场官司,由于不懂法律,结果有理说不清,输了官司赔了钱,眼看着柴山被别人得去，这使毛顺生十分窝火。这件事情成就了毛泽东重新上学的契机。毛顺生知道堂叔毛简臣的儿子毛岱钟学过法律，于是便决定送毛泽东到乌龟井毛简臣的私塾求学。关于这段经历，毛泽东后来回忆说："我也逐渐讨厌田间劳动了。不消说，我父亲是反对这件事的，为此我们发生了争吵，最后，我从家里跑了。我到一个失业的法科生家里，在那里读了半年书。"（出自埃德加·斯诺的《西行漫记》）这段回忆与当时的事实有些出入，原因可能是由于时间太长，毛泽东记忆有误，或者是斯诺为了渲染少年毛泽东的反抗精神所致。

正当毛泽东在乌龟井私塾专心致志地学习"王法"的时候，在他身边发生了两件触目惊心的事件，使他钻研法律的兴趣荡然无存。一件事是1909年前后发生在湘中湘南城乡的"抗租平粜"和"吃大户"风潮。另一件事是韶山发生的秘密会社哥老会成员彭石匠被逼造反的事件。这两件事，深刻地影响了毛泽东以后的学习和生活道路。他后来回忆道："这些接连发生的事情，在我那早有反抗意识的年轻头脑里，留下了不可磨灭的印象。也就是在那个时期，我开始有了一定的政治觉悟。"这些事情使毛泽东对毛岱钟在课堂上所讲的象征着"公平"和"正义"的法律，产生了很大的怀疑。他认为所谓的"王法"，是专门向着地主、豪绅、官府和皇帝老子的，他们可以用它作屠刀，任意宰杀无辜百姓。这样不公平的王法，学它又有何益？于是，毛泽东萌生了退学的念头。

1910年春，毛泽东离开乌龟井私塾，转学到东茅塘毛麓钟门下。但在乌龟井私塾的这段读书经历，在毛泽东的心目中留下了难忘的印象，以致在数十年后，他还提到这位"法科生"老师。

1925年2月，毛泽东和妻子杨开慧回到韶山，一面养病，一面开展农民运动。在这期间，毛泽东曾专程去乌龟井看望毛岱钟和其父毛简臣先生。就在这一年，毛简臣不幸患病。因久治不愈，家里人无计可施，决定让毛岱钟的儿子毛泽敷与肖姓女子马上成亲，以"冲喜"的方法治病。毛岱钟的家人还请了毛泽东夫妇去帮着办喜事。毛泽东与杨开慧一同赶到乌龟井，送了贺礼，并热热闹闹地为毛泽敷举办了婚礼。但在这之后不久，毛简臣还是病故了。毛泽东闻讯十分悲痛，即刻赶去吊唁，并为毛简臣料理后事。

此后，毛岱钟以极大的热情投身于毛泽东发动的农民运动，积极协助毛泽东创办农民夜校，建立秘密农协和反帝爱国组织"雪耻会"，开展平粜阻禁等斗争。同年8月，毛泽东离开韶山到达广州，任国民党中央宣传部代理部长。毛泽东邀请毛岱钟和另一位老师李漱清一道到广州,在宣传部图书室工作,协助自己主编国民党中央机关刊物《政治周报》。后来,毛岱钟还在国民政府任监察委员会专员,直到1937年病逝。

毛岱钟一生清白,学识人品都令人敬佩。烈士毛泽覃的妻弟周颂年曾撰文纪念毛岱钟,刊载于《韶山毛氏四修族谱》:

> 裕申韩学,为名律师。
> 盈庭辩论,剥茧抽丝。
> 争回公益,传诵于兹。
> 古滇游幕,铁笔一枝。
> 青萍结缘,到处见知。
> 旋官岭表,监察职司。
> 发抒政见,适所措施。
> 春花秋月,想望丰姿。
> 故人何处,感慨系之!

毛森品

毛泽东在东山高等小学堂、湘乡驻省中学的同学,关系甚密。大革命时期,在毛泽东的影响下积极参加了农民运动。新中国成立后,毛泽东曾三次赠款接济他的生活……

毛森品,原名毛生炳,生于1889年,比毛泽东大4岁,是毛钦明的同胞兄弟,1910年春进入湘乡当时唯一的一所新式学堂——湘乡县立东山高等小学堂。1910年秋,经过颇为曲折的交涉,作为外乡人的毛泽东也进入该校学习,并被插入戊班,和毛森品成为同班同学。

当时的毛森品其貌不扬,但个子却非同一般的高,同学们戏称为"珠穆朗玛峰"。学堂里还流传着"湘乡三大景"的说法,即:一尊毛生炳,二崇东塔顶,三推三眼井。由此可见,毛生炳的个头在当时已成为学校里的一道特殊景观。而毛泽东当时的个子也比较高,与毛生炳一同坐在教室的后排,因而在班上最先熟悉的也是毛生炳。

毛生炳的胞弟毛钦明,与毛泽东的表兄文运昌是东山高小丁班的同班同学,因了这样一层关系,他们的交往也多起来。

东山高小富裕人家的子弟比较多,而毛泽东入学时不是坐轿来的,平日衣衫破旧,有钱人家的子弟大都视其为乡巴佬。初入学的毛泽东,人生地不熟,非常渴望结交朋友。

毛泽东尊称毛生炳为"学长兄",课余时,他们经常一起到学堂前的石桥上,靠着石栏杆交谈,或者到学堂后斋的藏书楼看书,交流读书心得。他们都爱好文学,毛泽东特别喜欢读毛生炳的作文。有一次,还发生了一件改名的趣事。

一天,国文教师谭咏春发下批阅的作文卷,毛泽东抢先看老师给毛生炳的评语,见谭咏春先生将毛生炳的"炳"字误写成"柄",他淘气地在旁边写下了"毛内生出炳来"几个字。湘乡方言称"炳"为"把"字,一时之间,"毛内生出把"的绰号便在班上传开了。对此绰号,毛生炳兄弟极为不满。有一次,当有同学用此绰号称呼他时,毛生炳和那个同学大吵了一架;而在丁班上学的毛钦明找到戊班,责怪毛泽东不该轻易开这种玩笑。毛泽东立即向他们道歉,并诚挚地解释说,当初本来是嘲笑老师随意将学生的名字写错了,没有料到会成为同学们嘲笑毛生炳的笑柄,他还向老师建议将毛生炳改名为毛森品。毛氏兄弟非常佩服毛泽东这种谦虚、诚恳的态度,老师也赞同毛泽东的改名。从此,"毛森品"这个名字便在东山高小流传开来。

东山高小的教员贺岚岗非常赏识毛泽东的才华,1911年初,当他应聘到湘乡驻省中学任教时,他极力推荐毛泽东前去该校继续求学。于是这年元宵节刚过,毛泽东便去省城投考。当他步行到湘潭县城时,恰好碰上了即将到长沙求学的毛钦明和毛森品兄弟,他们3人挤上了开往长沙的湘江小火轮的三等舱,后来一起考上了湘乡驻省中学。在这所学校里,他们又同学一个多学期。

辛亥革命爆发后,湘乡驻省中学一度停办,毛泽东加入新军,当兵去了,后来又考入了湖南"一师"。而毛钦明和毛森品兄弟则曾一度辍学,学校复课后又继续入学,一直到毕业。毕业后,他们在乡村办学,走上了教育救国的道路。这期间,他们和毛泽东很长时期都没有联系,但他们之间的友谊并没有中断。

大革命时期,毛泽东积极发动、组织和领导农民运动,先后在武汉和广州举办了农民运动讲习所。在毛泽东的指引和影响下,毛钦明和毛森品兄弟也在家乡积极地参加了农民运动。1925年,当毛泽东回韶山时,毛钦明还专程到韶山去看望他。随着毛泽东等人在湖南建党活动的开展,毛钦明也在韶山加入了中国共产党,化名是"韶春"。1926年秋,湖南的农民运动已经轰轰烈烈地开展起来了,并掀起了高潮,毛钦明在家乡担任农民协会副委员长。

1927年初,毛钦明到湘乡县城与县农民协会联系业务时,住在汽车站饭店里。而非常巧的是,毛泽东当时来湘乡考察农民运动,也住进了这个饭店。久违而亲密的老同学重逢在故地,欣喜之情,溢于言表。毛钦明把自己从事农民运动的情况以及区乡农民协会的很多情况,一一仔细地讲给毛泽东听,而毛泽东则鼓励他坚持农民运动的斗志,并从方向上给他以指导,毛钦明感觉到受益匪浅,更加坚定了自己的志向。

但是,不幸的事情很快就发生了。"马日事变"之后,湖南的农民运动失败了,到处是白色恐怖,许多从事农民运动的领袖都被捕牺牲了,毛钦明决定前往武汉找毛泽东,但在途中被捕,不久在长沙壮烈牺牲。而作为其胞兄的毛森品也受到株连,遭到国民党当局的通缉。万般无奈之下,毛森品跑到外地隐蔽起来,后来他又到山田冲笔花小学、黄土团国民小学等处从事小学教育,期间,他还参加过一些革命宣传活动。

岁月流逝,一晃20多年过去了,中国人民的革命事业终于取得了决定性的成果,毛泽东成为举世瞩目的中华人民共和国国家主席。这是多么振奋人心的消息啊!毛森品怀着无比激动的心情,提起笔,多次给毛泽东写信。虽然日理万机,国事繁忙,但毛泽东还是3次给毛森品回信。当从毛森品信中得知毛钦明已经牺牲的消息时,在1950年4月18日的回信中,毛泽东表达了自己对烈士的无限哀思和深深的怀念:钦明兄为革命牺牲,不胜叹息,亦是光荣之事。

对于活着的友人毛森品,毛泽东也是关怀备至,他写信勉励毛森品要积极地"出任工作",并3次赠款,从生活上接济他。前两次是从邮局各汇款200元,第3次是托萧三带去现金150元。

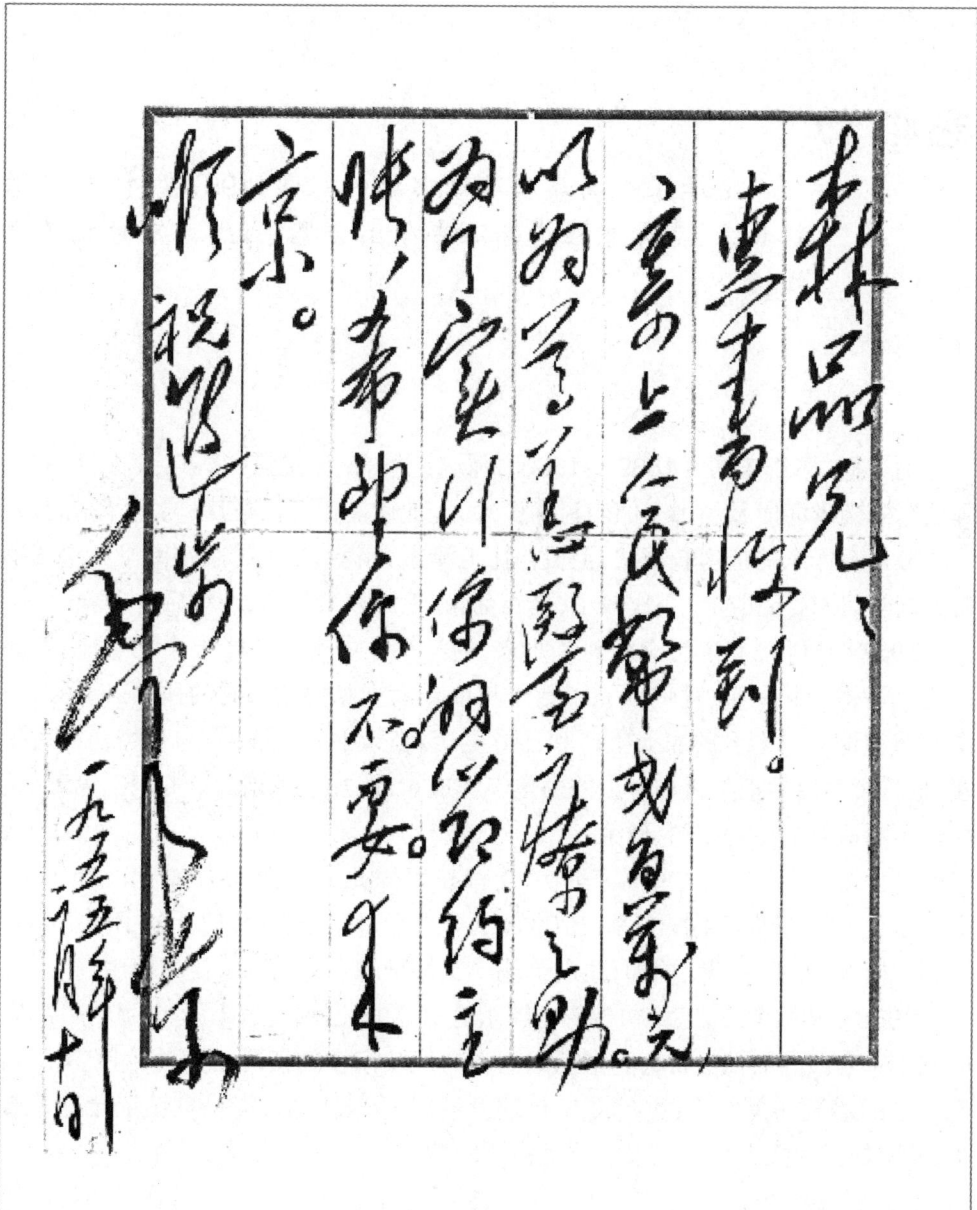

毛裕初

毛泽东在南岸私塾读书时的同学。1957年11月应邀到北京，毛泽东在中南海丰泽园会见了他，离京时又送他钱物……

毛裕初(亦作玉初)(1889—1960)，派名毛恩普，号鼎言，行五，人称"裕初五阿公"。湖南省湘潭县韶山乡韶山村印山冲人。他属韶山毛氏震房，与毛泽东同宗，论辈分是毛泽东的远房叔祖父。毛裕初比毛泽东大4岁，是毛泽东在南岸私塾读书时的同学。当时毛裕初个头比较小，坐在前排，毛泽东身材高大，在后排坐着。

1957年11月，毛裕初应邀到了北京，毛泽东在中南海丰泽园会见了他。毛泽东与毛裕初一起叙旧，他们谈到了数十年前在南岸私塾读书时的往事。毛泽东还向毛裕初询问了家乡的农业生产和社员生活。当天中午，毛泽东与毛裕初共进午餐。他特意叫厨师把毛裕初带去的山羊肉作成小炒，加上辣椒，一同品尝。席间，毛泽东不断地给毛裕初敬酒、敬菜。

一个多月后，毛裕初要离京返乡。毛泽东得知此情，在百忙中抽出时间，第二次接见了他。临走时，毛泽东拿出200元钱交给毛裕初作零用。他让秘书为毛裕初添置了棉衣、棉裤、棉鞋、棉帽，还送给他一支加长的手电筒以备夜间使用。

1958年春节前夕，毛裕初带着毛泽东送给他的礼物，满载毛泽东的深情厚谊，回到了家乡。此后，他经常通过书信向毛泽东反映家乡的情况，字里行间充满了对毛泽东的感激和爱戴之情。毛泽东日理万机，虽无暇回信，但一直惦记着这位叔祖，并曾指示中央办公厅秘书室给毛裕初回信。

1959年6月25日，毛泽东回到了阔别30多年的韶山。第二天，他在松山招待所接见了众位父老乡亲，毛裕初亦在邀请之列。当天下午，毛泽东去韶山水库游泳，毛裕初曾随同前往，并一起观看水稻生产情况。晚上，毛泽东在松山设宴招待父老乡亲，毛裕初与毛泽东一起进餐。餐桌上相互敬酒敬菜，谈笑风生。6月27日，毛泽东再一次留毛裕初吃饭,饭后还与毛裕初等父老乡亲合影留念。

  1960年冬,毛裕初自知不久于人世,曾致书毛泽东,要求再去北京相见。毛泽东未能得暇复函,只好由秘书复了一信。信云:主席工作很忙,暂时无法接见。容后再叙。遗憾的是,同年,毛裕初因病治疗无效,在韶山印山冲逝世,终年71岁。

毛新梅

早年,他是韶山人民所称颂的"乡间好郎中",是大革命时期在韶山培养的共产党员之一,是"韶山五杰"中第一个为革命牺牲的人。

毛新梅(1886—1927),他的父亲是一个乡村医生,他早年继承父业,在乡间行医看病,救死扶伤。他极富同情心,贫苦人家请他看病,不管寒冷的深夜或者是刮风下雨,他都会赶去诊断,给他们配药,并且分文不取。他的善行深得乡亲们的尊敬和爱戴,韶山人民赞誉他是仁术济世的"乡间好郎中"。

1923年春天,毛新梅随毛泽东来到了安源开展工人运动。矿工们艰苦的工作环境,牛马不如的生活使他受到了强烈的震撼。安源工人为了改善处境所作的罢工,使他的认识和觉悟都有显著的提高。他坚定了这样的信念:只有抗争,才有出路,才能改变自己的命运。

1925年1月,因父亲病危,毛新梅回到了韶山。毛泽东所领导的轰轰烈烈的农民运动极大地激发了他的斗志,他全身心地投入到这样的抗争中。在给乡亲们看病的同时,他积极地向乡亲们宣讲安源工人组织起来、英勇地反抗剥削和压迫的斗争情况,号召乡亲们为改变受压迫的处境而起来革命。

1925年2月至3月间,在毛泽东的指导下,毛新梅、毛福轩等人迅速组织起秘密农民协会20多处,为当地的农民运动奠定了组织基础。毛泽东还以"打倒列强,洗雪国耻"为口号,建立起了"雪耻会",这是一个合法的反帝爱国组织。毛泽东和毛新梅等韶山支部的同志以雪耻会宣传部的名义,组织农民举行了声势浩大的游行示威。他们号召农民群众团结起来,打倒帝国主义,废除不平等条约。

1925年6月,毛新梅光荣地加入了中国共产党,表达了自己"努力革命,牺牲个人,服从组织,阶级斗争,严守秘密,永不叛党"的誓言,义无反顾地投身于革命的洪流之中。不久,党组织派他带领毛爱堂等5名农运骨干到广州农讲所学习。为了筹措路费,他卖掉了家中唯一的一头耕牛。

毛新梅是湘潭农民运动的领导骨干。1926年8月,湘潭县召开第一次农民代表大会,正式成立县农协,他当选为县农协执委会委员。在毛新梅等人的领导下,湘潭县农民运动于1926年10月以后进入飞速发展的阶段。到1926年11月止,湘潭县18个区(包括城区),已经成立区农协14个,区农协筹备处20多个,乡农协450多个,乡农协筹备处20多个,共有会员12.05万人,远远地走在了全省的前列。

毛新梅和县农会的其他成员领导广大的农民,在经济上狠狠地打击和削弱地主阶级的实力,他们在广大的农村实行减租、减息、减押,不准囤积居奇。他们还成立民食维持会,组织平粜,取消地主阶级的一切超经济强制。县农会还在农村广泛开展禁烟赌娼等一系列改良社会风俗的活动。

1927年1月2日,国民党湖南省党部秘书处电告湘潭县党部:"中央委员毛泽东,本部监察委员戴述人,克日来县巡视党务,仰即沿途照护,并请各乡党部、各区农协知照。"1月4日,毛泽东在湘潭县农协驻地塔公祠召开座谈会,毛新梅和县农协委员长郭咏泉详细地向毛泽东汇报了湘潭县农民运动的情况。

"马日事变"以后,韶山党组织受到严重破坏。1927年6月的一天,毛新梅从湘潭回到韶山寻找党组织,被反动派盯上了。这天清晨,一位乡亲匆匆赶来报信,说他已被敌人发现,劝他迅速转移。但是,毛新梅发现来报信的乡亲身染重病,他坚持要给这位乡亲把脉治病,开好药方后再走。敌人越来越近了,最后包围了他的住所,他被捕。敌人把他绑在毛氏宗祠的廊柱上,严刑拷打。面对敌人的拷问,他横眉冷对,神态自若,不透漏任何消息。6月26日,毛新梅被杀害于湘乡研池坪,时年41岁。他死时,镇定自若、昂首阔步地走向刑场。临刑前,他坚定地对妻子沈韶华说:"好好把儿女带大,革命一定会成功的!"

毛福轩

中共韶山党支部第一任书记,大革命时期毛泽东在韶山从事农民运动的得力助手,著名的"韶山五杰"之一。

毛福轩(1897—1933),湖南韶山人,父母是贫苦的农民。1922年秋,在毛泽东的介绍下,他到湖南自修大学附设补习学校工作,这是中共湘区委员会主办的一所进步学校,有何叔衡、夏明翰、李达等进步的共产党员。在这些共产党员的影响下,毛福轩阅读了大量进步书籍,耳濡目染,也逐渐明白了许多革命道理,增加了投身革命的信念。

1922年冬天,受毛泽东的派遣,毛福轩来到安源煤矿从事工人运动,并加入了中国共产党。1924年冬天,毛泽东因病回到湖南休养,并利用这个机会在韶山开展了轰轰烈烈的农民运动。而毛福轩则被党组织从安源调回韶山,协助毛泽东开展农民运动。

1925年6月,隶属于中共湘区委员会的中共韶山特别支部成立,党组织的代号为"大校·CP",党支部的代号为"庞德甫",斗争经验丰富的毛福轩担任支部第一任书记。

1926年3月,毛福轩以中共湖南区委特派员和农运特派员的身份,负责指导湘潭、宁乡、湘乡三县边区党的工作和农民运动,同时还积极协助毛泽东开展工作。1927年1月4日至2月5日,当毛泽东在韶山、湘潭等地考察农民运动时,他亲自陪同毛泽东前往,通过实地考察,了解了农民运动的进展和发展动向。

"马日事变"以后,根据湖南临时省委的指示,毛福轩积极组织株洲农民参加围攻长沙的战斗。大革命失败后不久,他当选为湖南省委委员,重要任务之一就是组织韶山农民武装策应秋收起义,但不幸失败了。毛福轩被迫到上海寻找党组织,从事党的地下出版发行工作。1929年,毛福轩打入国民党金山县公安局当上了警察,化名毛恩灏。在白色恐怖岁月中,他利用自己工作和职务上的便利,多次为党组织搜集情报，提供枪支弹药，竭尽所能救护革命同志。

由于中共中央左倾路线的错误，中共在白区的力量受到极大的破坏和摧残。1933年初，上海地下党组织受到严重破坏，由于叛徒的出卖，毛福轩被捕了。敌人的严刑拷打并不能动摇他对革命的坚定信念，他在遗书中写道："余为革命奋斗牺牲，对于己身毫无挂虑。"1933年5月18日，毛福轩被国民党杀害了，为革命献出了自己年轻的生命。

1937年，毛泽东在延安得知毛福轩牺牲的消息，心情十分悲痛。他深情地回忆说："一个农民出身的同志，学习和工作那样努力，一直到担任党的省委委员的工作，是很不容易的。"

毛简臣

毛泽东的堂祖父,曾跟随左宗棠的部队远征新疆,作过钱粮师爷。毛泽东曾在其创办的乌龟井私塾里读过半年书。

毛简臣,生年不详,死于1925年,字羽仪,号恩熔,在韶山冲被人誉为"乡村秀才"。他的父亲毛相才是毛泽东曾祖父毛祖人的嫡堂兄弟。

《韶山四修毛氏族谱》中对毛简臣的评价是:"率性勇为,质直好义。"他自幼承父业习中医,跋山涉水,往来乡间、邻里,采药行医。另外他受到父亲的悉心培育,从小就熟读过《三字经》、《幼学琼林》、《论语》等经书。

毛简臣在青年时代曾外出谋生,弃医从军,投奔左宗棠部,在一个管钱粮的师爷手下当差。由于他好学上进,识得字、记账、打算盘都很出色,深得上司的赏识。尔后,毛简臣随左宗棠的部队远征新疆,击败了分裂分子阿古柏,他也升任钱粮师爷。后因韶山家中的两个弟弟先后去世,他只得回家照顾年老体弱的父母。由于他曾走南闯北,见多识广,很希望把自己的知识传授给韶山冲的子弟;同时也由于他不善农田耕作和经营,为了维持生计,于是便在自己家中办起了一个私塾,以招收本族子弟为主,对他们进行启蒙教育。

1909年秋,16岁的毛泽东在停学两年多后,也来到了韶山冲乌龟井毛简臣的私塾读书。

在乌龟井私塾,毛简臣主要为毛泽东点读《史记》,培养了毛泽东对中国几千年历史的兴趣。毛泽东的聪明好学,深得毛简臣的喜爱。

毛简臣治学严谨,教课一丝不苟,对学生要求十分严格,有时近乎苛求。每次新课授完后,他都要求学生到私塾东头的木楼上认真温习、背诵,在课文没有背熟之前,谁也不准下楼玩耍,有时整个半天都不得下楼。他要求学生认认真真地描红写字,如果没好好完成功课,就对学生进行严厉训斥。对于毛简臣的严格规定,同学们都不敢违背,唯有毛泽东常常想出一些花样来抵制。

有一次,毛简臣神情严肃地坐在讲台前,监督学生温习功课。到了中午,学生们又饥又渴,可谁也不敢下楼回家。忽然,从窗外飞进一只螳螂。毛泽东将它逮住,然后用一根长线拴住螳螂的腿,把它放到楼下先生家晒的红薯片盘中,利用螳螂夹红薯片然后吊上来充饥。毛简臣发现这件事情,走到毛泽东身边,批评道:"润之,你温书不认真,偷食东西。"毛泽东争辩说:"我没偷,是螳螂偷的。先生,我们肚子饿了,想吃东西。"毛简臣明知这个孩子讲的是歪理,但因为毛泽东从来没有背不熟书的时候,并且他也很赏识这个学生的聪敏,就不了了之。

毛简臣擅长书法,在他的指导下,毛泽东的书法水平有了相当的提高。另外,毛简臣秉性耿直,为人好打抱不平,生活严谨,勤劳俭朴。他一边教书,一边从事田间劳动,处处为人师表。他的美德深受毛泽东的敬重。半年后,毛简臣感到自己的才学难以适应毛泽东的需求,就让毛泽东到别处求学。1909年冬,毛泽东离开毛简臣门下,到韶山东茅塘拜秀才毛麓钟为师,但他与毛简臣之间仍然保持着联系。

1925年2月,毛泽东和妻子杨开慧回到韶山,一面养病,一面开展农民运动。在这期间,他曾专程去乌龟井看望毛简臣先生。就在这一年,毛简臣不幸患病,不久便病故了。

毛泽东闻讯十分悲痛,即刻赶去吊唁,并为毛简臣料理后事。据毛氏族人相传,毛简臣的丧事操办得极为庄严隆重。毛泽东还为毛简臣先生写了祭文和挽联,深深地表达了他对老师的一片怀念之情。

毛麓钟

> 毛泽东的堂伯父,是当时韶山毛氏家族中唯一的长沙府学秀才,毛泽东在其私塾中读过半年书。

毛麓钟(1866—1921),派名毛贻训,学名绍芳,字麓钟,号云阁,又号韶山小隐人,祖居韶山冲东茅堂屋场。

毛麓钟出生于一个书香之家,其祖父毛兰芳与毛泽东的曾祖父毛祖人系嫡亲堂兄弟,清末做过几任县丞,在当地颇有威望。毛麓钟兄弟5人,他排行老二,自幼天资聪慧,在祖父的熏陶下潜心攻读诗书,学绩超群。26岁(1892年)考中长沙府学秀才,深受毛氏族人和乡邻称誉。

据毛宇居撰的《毛麓钟公传》记载:"毛麓钟对各经史无不揣摩纯熟,诗赋尤极典丽,每试辄冠其首。"他年轻时曾受江南提督沈茂胜之聘为其襄办军务,后到武陵任参军何梅岭的书记。在外的经历使他看到了中国当时社会的风云变幻,特别是在中日甲午海战后,清政府的腐败无能、丧权辱国使他愤恨不已,愤然辞职回乡,闭门隐居,自号为"韶山小隐人"。戊戌维新运动的兴起和失败,使毛麓钟的思想发生了重大的转变,他由主张君主立宪的改良政治态度转为赞成推翻清朝政府,建立民国。他曾明确地表述自己的观点:"旷观宇宙竖画天地前因后果,无一可恃,而可恃者惟在我横画山川;古往今来,一无可恋,而可恋者惟在目前。目前之事惟何?即美雨欧风向我神州冲激,惟有迎头赶上,才能自树立于世界之林。"他主张废除科举,兴办新式学堂,学习西方技术,走富国强兵之路。1909年,他在韶山冲东茅塘开办了一所中西合璧式的私塾,招收当地毛姓族人中那些文化基础较好、思想较为活跃的青少年入学。

民国初年,毛麓钟对袁世凯的窃国行径异常愤慨,遂与毛宇居等一道参加蔡锷领导的云南讨袁护国军,在蔡锷所属将领何海清部下担任文书,为讨袁护国转战云南、四川、广东、广西等省,后因病还乡。返乡后,他和毛简臣一道在1921年秋筹办了一所毛氏族学（就是今天的"韶山学校"的前身）。不久，因病去世。据他的儿子毛泽普回忆，毛麓钟在临终前还拉住妻子的手嘱托道："一定要送孩子读书，丢了书本子，我死不瞑目！"

1910年初，17岁的毛泽东到毛麓钟的东茅塘私塾读书。毛麓钟教书非常认真，他认为：学生"少则工夫有余，精神足用，自然训诲周详，课程无缺；多则师之精力既疲，而工夫亦有所不及，一切皆苟且简率矣。故生徒以少为贵也"。所以，他只招收了十余名学生。这个私塾聚集了韶山冲一带最优秀的青少年，其中有毛泽东、李耿侯、毛新枚、刘伯庚等，以毛泽东的年龄最大。毛泽东当时血气方刚，十分仰慕毛麓钟的学识和为人，遂拜他为师，继续求知上进。毛麓钟自然非常喜欢毛泽东，乐意收他为学生。

自毛泽东进入东茅塘私塾后，毛麓钟即感觉到这是个非同寻常的少年，才华超群，天分极高，认定其将来必定会有出息。于是，他对毛泽东青眼有加，独具匠心、苦心琢玉，向他灌输立志成才、报效国家的大道理。除了正常的课堂教学外，毛麓钟还给他点读《纲鉴类纂》、《史记》、《汉书》、《日知录》以及历代著名诗词歌赋。毛泽东日后诗词能达到较高的造诣，与他在毛麓钟门下打下的基础分不开。与此同时，毛麓钟还不断在思想方面给学生以教育和启迪。他向毛泽东讲述自己的所见所闻，帮助毛泽东开阔视野，了解时局的变化。他要毛泽东读万卷书，行万里路，从社会和自然的角度去熟悉中国国情。毛泽东没有辜负毛麓钟的期望，在东茅塘私塾不仅学到了许多知识，在思想上也受到了相当深的影响。以后，毛泽东在湖南第一师范读书时，利用寒暑假与同学结伴到农村去游学，进行社会调查，了解民情风俗，这与他在毛麓钟的私塾里所学的知识，特别是顾炎武的《日知录》中所提倡的实地考察、遇事穷源究本思想的影响是分不开的。

另外，毛麓钟还辅导毛泽东阅读了《资治通鉴》、《孙子兵法》和《贞观政要》等关乎"治乱兴衰之书"。值得提及的是，在这所私塾里，毛麓钟对毛泽东的褒奖，对他立大志向、求大作为也有着不可忽视的影响。

在东茅塘私塾，毛泽东还读到了一些时论文章，如梁启超所办的《新民丛报》，那里面不少文章道理新鲜，文笔流畅。其中有时论文章、有关国际国内的一些知识，毛泽东读了很是喜欢，更激发了他救国的宏愿。特别是他所读的冯桂芬《校邠庐抗议》一书，那里面对列强侵略和清政府的腐败无能表示了强烈的不满，并提出了一些富国强兵的主张，这对毛泽东后来走上反封建社会和立志改造旧中国的革命道路，起了十分重要的作用。

毛泽东在东茅塘私塾读了半年书后，父亲又让他停学在家。毛麓钟仍十分关心毛泽东的成长，希望他能不断深造，成为栋梁之才。1910年，毛顺生要毛泽东去湘潭县城一家米店当学徒。这时，毛泽东得知湘乡有一所新式学堂，很希望去那里读书。他与母亲商量后，请了舅父、老师和表兄弟来劝说父亲。毛麓钟和其他人一起说服毛顺生，使毛泽东得以继续读书。这年秋天，毛泽东走出乡关，来到了湘乡东山高等小学堂。这是他人生道路上的一个转折点。对此，毛泽东长久地铭记在心。

毛麓钟1921年因病去世，毛泽东一直对他极为怀念，对其后人也十分关心。1925年毛泽东回韶山从事农民运动，曾特地到东茅塘悼念毛麓钟。毛麓钟的儿子毛泽普小毛泽东26岁，父亲去世时只有一两岁，由母亲抚养成人。1938年他写信给毛泽东要求去延安，得到毛泽东的同意。到延安后，毛泽东接见了他，并勉励他不怕吃苦，要经得起革命的考验。之后，毛泽普先后在延安抗大、马列学院学习，经常受到毛泽东的教诲。新中国成立后，毛泽普任职湖南省计划委员会副主任、科学委员会副主任、韶山地区革命委员会主任等。他时常到毛泽东家拜访，毛泽东还总是谈及毛麓钟对自己的教诲，对老师的才华十分赞赏。

1959年6月，毛泽东回到阔别32年的故乡韶山，在宴请父老乡亲和亲朋故旧的酒席上，同他的另一位塾师毛宇居叙旧时，谈起他当年在东茅塘私塾读书的往事。他对毛宇居说："那时我能读书，可就是不好好读，后来在家种了两年田，到了东茅塘麓钟二伯手下读书，才晓得用功了。我二伯不愧是韶山的秀才，教书育人很有办法哩！"

1967年，毛泽东到长沙巡视时，特地向湖南党政负责人黎原、华国锋等询问戈楷即毛泽普的情况，并向他们介绍说：戈楷是我的堂弟，原名叫毛泽普，比我小20多岁，但是同一辈的，他的父亲叫毛麓钟。过去我们韶山只有一个秀才，就是戈楷的父亲。这个秀才是我小时候的塾师哩！

王立庵

毛泽东在湖南"一师"读书时的数学老师。对于毛泽东的"偏科"现象,能给予充分的理解。他对毛泽东的循循善诱,使毛泽东改变了对自然科学的看法。

1936年,毛泽东在延安对美国记者埃德加·斯诺回忆自己在湖南第一师范读书的情况时说:"这所新学校有许多校规,我只赞成其中的极少数。首先,我反对自然科学列为必修课。我想专修社会科学,对自然科学并不特别感兴趣,也不去钻研,所以这些课程我得到的分数很低。"数学就是毛泽东得分较低的课程之一。

虽然毛泽东对数学不太感兴趣,但是他对自己在湖南第一师范读书时的两位数学老师却特别敬重,这两位老师分别是王立庵和毛泽东的表兄王季范。特别是在王立庵的影响下,毛泽东对自然科学的看法后来也有所改变。

在湖南"一师",毛泽东的国文成绩特别突出,尤其是他那一手兰亭体小楷和作文,更是博得了师生们的一致好评。但是他把注意力都用在对社会科学的研究上,认为要改造社会、唤醒民众以挽救国家民族的危亡,只有学好社会科学知识,而自然科学知识只是教人以谋生的技能。加之他在6年的私塾中,读的多是"四书"、"五经"以及一般的历史典籍,因此尽管他后来读了一年中学,但是他的数学基础仍很薄弱。与此相联系,他对与自然科学的其他有关的课程也没有多少兴趣,于是出现了"偏科"的现象。有时上数学课,他还托病请假,到别的地方看有关社会科学方面的书籍。任课老师王立庵在弄清楚事情的原委后,并未责怪毛泽东,而是尊重他的个人志趣。毛泽东有时在数学课上看别的科目的书籍,王立庵也不加干涉。毛泽东对老师的特殊照顾极为感激,从此没再缺席数学课。

在1915年上半学期湖南"一师"学生反张干校长的学潮中,张干要开除以毛泽东为首的17个学生。王立庵和其他老师在学校教职员会议上公开为毛泽东说话,向校方施加压力,反对学校开除毛泽东的决定。最后,他们迫使张干收回成命,改为给毛泽东等记大过,使毛泽东得以继续在湖南第一师范读书。

在湖南"一师"的最后两年里,毛泽东由于承担了大量的社会工作,精力花费较多,致使数学成绩下降,数学测试常有不及格的现象。王立庵常常把毛泽东的考试分数改成及格。

1915年放暑假后,毛泽东没有立即回家,而是留在学校一边自修哲学,一边请王立庵给自己补习功课。他每天早晚在学校读书,上午和下午到王立庵所住的"李氏芋园"听数学课,中午就在王家吃午饭。后来,王立庵见毛泽东每天往返于"一师"和"李氏芋园"之间,颇为辛苦,就让毛泽东搬到"李氏芋园"的《公言》杂志社内寄宿。在这期间,王立庵不仅认真地给毛泽东补上了平时落下的数学课,还送给毛泽东一本抄满数学公式和定律的本子,帮他学好这门功课。毛泽东在那里补习了两个多月,直到新学期快要开学时,才回韶山冲看望家人。

这次补课给毛泽东留下了极为深刻的印象,使他认识到自然科学的重要性。在以后的岁月里,他积极提倡对自然科学的学习和研究。譬如,在1921年"新民学会"举行的新年大会上,毛泽东就曾定下"三十岁以内设法补足数学、物理、化学等自然科学基础科学的知识"的自学计划。1941年,他给当时尚在苏联的两个儿子毛岸英和毛岸青写信说:"惟有一事向你们建议,趁年纪尚轻,多向自然科学学习。"1964年,毛泽东在多年对自然科学和自然辩证法进行精深研究的基础上,提出"基本粒子可分"的思想,为中国和世界物理学领域探索基本粒子的深层次结构,"找到了开门的钥匙"。1977年毛泽东逝世一周年之际,为了纪念毛泽东对该领域研究的贡献,第七届世界粒子物理学讨论会决定,把构成物质的所有这些假设的组成部分命名为"毛粒子"。

毛泽东从事革命工作后,对王立庵给予自己的理解和帮助仍念念不忘。抗日战争时期,他在延安与著名作家、当年的同学萧三叙旧时,还提及他们(萧三当时也没回家)1915年暑假留校补课的事,称赞王立庵是个"明白人"、"好人",是一个"知人善教的好老师"。

新中国成立后,毛泽东多方打听王立庵的消息,得知他早已作古,深深为之惋惜。1950年5月,王立庵的儿媳、无锡师范学校附小教师吴启瑞给毛泽东写信,一方面向毛泽东致敬,一方面告知家庭生活比较困难。毛泽东在7月19日亲自给吴启瑞回信,在信中说:

启瑞先生：

　　五月来信收到，困难情形，甚为系念。所请准予你的三个小孩加入苏南干部子弟班，减轻你的困难一事，请持此信与当地适当机关的负责同志商量一下，看是否可行。找什么人由你酌定，如有必要可去找苏南区党委书记陈丕显同志一商。我是没有不赞成的，就是不知道该子弟班有容纳较多的小孩之可能否？你是八个孩子的母亲，望加保重，并为我问候你的孩子们。此复。并颂

　　教祺

毛泽东
七月十九日

　　吴启瑞接到毛泽东的信后，拿着这封信找到苏南区委负责人，再次反映了家庭生活困难的问题。当地政府对此事高度重视，派人为吴启瑞解决了孩子免费入学问题。当地民政部门还依照有关政策给她家以救济。此后不久，吴启瑞再次给毛泽东写信，向他汇报了这些情况，并向他表示衷心感谢。

　　1960年6月26日下午，正在上海考察的毛泽东在锦江饭店接见了吴启瑞，详细询问了吴启瑞的生活状况，还与她合影留念。后来，毛泽东曾多次亲自去信或派专人代为去信，关心吴启瑞一家的生活问题，并于1961年底给吴启瑞家寄去1000元钱，解决其生活困难问题。

王光祈

毛泽东加入少年中国学会的介绍人。对于他发动成立"工读互助团"的主张,毛泽东极为赞同。

王光祈(1892—1936),字润屿,又字若愚,成都市温江县人。音乐学家和社会活动家。早年读私塾,13岁考入成都第一小学堂高年级,1908年入成都高等学堂分设中学,与周太玄、魏时珍、郭沫若、曾琦、李璜等同班。1911年参加四川保路运动。1912年春毕业于成都府中(现石室中学),1915年考入北京中国大学学习法律,1918年7月,以第二名的优异成绩从该校毕业。

在京求学期间,他曾任清史馆书记员。此外,还担任了几家报社的记者、编辑等职,结识了李大钊、陈独秀等人,成为他们主办的《每周评论》的主要撰稿人之一,积极从事社会活动。在1919年的五四运动中,王光祈参加了游行,并将这一消息电告成都《川报》。随后,还陆续写回有关五四运动的报道50余篇。

同年,王光祈与一些社会名流发起组织了"少年中国学会"和"工读互助团"。从1917年秋酝酿成立少年中国学会时起,到1920年4月赴德留学为止,王光祈始终参与主持学会的各项工作,是该学会最主要的发起人、组织者和负责人。

1920年,王光祈赴德国留学,研习政治经济,1923年改学音乐。1927年入柏林大学学习音乐学,长达7个学期。1932年任波恩大学中国文艺讲师。1934年以《论中国古典歌剧》一文荣获波恩大学音乐学博士学位,成为最早在欧洲为祖国争得荣誉的音乐学家。

此时,王光祈在国内的影响也很大。蒋介石于1935年4月20日致电驻德大使谭伯羽,转询王光祈有无归国之意,赞扬他"力学苦行",表示"如愿归国,当图借重"。1936年1月12日,王光祈积劳成疾,突患脑溢血卒于波恩,时年44岁。当时,上海、南京、成都等地为他举行了追悼会,徐悲鸿为其画了遗像,蔡元培为其作了悼词,对他在音乐方面的成就作了高度评价,认为其"壮年去世",是"不幸之至",是

"全国的大损失"。1938年,他的骨灰辗转运回成都,葬于市郊。1983年10月,他的墓被迁至四川音乐学院,墓碑上刻写着:"温江王光祈之墓。"

王光祈一生著述颇丰,除撰写、翻译的政论著作有《辛亥革命与列强态度》、《三国干涉还辽秘闻》等10余本外,还陆续写成音乐专著18本、论文40余篇。诸如《欧洲音乐进化论》、《德国国民学校与唱歌》、《东西乐制之研究》(属我国最早的,具有开创意义的比较音乐学著作)、《各国国歌评述》、《东方民族之音乐》、《音学》、《中国诗词曲之轻重律》、《翻译琴谱之研究》、《中国音乐史》、《西洋音乐史纲要》、《西洋名曲解说》等。王光祈主张发挥音乐的社会功能,借以振奋人心,发扬爱国主义精神,还提出了发展民族音乐的具体办法。

毛泽东与王光祈的交往始于1918年。这年9月上旬,毛泽东为组织湖南青年赴法勤工俭学,第一次来到北京。经杨昌济介绍,他在李大钊主持的北京大学图书馆做助理员。通过李大钊,毛泽东又认识了王光祈。王光祈对毛泽东的勤奋好学和远大抱负极为欣赏。当年冬日的一天,王光祈专门约请毛泽东、赵世炎与另一位少年中国学会会友李璜聚集在北京米市胡同,商谈赴法勤工俭学事宜。当时李璜等人赴法国的船期还有两个月,李石曾要他们先进留法预备学校学法文。王光祈约毛泽东、赵世炎也到该校听课。后来,在王光祈的介绍下,毛泽东也加入了少年中国学会。

1919年,王光祈发起成立"工读互助团",毛泽东对王光祈的主张极为赞同,他还表示愿意协助王光祈做好这项工作。为招收团员,毛泽东和王光祈等人四处奔走,经过一个月的努力,招收到男女团员数百人。1920年1月,在王光祈出国前,他与毛泽东、陈独秀、彭璜、萧三等人在上海发起为工读互助团募捐。当年2月,毛泽东参观了王光祈试办的女子工读互助团,他给新民学会会员陶毅写信介绍了相关情况,信中说:"今日到女子工读团,稻田(指湖南"一师")新来了4人,该团连前共8人,湖南占6人,其余一韩人一苏人,觉得很有趣味!但将来的成绩怎样?还要看他们的能力和道德力如何,也许终究失败(男子组大概可以说已经失败了)。"王光祈从上海出发赴法国时,曾希望毛泽东也有机会实现他留法的愿望。可惜,由于此后革命工作的繁忙,毛泽东的这一心愿始终未能实现。

此后,王光祈与毛泽东之间久绝音讯。新中国成立后,毛泽东曾数次托陈毅打听王光祈及其在四川的家属的下落。当他得知王光祈后来的经历和已故的情况后,深为惋惜,对王光祈热爱祖国、渴望改造旧社会和建设新社会的理想,毛泽东给予了充分肯定。

王季范

> 他既是毛泽东的表兄，又是毛泽东在湖南"一师"读书时的数学老师。他对毛泽东的成长极为关心，对他的革命事业也给予了大力支持。

王季范（1884—1972），又名王邦模，湖南省湘乡县十四都弦歌乡（今属湘乡市龙潭乡）人，出生于一个小康家庭，与毛泽东是亲姨表兄弟。父亲王文生，曾在东北当过小官吏；母亲王文氏，系湘乡大坪乡棠家阁（即唐家圫）文芝仪的次女，行六，是毛泽东的母亲文七妹的亲姐姐，即毛泽东的二姨妈。她与王文生有两个儿子，长子王星臣，王季范居次。王季范比毛泽东长9岁，在同辈兄弟中排行第九，后辈人都尊称他为"九阿公"，而毛泽东则一直叫他"九哥"。

王季范从小受教于较有声望的萧竹轩先生，学习经史，打下了较好的古典文学基础，尤其对古代诗词有极深的爱好。由于他聪颖好学，领悟力强，深得老师的器重，后考入湖南省长沙优级师范（即湖南大学前身）。王季范在那里读书时受到维新派人士的影响，接受了民主思想的启蒙，不断倾向进步。他在优级师范系统地学习了数学，并取得了优异成绩。毕业后，受聘于湘乡驻省中学任教。1915年，王季范受聘到湖南第一师范任教，并担任学监。1928年2月至1936年7月，王季范任长沙郡联立中学校长。1937年春，王季范任河南教育厅秘书长，3个月后返湘任广益中学校长及育才学校代理校长。继之，致力于创办长沙衡粹女子职业学校。新中国成立后，王季范历任湖南行政学院副院长，湖南省文史馆馆员，政务院参事，第一、二、三届全国人民代表大会代表。

在毛泽东求学成长的道路上，不仅曾在生活上得到王季范的关怀照顾，在学业上得到他的悉心指导，而且在思想观念的形成上也受到他的深刻影响。

毛泽东从两岁多便寄养在唐家圫外婆家，在这里，他认识了常来外婆家的王季范。当时，毛泽东的外婆家是湘乡农村数得上的殷实人家，家里开办有私塾，由毛泽东的八舅文正莹任教。王季范当时和其兄王星臣在该私塾接受启蒙教育。王季范常带毛泽东到私塾玩耍。他不仅在课堂上教毛泽东读书识字,还常常利用茶余饭后的空闲时间教毛泽东背诵古代诗词,使尚未正式跨入学堂的毛泽东获得了最初的文化知识教育。1898年夏,王季范考取了东山书院,1902年毛泽东也回到了生身之地韶山。此后,每次见面毛泽东常向他请教一些经书上的问题。王季范也很喜欢这位好学的表弟,每次总是耐心讲解,热情施教,有时还把他带到家里一起切磋,一起玩耍。

1910年秋,王季范听说毛泽东的父亲想让他到湘潭一家米店学经商,于是他会同毛泽东的其他几位老师和亲友一起说服毛顺生,让毛泽东到湘乡东山高等小学堂继续读书。王季范还担负起毛泽东的一部分学费。据湘乡市《文史资料》记载:"在东山小学,毛泽东的父亲守财、刻薄,舍不得给儿子支付昂贵的学费,是王季范慷慨解囊,一次就从家里拿出现大洋一百元。"毛泽东在东山小学读书期间,和王季范多有书信往来。有一次,王季范给毛泽东寄来了康有为的《大同书》,毛泽东接到后仔细地进行阅读、背诵,并写出了心得与批语。在王季范的影响下,毛泽东开始"崇拜康有为和梁启超"。

1911年,毛泽东从东山小学毕业考入了湘乡驻省中学,当时王季范担任该校教员,毛泽东在学习和生活上均受到王季范的关照。后来毛泽东又入湖南省第一中学,其间多得王季范帮助和指点。此后,毛泽东通过半年多的自学生活,1913年春,以优异成绩考入湖南第四师范读书。1914年春,湖南第四师范并入湖南第一师范,毛泽东转入湖南第一师范,被编入一年级八班。

1915年,王季范到湖南第一师范任教并担任学监,毛泽东得以直接受教于王季范。从此,他们之间的关系更加深了一层。王季范不仅在学习上对毛泽东认真指点,谆谆教诲,而且对他的进步活动也大力支持。毛泽东胸怀大志,为"改造中国与世界"而孜孜求学,勤勉奋进,使王季范深为敬佩。在这一时期,毛泽东接触了许多先进思想,常与蔡和森等人一起商谈国事,探求真理,组织和领导了一些学生活动,但也每每因此惹出一些麻烦来。常常是王季范出面斡旋,多方疏通,方才转危为安。如在1915年上学期,湖南省议会公布了一项新决定,从秋季开始,每个学生每月要缴纳10元学杂费。这在当时是个不小的数目。身为湖南第一师范校长的张干,对于此决定表示拥护,坚决执行。该校师生对此议论纷纷,尤以家境贫寒的学生情绪愤激,纷纷反对张干的做法。他们在毛泽东的领导下,在学校掀起了"驱张运动"。张干得知此事后,恼羞成怒,下令要将毛泽东等带头闹事的17个学生开除。王季范得知此讯后,找到杨昌济、徐特立、方维夏等校内几位有威望的教员商量对策。杨昌济等人赏识毛泽东的才华,也反对张干的做法。他们召集了一个全校教职员会议,为学生鸣不平,对张干施加压力。在无可奈何的情况下,张干不得不收回成命,改为给毛泽东记大过处分。

　　第一次大革命中,毛泽东在湖南从事工农革命运动时,曾数次遇险,遭到反动派的追捕。王季范亦多次利用自己在教育界的声望和地位掩护他脱险。1927年毛泽东领导秋收起义前,曾专程与王季范告别,说他这次要出一趟远门。王季范与毛泽东这一别,竟长达20余年,直到1950年才在北京再见面。数十年间,他们彼此分离,但时常多方设法捎信问候,互相鼓励。

　　1937年,王季范把唯一的爱子王德恒送到了延安。后来,王德恒为革命献出了生命,王季范在1950年秋天才从毛泽东处得知此讯。

　　1949年6月,时值湖南和平解放前夕,王季范以湖南教育界知名人士的身份,参加了长沙地下党领导的迎解放活动。他通过长沙市工委与湘潭市工委取得了联系,从湘潭向解放区和毛泽东发电报(当时因特务搜捕甚紧,在长沙发报易被敌人侦悉,故改在湘潭),报告"湖南和平起义可望促成"的消息,并建议迅速派人南下,准备接管湖南政权,做好筹粮支前工作,早日解放全中国。1949年8月,程潜、陈明仁通电起义,湖南获得和平解放,党中央随即派出南下工作团到达湖南,接管湖南政权。此间,王季范连续3次致电毛泽东,对他领导的中国革命的胜利表示热烈的祝贺,并提出"用贤才、立法制、崇道德"三个治国方策供毛泽东参考。

　　中华人民共和国成立后,毛泽东派人到长沙接王季范进京叙旧。1950年国庆节前夕,王季范和毛泽东阔别20余年后在北京重逢。毛泽东亲自设宴招待王季范。宴会前,他特地向李敏、李讷等介绍了王季范,还握着客人的手,向江青和工作人员介绍说:"这是我九哥,在我青年时期,给我好多帮助。没有他,就没有我毛泽东。"之后,王季范还登上了天安门城楼,参加了新中国诞生后的第一个国庆节观礼。

　　1952年,毛泽东的老师、校长张干等应邀到北京,受到毛泽东的亲切接见。王季范曾派专车陪同张干等一行4人畅游明十三陵和汤山。他还将张干等接到家里商谈湖南第一师范重建问题,并赞成张干提出的在长沙城南辟一公园,兴建毛主席纪念馆的建议。

1955年11月,王季范率部分人民代表到湖南视察,在省委秘书长杨第甫的陪同下,前往韶山参观了毛泽东故居,并在故居前合影留念。他还在照片上方亲笔题写了"瞻仰主席故居留影"几个字,表达了对毛泽东深深的爱戴之情。

此外,作为一个老教育工作者,王季范一直为发展家乡湖南的教育事业而多方奔走。无论是重修省立第一师范、建立湘潭大学,还是扩建东山学校,他或献计献策,或筹资出力,无不尽心尽意,不遗余力。这些善举,在湖南学界是有口皆碑的。

1972年7月11日下午,王季范先生在北京因病逝世,享年88岁。在王季范病重住院期间,毛泽东和周恩来曾请王季范的孙女王海容转致慰问。在王季范追悼会上,毛泽东敬献了花圈,花圈的飘带上写着:"九哥千古/毛泽东敬挽。"

邓中夏

中共早期开展工人运动的卓越领导人,是毛泽东的亲密战友。他们曾作为中共早期工农运动的领导人并肩战斗。

邓中夏(1894—1933),湖南宜章人,1920年加入北京共产主义小组,1922年5月,任中国劳动组合书记部主任。他曾领导长辛店、京汉铁路工人、开滦煤矿工人大罢工,是中共早期工人运动的领导人之一,中共第二、第五届中央委员,第三、第六届中央候补委员,"八七"会议上当选为中央政治局候补委员。1933年9月牺牲于南京。

邓中夏和毛泽东的关系,可以分为三个时期。

1915年至1920年为第一个时期。1915年秋,邓中夏考入湖南高等师范文史专修科,蔡和森也考入湖南高师,与邓中夏成为同班同学。在湖南"一师"时,毛泽东和蔡和森已经成为好友,蔡和森很乐于向朋友们介绍毛泽东;当时,杨昌济同时任教于湖南高师和湖南"一师",是毛泽东、邓中夏和蔡和森所共同尊敬的老师。他们常常到杨昌济家里向先生请教问题。经过蔡和森的介绍,邓中夏和毛泽东相识在杨昌济的家中。富有远大革命抱负的两位热血青年很快成为挚友。

1917年,邓中夏考入北京大学,他和毛泽东保持着通信联系。他们在信中谈论着理想、人生和未来。

1918年,为组织湖南学生赴法勤工俭学,毛泽东第一次来到北京。久别的朋友重逢了,他们相聚于正在北大任教的杨昌济先生家中,诉说离别后的经历,畅谈个人和国家的命运,憧憬着美好的未来。不久,在杨昌济先生的帮助下,毛泽东被时任北京大学校长的蔡元培安排在北大图书馆主任李大钊手下当助理员。当时的北大是新思潮传播的中心,蔡元培等人组织了哲学会,邓中夏和毛泽东都是哲学会的会员,他们一起交流读书心得,研究新思潮、新理论,一起从事社会调查等实践活动。1919年春，北大平民教育讲演团成立以后，他们曾一起到长辛店考察铁路工人的生活状况。这年3月，毛泽东回到了湖南，但他仍与邓中夏保持密切的联系。

五四运动中，邓中夏当选为北京中等以上学校学生联合会总干事。5月下旬，邓中夏代表北京学联前往长沙，毛泽东在楚怡小学召集新民学会会员和长沙各校的学生代表开会，邓中夏向他们介绍了北大和北京学生火热的斗争情况。学生代表们很受鼓舞，为了声援北京学生运动并将长沙学生组织起来，他们决定成立湖南省学生联合会。会后，毛泽东和新民学会会员们，深入长沙各校，发动学生联合行动。

1919年9月1日，毛泽东在湖南成立了"问题研究会"，他在为研究会起草的章程中提出，要把主义和问题结合起来研究，并把印刷后的章程寄给邓中夏。对此，邓中夏极为重视，他写了一个启事，连同《问题研究会章程》一起，寄给《北京大学日刊》编辑部发表。

1919年12月18日，毛泽东率湖南"驱张"代表团第二次来到北京，他和邓中夏等人的联系更加密切了。他每隔三五天就会来一次邓中夏、罗章龙等人的住地——北大曦园。据马非百回忆说："毛泽东主要是和邓（中夏）、罗（章龙）接头，他们一谈就是大半天，我看过邓康（即邓中夏）的日记（那时我们都记日记，并且还互相交换阅看，以期集思广益），对于他们的谈话，记载得很详细，内容十分丰富，从政治、社会、经济、道德、学术到文学革命、个人修养，几乎无所不谈。他俩也和别的同学一样，对李大钊、陈独秀都深表敬佩。"

在邓中夏、李大钊等人的帮助下，毛泽东这次在北京期间，搜集和阅读了许多马克思主义著作。1920年，他从一个激进的民主主义者转变为共产主义者。作为毛泽东的好朋友，邓中夏对毛泽东思想的转变起了一定的推动作用。

从1921年到1927年大革命失败之前，这是毛泽东与邓中夏深入交往的第二个阶段。他们同时作为党的早期领导人，为工农运动并肩战斗。

邓中夏和毛泽东都是中国共产党的筹建人。毛泽东是湖南共产主义小组的发起者，邓中夏则是北京共产主义小组的成员。毛泽东参加了中共"一大"，邓中夏曾受李大钊的委托，到上海筹备中国共产党第一次全国代表大会，但因故未能参加会议。中共"一大"以后，毛泽东回到湖南，在湖南"一师"当国文教员，并从事革命活动。1921年10月21日，邓中夏从四川来到长沙，当晚便被毛泽东邀请到"一师"附小作演讲。邓中夏描述了他在四川的见闻，揭露了四川黑暗的社会、政治现状,他号召"用科学主义和社会主义"来改变这种状况。当晚,两位年轻人彻夜畅谈。

他们还是并肩战斗的战友。在中共党内,毛泽东以注重农民运动见长,而邓中夏则以领导工人运动闻名。他们互相配合,协同作战。1922年秋,邓中夏担任中国劳动组合书记部主任,毛泽东是湖南分部主任。为了维护工人的权益,邓中夏代表劳动组合书记部起草了《劳动法大纲》,并和毛泽东等人联名向国会众议院递交《请愿书》,要求将劳动法条文写进宪法。在邓中夏等人的领导下,各地工人举行了集会、示威、游行,全国掀起了声势浩大的劳动立法运动。

他们都是中共早期的重要领导人。1923年,在中共"三大"上,毛泽东当选为中央委员,邓中夏当选为候补中央委员。1924年国民党"一大"之后,毛泽东任国民党上海执行部秘书处会计科代理主任和组织部秘书,邓中夏则任工农部干事。中共"四大"后,邓中夏任中央局秘书长,毛泽东则任中央农民运动委员会书记。在中共"五大"上,邓中夏当选为中央委员,并担任中央秘书长;毛泽东当选为候补中央委员,仍任中央农委书记。

从1927年第一次国内革命战争开始到1933年9月邓中夏牺牲,这是他们亲密关系发展的第三个阶段。

在此期间,毛泽东领导了秋收起义,并率领部队上井冈山,试图走出一条"农村包围城市、武装夺取政权"的革命道路。这样的革命路线得到了远在莫斯科的邓中夏的积极赞同。回国之后,他为湘鄂西革命根据地的建设努力工作,以实际行动实践着他的观点。但不幸的是,1933年9月,邓中夏牺牲于南京,而此时的毛泽东在中央苏区也处于被排挤的地位。在延安时,毛泽东曾多次向邓中夏的夫人夏明谈起邓中夏的事迹,对这位亲密战友的牺牲十分痛惜。1945年,毛泽东还鼓励夏明:"不要忘记启汉、中夏同志的遗志,要继承他们的事业。"

刘仁静

他和毛泽东相识于北大红楼图书馆,再见于中共"一大"会议上。后来因政见不同,分道扬镳……

刘仁静,1902年出生于湖北应城县。1918年秋天,他从武昌中华大学中学部考入北京大学。北京是新文化运动的发祥地,北京大学是新思潮传播的中心。到北京大学以后,刘仁静就兴致勃勃地钻进红楼图书馆去读书看报。当时,毛泽东在李大钊的安排下,正在图书馆当助理员。于是,刘仁静和毛泽东就这样认识了。

刘仁静酷爱读书,但同外界的联系不多,他常常在图书馆消磨时光。毛泽东则不仅了解中国的政治和世界大势,而且积极参与寻求救国救民的社会实践,他博学、眼光远大、思想激进。有一次,毛泽东对刘仁静说:"你这样爱读书是好的,但是不要把自己变成一个书呆子,要把读书同实际结合起来才有意义。"毛泽东善意的建议,使刘仁静深受启发。此后,他也积极投身于五四运动火热的斗争实践中,和其他爱国学生一起,在天安门前集会,到东交民巷游行,最后来到了卖国贼曹汝霖的住宅前,刘仁静勇敢地踏着同学的肩膀爬进曹家大院,为群众打开大门,火烧赵家楼。

1921年7月,中国共产党第一次全国代表大会在上海召开,刘仁静和张国焘作为北京代表参加了这次大会。毛泽东是长沙代表,他们又一次见面了。会上,刘仁静为共产国际代表马林当翻译,同时发表了一通自己的意见。张国焘当时讲话也很活跃。而毛泽东则采取谦虚谨慎的态度,不讲没有事实依据和站不住脚的话。在即将返回湖南的前一天,毛泽东和刘仁静有过一次谈话,他握住刘的手,语重心长地说:"你今后要多做实际工作。"当时刘仁静在会议上夸夸其谈,毛泽东的话语一针见血地指出了他的弱点。

他们再次见面是在1923年,那是在广州召开中共"三大"的时候。刘仁静作为特邀代表,传达共产国际第四次代表大会关于建立统一战线决议的精神。毛泽东也是代表之一。在广州,他们住在一起,朝夕相处,交流的机会更多了。毛泽东积极拥护共产国际在中国建立国共合作统一战线的政策,在会上发表了许多重要意见,极力主张组织和发动农民参加民主革命,认为要对农民进行科学的分析。会后,毛泽东还向刘仁静介绍了农村的革命形势,他说:中国革命的可靠同盟者是贫农和雇农,你一定要重视农民革命。毛泽东的远见卓识令刘仁静耳目一新。

中共"三大"以后,党中央派刘仁静到上海从事中国社会主义青年团的组织领导工作,并当选为团中央书记。那时,毛泽东担任中共中央执行委员兼中央局秘书。每逢青年团中央开会,刘仁静总要邀请毛泽东参加,毛每次都热情地支持他们,为青年工作提出了许多很好的意见和建议。两人在工作中结下了深厚的友谊。但是,刘仁静1929年结束从苏联的学习回国以后,两人却走上了不同的道路,开始分道扬镳。

新中国成立以后,刘仁静在《人民日报》上发表声明,郑重指出:"今后必须向毛主席和中国共产党学习,我过去犯了严重的政治错误,以后决心在党和毛主席的领导下为建设新中国而努力。"

毛泽东并没有忘记这位老朋友。"文化大革命"期间,刘仁静被关押达10多年之久,处境艰难,毛泽东曾指示公安部门和军代表:对刘用不着监护,可以让他写写回忆录。这样,刘仁静的处境才有所改善。十一届三中全会以后,刘仁静得以彻底恢复人身自由,落实了政策,生活才安定下来。

刘天民

> 她曾是童养媳，是毛泽东救她脱离苦海，引导她走上革命道路。后来，她曾帮助毛泽东摆脱军阀的追捕。

刘天民，1902年出生于一个贫苦的农民家庭，原姓庞。5岁时就嫁给一个姓萧的20岁的残废男人，受尽苦难与折磨。她不甘心这样的生活，拼命抗争，但受到当地地主和族长的迫害，他们把她吊着，打她，扯她的头发，倒拖她的双脚，将她的头在地上撞来撞去，直撞得她晕死过去。刘天民的父亲死得早，母亲一直守寡，家中特穷。见女儿受尽折磨，她没有丝毫办法，只知道淌眼泪。

闻讯赶来的毛泽东，将她从火坑中解救出来，还劝她母亲让女儿出走。那是1923年夏天，毛泽东和私人秘书李耿侯（刘天民的姐夫）来到了刘天民的娘家深泉湾。毛泽东对她的妈妈讲述革命道理，刘妈妈思想终于开了窍，她擦干眼泪，激动地握住毛泽东的手说："我活了六十岁，从没有看见过像您这样好的人！"她将自己仅存的一点钱拿出来，资助刘天民出走，离开那个人间地狱。在场的人无不为之感动。

离开家乡的刘天民，跟随毛泽东来到长沙，在昭潭女中半工半读。1923年8月，毛泽东以刘天民的遭遇为模本，在长沙《大公报》上发表署名为《解放妇女》的文章，讲述了一个女孩从小被遗弃，被人收养，5岁便送给一个残废人当童养媳，受尽人间折磨的故事。

在毛泽东的耐心教育和指导下，刘天民的思想日益进步。1923年10月，由毛泽东的秘书彭公达、杨昭植为介绍人，她加入了中国共产党，并先后担任中共湖南省委青年部长、团委书记等职。

1925年，刘天民还营救过毛泽东脱险。当时，毛泽东到韶山开展工作，赵恒惕密令其弟——湘潭反动头子赵恒哲抓捕毛泽东。湘潭县议员郭六宾平日与刘天民交谊甚厚，他将这个消息告诉了刘。刘天民立刻派共产党员郭士蓥赶往韶山援救毛泽东。在他们的掩护下,毛泽东从宁乡转到武汉,安全脱险。

1926年,刘天民受毛泽东的委托,担任湖南省党校杂志编辑,住在清水塘毛泽东家里,与杨开慧朝夕相处,帮杨开慧照顾孩子。当时,毛泽东领导农民运动,公务繁忙,终日劳累奔波,很少回家。

1927年,毛泽东还曾经选派刘天民和另外的5名女同志到苏联留学,但没有成功。1930年,杨开慧不幸被捕,在长沙英勇就义。刘天民悲痛万分,她回到家乡以教书为生。在白色恐怖的日子里,她被迫脱离了党组织。

后来,刘天民与毛泽东的好朋友郭梓材结了婚,并在湘潭县城的一所小学里任教达18年之久。

新中国成立以后,毛泽东虽然成为党和国家的最高领袖,但对郭梓材、刘天民两位故友仍念念不忘,并多次写信问候他们,给他们汇款寄东西,关怀备至。从1950年起到1962年止,郭梓材、刘天民夫妇先后收到毛泽东亲笔写的回信有4封,毛泽东嘱托中共中央办公厅秘书室写的回信有7封,加上毛泽东寄的诗词等,共计13件之多。另外,毛泽东还给他们汇款6次,合计金额达1700元。

为了解决郭家的生活问题,毛泽东根据刘天民大革命时期曾参加革命的经历,建议湘潭有关部门安排她到湖南文史馆工作,但未能如愿。后来,刘天民被安排在湘潭市政协工作。此后,刘天民先后担任了几届湘潭市政协委员,直到1976年去世。

向警予

中共的第一任妇女部长,第一个女中央委员,是"我国妇女运动"的先驱,"中国的蔡特金"……

向警予(1895—1928),原名向俊闲,笔名振宇,湖南溆浦人。

向警予六七岁时,便上私塾读书。女子上学,这在当时是不多见的。1903年,向警予的大哥向仙钺(后来毕业于日本早稻田大学法制经济科)和地方开明人士,创办了一所兼收男女学生的小学。在大哥的支持下,向警予打破时人的偏见,带头入学,成绩优良。向仙钺留学日本时,曾参加同盟会,回国后是湘西同盟会的负责人之一。他给向警予讲有关法国大革命的故事,指导向警予读《民报》、《新民丛报》、《天义报》等报刊,引起了妹妹对革命无限的神往。

1912年秋,向警予以优异的成绩考入了湖南省立第一女子师范学校。求学期间,她博闻强记,成绩出众,并能团结同学,深受欢迎。据杨昌济《达化斋日记》(1914年5月13日)记载:"昨至第一女子师范学校,赴其成绩展览会。见本班(科)二年生向俊闲之日记颇有抱负;时痛亡母,性情亦厚。且时及王阳明之绪论,亦曾研究蒙特琐里之训练谈,可谓女教育界中之人杰。"向警予以其出众的才华和抱负,与陶毅一起成为杨昌济最为得意的女学生。而毛泽东、蔡和森则是杨昌济最得意的男学生。

1914年,向警予转入周南女校。当时的周南女校被称为"女革命家的摇篮"。校长朱剑凡认为中国要富强,必须重视广大妇女的教育,他毁家办学,一心走教育救国的道路。当时,在周南女校任教的徐特立对向警予的影响也很大。

在周南女校求学的日子里,向警予与蔡和森的妹妹蔡畅是同学,因了这样的关系,向警予认识了蔡和森、毛泽东和其他的革命青年。他们一起畅谈人生,讨论国家的未来。有时,向警予还与蔡和森、毛泽东一起到船山学社听讲;他们也结伴到杨昌济先生家中,向杨先生请教。

为了实现"教育救国"的理想，1916年春，向警予回到了故乡溆浦，并担任溆浦县立女校的校长。溆浦女校创办于1906年，因常年经费没有着落，几度停办。向警予不畏困难，为解决经费和生源问题四处奔走，她和学校的老师们谱写了学校的校歌："美哉！卢峰之下溆浦水，我校巍巍矗立当其前。看，现在已是男女平等，天然淘汰，触目惊心！愿同学做好准备，为我女界啊，大放光明！"阐述了为女界大放光明的办学宗旨。

在向警予的努力下，溆浦女校越办越好，成为湘西的一所得到社会高度评价的新型学校。学校的学生由原来的十几人增加到300多人，设有小学班、高小班、缝纫班、刺绣班、补习班等。

1919年，伟大的五四运动爆发了，湖南也掀起了声势浩大的罢工、罢课、罢市的热潮。向警予积极地带领学生上街游行，发表演讲，号召大家"外争国权"、"内惩国贼"。

不久，蔡畅写信给她，约她到长沙筹办女子赴法勤工俭学。向警予接到信后，欣喜异常，她毅然前往长沙。在长沙，她和蔡和森、毛泽东等人的接触更加频繁了。1919年下半年，向警予在长沙参加了新民学会。1919年10月，她发起成立了"周南女学留法勤工俭学会"。她还在长沙组织了"湖南女子留法勤工俭学会"，是湖南妇女界留法勤工俭学运动的首倡者。

1919年12月，向警予、蔡和森、蔡畅等人赴法。向警予和蔡和森经常在一起谈论政治和学术问题，并很快相爱了。1920年5月，他们在法国的蒙达尼举行了婚礼，他们的结合被同学们赞誉为"向蔡同盟"。毛泽东得知消息后，马上去信祝贺，并表示要奉他们为领袖。婚后，向警予积极帮助蔡和森搜集资料，一起研讨国际国内的形势和各种流行的思潮，参加新民学会在法国的各项活动，还在法国的工厂里做工。

在1920年的蒙达尼会议上，蔡和森等人主张"马克思主义"及俄式革命，实行无产阶级革命和无产阶级专政。向警予完全赞成蔡和森的主张，她协助蔡和森和各种错误的思潮作斗争，积极宣传马克思主义。她和蔡畅还把蔡和森翻译的《共产党宣言》张贴在墙上，请大家阅读。

在法国，向警予还参与了进占里昂大学的斗争。蔡和森等人被遣送回国后，她在巴黎和蒙达尼，以怀孕之躯为解决留法勤工俭学女生的经费问题多方奔走，正如蔡畅所言："警予在任何时间地点总是自然而然地最先行动和处于领导地位的人物。"

1921年底,向警予启程回国,不久就加入了中国共产党。

1922年7月,中国共产党第二次全国代表大会在上海举行,向警予当选为候补中央委员。会后,党中央成立妇女部,向警予当选为第一任部长。

在中共"三大"上,毛泽东、瞿秋白等人主张国共合作,向警予赞同他们的意见,并耐心地向那些思想不通的同志们做解释工作。"三大"确定设立妇女运动委员会,并创办一种刊物。向警予担任中央妇女运动委员会的书记,主编《妇女周报》。"三大"闭幕后,向警予回到上海,同蔡和森、毛泽东、杨开慧等人住在闸北区中兴路三曾里的党中央机关里,度过了一段难得相聚的日子。

为了实现国共合作,毛泽东、向警予、邓中夏等40多名共产党员被派往国民党上海执行部工作,以帮助孙中山改组国民党。1924年国民党"一大"后,向警予和毛泽东等人一起,协助国民党"左派"领袖,改组上海国民党执行部,并以上海执行部工作人员的身份,负责与上海各区妇女代表洽谈,筹建妇女运动委员会。委员会成立后,在向警予的具体指导下,妇女运动中的统一战线工作被大大加强。

1925年1月,党的"四大"以后,向警予担任中央妇女工作委员会的委员长,在广州负责筹建广东女权运动大同盟,并担任第一届会长。

为了紧密配合当时的政治斗争,向警予还积极进行马克思主义的研究和宣传工作。她为中央妇女部起草了许多重要的指导文件,还先后在《向导》、《妇女周报》、《妇女日报》、《妇女杂志》、《妇女年鉴》等报刊上,发表了《中国最近妇女运动》、《今后中国妇女之国民革命运动》、《中国妇女宣传运动之新纪元》等一系列文章和文件,比较系统地阐述了关于妇女解放的思想和理论。1925年,她以女界国民会议促成会领导成员的身份,和蔡和森、邓中夏、李立三一起,参与发起和领导了上海日本纱厂工人的同盟罢工。她坚持妇女运动中党的统一战线的思想和策略,最早提出并实践着知识妇女和劳动妇女相结合。

在实际的斗争实践中,在党的指导下,向警予创造性地指导各地建立起了妇女青年会、妇女参政同盟等以工农群众为骨干的革命妇女组织,发动亿万妇女投入到反帝反封建的斗争中,壮大了革命的阵营。

1925年秋,向警予随蔡和森等人赴莫斯科,进入东方大学学习。1927年初回到广州,随后到武汉。在不久召开的党的"五大"上,向警予勇敢地同陈独秀的右倾错误作斗争。会后不久,她被调往汉口市委宣传部工作。

1927年7月15日，汪精卫分共以后，武汉三镇陷入白色恐怖之中。向警予受党的委派，留在武汉。她临危不惧，竭力营救被捕同志。她还负责省委宣传部的工作，领导党和工会的有关组织迅速转入地下，想方设法地到工厂去工作，同工人一起研究保全组织、组织群众进行反抗的办法。

"八七"会议之后，向警予精心组织人员听取苏兆征传达会议精神，坚决地否定了原来夏曦要他们丢掉队伍自己去追赶南昌起义部队的意见，要求他们立刻回部队去，参加秋收暴动，并以警卫团为基础，集合、训练湘、鄂两省的武装农民。后来，毛泽东在江西铜鼓找到了这支队伍，成为秋收起义的主力部队。

向警予在白色恐怖中从事斗争，她在法租界的一间小房子里，为编写和刻印党的秘密报刊而通宵达旦地工作着。她耐心地教育党员、干部："共产党员是群众的核心，要说话有人相信，就要联系群众，带动群众，不摆一点架子。周围没有群众，就不是真正的共产党员。"

1928年3月20日，向警予和她的助手被叛徒认出，她被捕了。敌人对她进行百般诱惑和严刑拷打，但她从未向敌人透露任何实情。在狱中，她还积极地组织斗争，领导大家进行绝食，要求改善狱中生活。

1928年5月1日，向警予被押赴刑场，她视死如归，沿途向广大群众高声演讲："我是中国共产党党员向警予，为解放工农劳动大众，革命奋斗，流血牺牲！无产阶级团结起来，打倒帝国主义！打倒蒋介石！中国独立解放万岁！苏维埃中国万岁！中国共产党万岁！"最后英勇牺牲。

不久，中共中央在上海秘密召开了向警予烈士的追悼大会。

1939年，毛泽东在延安纪念三八妇女节大会上，高度评价了向警予革命的一生："要学习大革命时代牺牲了的模范妇女领袖、女共产党员向警予。她为妇女解放、为劳动大众解放、为共产主义事业奋斗了一生。"

朱其升

曾经担保毛泽东加入新军,是毛泽东在新军里的同班战友……

朱其升(1891—1956),湖北大冶县人。他的父母都是农民,家境贫苦。12岁时,朱其升成为一名学打铁兼修雨伞的学徒。1909年,湖北发生水灾旱灾,人民食不果腹,终日饥肠辘辘,朱其升离开家乡,到处流浪。这年深秋,他流浪到长沙,加入新军,被编入彭友胜所在的班当了一名列兵。当时,打铁出身的朱其升在训练时,能吃苦耐劳,不久便提升为上士,而彭友胜是副目(副班长),他们感情很好。

辛亥革命爆发时,毛泽东正在长沙求学,他决定投身军营,参加革命军,为国效力。可是负责接受新兵的军官说:上级规定,必须有可靠的我们熟悉的人担保,你才能参加革命军。毛泽东再三央求:"我是学生,不认识其他的人,能找谁担保呢?"好话说尽,那位军官就是不收,毛泽东便生气地说:"真是秀才遇到兵,有理说不清!"这时,朱其升正好从军营出来,他看到毛泽东眉清目秀,文质彬彬,一副学生模样,就和蔼地问:"这位兄弟,你有么事对我说说,行吗?"两位军人的态度形成了鲜明的对比,毛泽东顿时对朱其升产生了信任感,他把自己的身世、参军的打算如实地告诉了朱其升,朱其升非常同情他,征得彭友胜的同意,在他们的共同担保下,毛泽东以"毛润之"的名字加入了革命军。

在新军里,朱其升与毛泽东关系密切。作为老兵,朱其升在生活和军事上处处帮助、指导毛泽东。毛泽东刚入伍时没有军衣和毛毯,他把自己刚发的蓝棉衣给毛泽东穿;他还帮助毛泽东擦拭枪支,指导他的军事训练。在休息的时候,毛泽东、朱其升、彭友胜常在一起谈天说地。毛泽东古文根底深厚,他常为他们讲《水浒传》、《三国演义》等故事。朱其升后来回忆说:我当时听不懂毛润之讲的古文,不热心,听着听着,慢慢地就睡着了。可我特别爱听他讲的"曹操煮酒论英雄"、"张飞大战长坂坡"、"孔明虚设空城计"、"关公败走麦城"等故事。那时候,每到空余时间,毛泽东还教朱其升（只读过三年私塾）、彭友胜读书、写字，朱其升进步很快。

1912年3月，南北议和实现，袁世凯就任"中华民国"大总统，毛泽东和朱其升所在的新军被下令解散，三位好友依依惜别，从此各奔东西。朱其升回到故乡，以种田兼打铁为生，彭友胜也回到了家乡，毛泽东则继续留在长沙求学，断了联系。

1950年春天，怀着对领袖的无比崇敬之情，农民们纷纷购买毛泽东主席的彩色标准像，张贴在显眼的位置。看着彩色肖像，朱其升突然眼睛一亮："这个人好面熟呀！会是他吗？"他的眼前浮现出毛润之的面容及其下巴上的那颗黑痣，他非常高兴。

1952年，他又想起了他的新军战友毛泽东，思量再三，请人帮他给毛泽东写了一封信，他不能肯定毛泽东是否还记得自己。9月，他收到了一封来自北京的信，信笺上赫然印有"中央人民政府革命军事委员会"，挺拔的毛笔字出现在他的眼前：

其升兄：

　　来信收到，甚为高兴，寄上人民币二百万元（折合新币200元），聊佐小贸资本。彭友胜尚在人间，曾有信来。知注附告。顺祝、兴吉。

毛泽东
一九五二年八月三十日

这位曾经与毛泽东同甘共苦的忠厚铁匠，看完信，不禁热泪盈眶，心潮澎湃："毛主席做了这么大的官，还没有忘记我这个普普通通的老百姓。"

1952年10月，朱其升用毛泽东寄给他的钱作路费，怀揣着毛泽东的亲笔信，踏上了北上的列车。他无心看风景，心情激动，惶恐不安，想象着毛泽东如今当上了国家主席，见面后不知怎么说。几经周折，他才找到中南海，被安排在一间房子里休息。

第三天下午，一位工作人员将他带进了一所环境幽雅的四合院，屋内走出一位身材高大的人，大步上来，抱住朱其升的肩膀朗笑不止。"你就是其升兄吧，我们见面太晚了，去年春天，彭友胜曾写信来，我已经给他去过信了。"毛泽东无限感慨地说："你怎么早不写信给我，接到信后应早些来嘛，我多么想见见旧时的朋友哇！"还未等朱其升说话，毛泽东又说："我们在新军共同生活和战斗，虽只有半年，但记忆犹新，特别是你和彭友胜对我的照顾和帮助。我是不能忘记的，我很感谢你们啊!当时,我带有学生气,对军队生活不习惯。你们像兄长一样关心我。"朱其升眼含热泪,心情激动,他没有想到,一位国家主席竟然和几十年前的一位普通朋友,现今的一位老百姓促膝谈心。"不,不,是您关心了我们。您像老师一样教我们读书、写字,告诉我们做人的道理。"长谈之后,毛泽东还留朱其升一起吃晚饭。几天之后,他又在办公室里和朱其升见了一面,请他谈谈他们那里的情况和群众的想法、要求。

朱其升这次在北京住了近一个月,临行时,毛泽东又拿出500万元人民币(旧币),送给他作为路费和回家生活的补贴。

1953年春,朱其升将流散在汉口街头的补伞、修鞋、补锅、箍木桶的手工艺人集合起来,用这些钱作资本,成立了"和平油布雨伞厂",他被群众选为经理。朱其升经常对工人们说:"毛主席号召我们组织起来,我们再不能像过去那样无领导,无组织,散散漫漫。我们一定要把工厂办好,再去北京向他报告。"

1954年夏末,朱其升带着"和平油布雨伞厂"的照片,再次来到北京。见到朱其升,毛泽东很高兴,他拉住朱其升的手说:你来得好。我就是想多了解一些你们下面的情况。这次你一定要详细谈谈。看着工厂的照片,毛泽东极为称赞:"很好,这个工厂不错,有点社会主义的气魄。"朱其升连忙摆手,说:"不行,你不能再夸奖了,我们还办得不好。"这次,朱其升在北京待了20多天,回武汉之前,毛泽东再三叮咛:有空要到北京多走走,要多写信反映基层情况。朱其升感动得热泪纵横,毛泽东也动情地说:"我是不会忘记你们的,有困难,有要求,可随时告诉我,我想办法给你们解决。"

1956年夏,朱其升在汉口病逝。但他与毛泽东的友谊则广为传颂。

朱剑凡

> 周南女校的创办者。毛泽东与他相识并建立了师生关系。他曾资助毛泽东创办文化书社……

朱剑凡(1883—1932),教育家,原名家纯,号吕生,湖南宁乡人,其祖先为明宗室吉王的后裔,故在辛亥革命后他恢复朱姓,更名为剑凡。

1902年,朱剑凡赴日本留学,就学于东京宏文学院师范科,与毛泽东的老师杨昌济、陈润霖等为同学,并结识了黄兴、陈天华、姚宏业等革命党人,接受了资产阶级民主革命思想。1904年朱剑凡学成归国,先在湘乡速成师范任教(当时徐特立在该校学习),后倾力兴办周南女校。他主张教育救国,提出"教育要与社会生活相结合,要为社会改革和建设而服务"的办学方针,提倡学生投身社会活动和革命斗争,在实践中经受锻炼,并且自己也身体力行。

1920年,朱剑凡当选为湖南省议员,后参加过国民党"一大",历任国民党长沙市党部常委、湖南省政府委员、长沙市政筹备处主任等职。"马日事变"后,被国民党抄家和通缉。1930年,朱剑凡随宋庆龄、鲁迅等发起组织自由运动大同盟。

朱剑凡最早是从杨昌济那里得知毛泽东的一些情况的。杨昌济与朱剑凡的关系密切,他曾向朱剑凡详细地介绍了毛泽东在湖南"一师"的独特表现,对毛泽东的才华大加赞赏。这使得朱剑凡对湖南"一师"的这位"怪学生"产生了浓厚的兴趣,希望能见到毛泽东。后来,杨昌济把毛泽东介绍给朱剑凡,毛泽东也常到朱剑凡家向他请教问题,于是他们之间便以师生相称。毛泽东虽然并未在朱剑凡执教的学校读过书,但是他在湖南"一师"读书时经常向朱剑凡请教,得以直接聆听朱剑凡的教诲,在平时的交往中,他们之间建立起了师生关系。

1918年春,毛泽东为成立新民学会的事情到朱剑凡处征求意见,并邀请朱剑凡参加该组织,朱剑凡爽快地答应下来。当年4月14日,毛泽东、蔡和森、何叔衡、萧子升、萧子璋、罗章龙、陈赞周、邹彝鼎、张昆弟、周明弟、陈书农、叶兆桢、罗学瓒等

13人会聚长沙周家台蔡和森家,正式成立了新民学会。朱剑凡对新民学会的"革新学术、砥砺品行、改良人心风俗"的宗旨极为赞赏,在他的影响下,周南女校的向警予、蔡畅、魏璧、劳君展、周敦祥、陶毅、李思安、周敦福、贺延福等11名学生和2名教员也参加了新民学会。她们入会时,朱剑凡还为她们举行了祝贺仪式。

1919年,毛泽东从北京回到湖南创办《湘江评论》,也得到了朱剑凡的支持。受毛泽东的邀请,朱剑凡还为《湘江评论》撰稿。他在"健学会"成立大会上的演讲《论中国人"生的观念"与"死的观念"的谬误》,就发表在《湘江评论》上,毛泽东为此还写了《健学会之成立及进行》一文,对健学会的活动给予高度评价,称健学会的成立在湖南"颇足出幽囚而破烦闷",是"东方的曙光,空谷的足音";盛赞朱剑凡的演讲是湖南思想界中的空前创闻。

在《湘江评论》杂志社的推动下,朱剑凡主持的周南女校也办起了《女界钟》杂志。在湖南省的"五四运动"中,新民学会和周南女校分别以《湘江评论》和《女界钟》为舆论宣传阵地,推动了运动的发展。

大革命时期,受毛泽东的影响,朱剑凡也投身到革命的洪流之中。1923年,朱剑凡到广州,成为国民党"左派",追随孙中山先生干革命。在这之后,他参加了北伐战争,担任国民革命军第二军顾问和中央政治训练班教务主任。1926年,朱剑凡随北伐军攻入湖南,他在长沙筹组了国民党长沙市党部并担任常务委员,另外还担任长沙市政筹备处处长兼公安局长。就在这时,朱剑凡向中国共产党湖南省委书记李维汉提出了加入共产党的要求,经过权衡再三,李维汉最后说服他留在党外做党的统一战线工作。于是,他积极和毛泽东等人一起发动工农群众,支持北伐军,支持毛泽东领导的湖南农民运动,并参加了在长沙召开的工农代表大会。

1927年5月,许克祥在长沙发动"马日事变",朱剑凡受到反动派的通缉,他只得离开长沙辗转到武汉。当时毛泽东也在武汉,他专门去探望了朱剑凡,向朱剑凡介绍了自己有关开展武装斗争的思想,朱剑凡十分赞同这种主张。

武汉之会,是他们之间的最后一次见面。此后不久,朱剑凡携儿子朱伯深一道横渡鄱阳湖,准备赶到南昌参加起义,不料在湖上遇大风,只得折回武汉。1928年,朱剑凡举家迁到上海,因形势严峻,他改名吕还庵,后到日本避难。1929年回国后,朱剑凡参加了鲁迅、宋庆龄等倡议成立的"自由大同盟"。他曾几次打算到苏区工作,但因健康原因未能成行,只好留在上海从事地下工作。他把自己的寓所作为共产党的秘密通讯、开会和休息的据点。他有5位子女先后参加革命,并加入中国共产党,其三子朱叔平还为革命壮烈牺牲。朱剑凡自己也为革命鞠躬尽瘁,1932年在上海病逝。

新中国成立后,党和政府在1953年将朱剑凡的遗骨运到北京,安葬在八宝山革命公墓。徐特立在其墓前题写了"浩气长存"4个大字。新民学会的会员、毛泽东好友熊瑾玎书写了张唯一在1932年写的悼词,作为墓志铭。铭文如下:

树植女校,肇公之业;拥护革命,竟公之节;全公业者,有夫人之懿德;成公志者,公已寄期望于嗣哲。物化歇墟,魂萦新国,公之精神其不灭!

汤增璧

> 毛泽东在湖南第一师范读书时的第一任国文教员。曾对毛泽东思想认识的发展产生过不小的影响。

汤增璧（1881—1948），字公介，号朗卿，江西省萍乡县东桥乡人。

汤增璧早年曾赴日本留学，就读于东京早稻田大学。留学期间，经黄兴、宋教仁介绍加入了同盟会，随后担任同盟会机关报《民报》的校对、编辑、副主编等职。

汤增璧是《民报》最早的工作人员之一，在当年发生的《民报》社毒茶事件中不幸中毒，后经抢救得以脱险。在《民报》社工作期间，他经常采用揆郑、伯夔、余波、曼华等笔名在《民报》、《建国月刊》、《民主报》、《民国日报》、《赣江日报》等报刊上发表文章，还主办过《江西》杂志。辛亥革命爆发后，他回国担任黄兴的秘书。

清朝覆灭后，汤增璧到《北平民主报》、《劳动日报》社担任编撰。袁世凯当政时期，他来到长沙。1914年后在湖南船山学社和湖南第一师范任教。1927年~1928年期间，汤增璧担任国民党中央执行委员会秘书处秘书，国民政府侨务委员会秘书长。蒋介石当政后，他离开政界，到大学执教。后来经国民党元老胡汉民推荐，担任国民党党史编纂委员会纂修兼秘书，著有《先烈轶事》、《总理年谱别录》等书。

汤增璧的文章抨击时政，臧否人物，文笔犀利，为一时之冠。居正在《汤公介先生事略》中，称他"为文骈散皆工，诗则典丽堂皇，雅近盛唐风格"。他曾代孙中山、黄兴撰写过诗文，深受孙中山和黄兴的赞誉。尤其是黄兴，因为赞赏汤增璧长于文笔、人品清高，还特意为他撰联两幅相赠，称赞他"立节可为千载道，成文自足一家言"，"秋水为神玉为骨，词源如海笔如椽"。胡汉民还在后一幅联语上为汤增璧题了跋："克强先生书，力效眉山，间亦作六朝北魏体。余尝与先生论书，意不尽合，然观其书，未尝不叹美钦迟也。此联乃民国五年由美归国，未几，为公介同志书者。公介曾坠水，行李尽失，此联独无恙，故尤宝之。十九年四月汉民识于首都。"

1948年，汤增璧在南京病逝时，李宗仁为他敬献挽联，上书"矩范犹存"，老同盟会员、国民党元老于右任敬献的挽联赞之曰"开国耆宿"。

毛泽东与汤增璧的交往，始于1914年。这年春，毛泽东就读的湖南第四师范并入湖南第一师范，汤增璧担任毛泽东所在班级的国文教员。他常常结合中国和世界的形势，将时事知识教给学生，而不着重对课本内容进行分析。有时，他干脆诵读、讲解《民报》上的文章，以培养学生忧国忧民的爱国情感。他的这一教学方法，一方面难以被学校和其他国文教员所认同，另一方面又受到不少学生的非议。对此，毛泽东则持相反看法。他认为对时事的分析和了解正是同学们的欠缺之处，学习是为了追求真理，因此不能仅仅局限于书本，而要从天下国家万事万物中进行学习。他说服了同学们，使大家都能认真听讲。

汤增璧在湖南第一师范任教的一年内，毛泽东经常在课余时间向他请教问题。汤增璧对毛泽东的才华也极为欣赏，他常把《民报》上的精彩文章仔细给毛泽东讲读，还把自己珍藏的《民报》借给毛泽东阅读。毛泽东通过《民报》了解了同盟会的纲领和主张，弄清了孙中山倡导的三民主义与康梁所主张的改良主义之间的原则区别，逐渐在思想上摒弃了改良主义而接受了资产阶级民主主义思想。1936年，毛泽东对埃德加·斯诺谈起自己的这段经历时说："在这个时期中，我的政治观点也开始形成。一位姓唐（'汤'的音误）的教员常常给我一些旧《民报》看，我读得很有兴趣。从那上面我知道了同盟会的活动和纲领。"

汤增璧虽然与毛泽东相处只有短短的一年时间，但是却给毛泽东留下了较深的印象，对毛泽东思想认识的发展产生了不小的影响。

汤藻贞

> 毛泽东早年在东山高等小学堂的同学,是一位颇有建树的数学家。英年早逝,毛泽东深感悲痛……

汤藻贞(1898—1951),湖南省湘潭县韶山杨林人,少年时代与毛泽东同在东山小学堂同窗共读,交谊甚厚。

1915年,汤藻贞考入北京高等师范数理部,毕业后任教于北京女子高等师范(后来并入北师大)。1923年到德国留学,在柏林大学以及莱比锡大学攻读数学。1926年回国,先后在武昌大学、上海劳动大学、武汉大学等学校任教。抗日战争时期,他执教于广州中山大学和广西大学,还在广西大学兼任过一段时间的教务长。抗战胜利后,任安徽大学教授兼教务长。1948年,回北师大任教并兼教务长,一度代理校长。北平解放后,他担任北师大校务委员会委员。

1949年5月,汤藻贞曾给毛泽东写信,叙说他与毛泽东早年同窗共读的情谊,简单介绍了与毛泽东分别后,自己几十年的经历,并对毛泽东所取得的伟大成就表示衷心的祝贺。毛泽东接信后,当即打电话向汤藻贞问好,表示要抽空去拜望汤藻贞和在京的昔日老相识。

不久,毛泽东就兑现了自己的诺言。他来到北京和平门北师大宿舍,看望昔日的师友们。北师大文学院院长黎锦熙、地理系主任黄国璋以及数学系主任傅仲荪等人闻讯后,急忙从家中赶来迎接。曾经熟悉的师友们久别重逢,格外亲切,彼此都难以抑制心头的喜悦。汤藻贞面容清瘦,毛泽东一见,便迅速地迎上前去,微笑着关切地紧紧握住他的手说:"老同学,真的是多年不见了!你好吗?"汤藻贞急忙让家人弄点湖南特产招待主席。毛泽东连忙摇头说:"不能麻烦你们,今天我请客!"他让工作人员叫来两桌酒席招待大家。一时之间,主欢客悦,边吃边谈。尽管分别了几十年,但是他们好像又回到了过去的峥嵘岁月,回到了可爱的故乡。

这次聚会之后,两人又各自忙碌起来,毛泽东致力于国事,日理万机。而汤藻贞亦潜心于数学的教学和科研,颇有建树,翻译了《绝对微分学》,著有《新几何学》《群论对量力学的应用》等著作,并主持九三学社北京分社的工作。他们时常互相问候,偶尔也书信往来。

1951年夏,汤藻贞到西南地区参加土改。作为一名知识分子,他长期伏案,致力于繁重的数学科研,过度的操劳极大地损害了他的健康。9月,他回到北京后即患了急性胰腺炎,从此卧床不起。在他住院期间,毛泽东曾派秘书田家英专程前往医院探望,盼其早日康复。但不幸的是,1951年10月4日,汤藻贞因病逝世,年仅54岁。

对于老友的早逝,毛泽东感叹万分地说:"他死得太早了啊!这是我们国家科学界的一大损失。"10月23日,毛泽东还给时任北师大数学系主任的傅仲荪写信,告之"汤先生追悼会需表示吊唁",信中表达了他的哀悼、惋惜和怀念之情。

汤藻贞逝世后,遗有三女二子,最大的15岁,最小的才8个月。汤的妻子是家庭妇女,没有工作,而汤的薪水又被停发,一家人的生活陷入困境。于是,他的妻子便给毛泽东写信,请求将5个孩子免费入托入学,并给本人安排工作。毛泽东读信后,心情沉重,他用铅笔在信上画了很多横杠,然后把信批给田家英,要田家英到北师大去看望汤的遗孀,并和北师大有关方面协商解决。田家英遵照毛泽东的指示,立即到北师大看望汤藻贞遗留下的孤儿寡母,并询问了其经济来源和生活状况,还向校方负责人提出了合理的建议。不久,汤的遗孀和5个孩子都得到了妥善的安排。

许志行

> 一个流浪者,和毛泽东在武汉萍水相逢。毛泽东曾资助他上学,待他亲如兄弟。

许志行,1902年生于江苏吴县,后因家境破落,当了浙江海宁县袁家镇一许姓人家的养老女婿,高小还未毕业便到长沙一家五金玻璃店当了学徒。

许志行受到了五四新文化运动的洗礼,他不愿意做奴隶式的学徒,渴望继续求学。于是,他毅然离开了当学徒的那家五金玻璃店,身无分文地逃了出来,沿路乞讨,流浪到了武汉。

1919年12月的一天,在汉口一家旅馆的门口,衣衫单薄的许志行在寒风中瑟瑟发抖。当时,身为湖南人民驱逐军阀张敬尧赴京代表团团长的毛泽东,正在武汉,恰好看见了许志行,便关切地询问起来。毛泽东对他的遭遇深表同情,说:"你想读书是好的,但是年纪轻轻在外地流浪是不好的。我可以帮助你回到浙江老家。"许志行说:"我不能回去了。您能帮助我找到一个自力更生的工作吗?"毛泽东有一些为难,说:"我在这里也是过客,没有熟人的,我还要到北京去。你暂时忍耐,回家安心等一段时间,我到北京办完事情回湖南以后,一定设法帮你。"许志行愉快地接受了毛泽东的建议,把浙江家中的地址告诉了毛泽东。

毛泽东要到上海为蔡和森、向警予等人赴法勤工俭学送行,许志行便跟随他乘船一起来到了上海。送走了蔡和森等人之后,毛泽东替许志行买了一张火车票,两人就此分别了。毛泽东后来写信给许志行,寄给他《新生活》、《星期评论》等进步刊物和宣传新文化运动的小册子,通过这些进步刊物的学习,许志行思想大有进步。

1920年7月,驱张运动胜利后,毛泽东担任湖南省立第一师范附小的主事(校长)。1921年春,他在"一师"附小高级部创办了成年失学补习班。毛泽东邀请许志行到长沙来这个补习班上学。许志行欣喜若狂,当即来到长沙,和毛泽东的大弟毛泽民同班。为此，毛泽东负担了他的一切费用。

当时，毛泽东常常挤出时间，指导许志行、毛泽民、毛泽覃读书。毛泽东要求他们多读新书，读《新潮》《新青年》等刊物上的好文章，学好国文，每周写一篇作文和一篇读书心得，每天写一篇日记。毛泽东指导他们写作文时，十分重视题材的选择，他要求写文章必须与现实斗争相联系。当时湖南封建迷信很重，针对这种现象，许志行写了一篇《靠菩萨的结果》，用事实说明求神拜佛是没有用的。此文深得毛泽东的赞许，后来刊登在何叔衡主编的《通俗日报》上。许志行受到鼓舞，学习的劲头更足了。不久，他转入附小高级部毕业班学习。许志行和毛泽东的两个弟弟毛泽民、毛泽覃住在一个房间，他们每个星期日都会到清水塘向毛泽东请教问题。寒假时，毛泽东邀请许志行到韶山家里去住。在毛家的阁楼上，许志行和毛泽民、毛泽覃一起温习功课，度过了一个愉快的新年。1922年，毛泽东还介绍他们3人加入了社会主义青年团。

1924年，许志行从"一师"附小高校部毕业。在毛泽东的建议之下，他决定回到浙江投考浙江省立师范学校，学膳费半年不到十块钱。临别前，毛泽东热情地对他说："这几块钱，你不要担心，我是能够接济你的。"并语重心长地告诫他要努力学习，多关心社会。许志行泪眼汪汪，感谢毛泽东的帮助。"路上小心，到了浙江，考取学校后，就写信来。"许志行依依不舍地告别了毛泽东。

1949年3月，上海解放在即。当时正在上海从事教育工作的许志行狂喜不已，他怀着无比激动的心情给毛泽东写了一封信。毛泽东立刻回了信，并托新华社上海分社的一位工作人员捎带过去，可惜此信不慎遗失了。

上海解放以后，许志行又给毛泽东去信，毛泽东回信鼓励他说："在上海教书甚好，教书就是为人民服务。"他还邀请许志行假期到北京一游。之后，毛泽东又催促过多次。1957年暑假，怀揣着毛泽东的亲笔信，许志行踏上了北上的列车。他心潮起伏，惶惑不安，不知道见了毛泽东该谈些什么。

6月22日，许志行来到了中南海毛泽东的住地，在毛泽东宽敞的书房里，分别30多年的朋友见面了。"志行，我们终于见面了！"一见面，毛泽东便亲切地抱住了许志行的肩膀。之后，他注视着许志行，无限感慨地说：'等了你好长时间了。接到信后就应该早点来嘛！我是多么希望早点见到你呀！"

老朋友久别重逢，毛泽东心情特别好，他侃侃而谈，回忆起他们曾经相处的日子，从汉口的相遇、相识到长沙"一师"附小的读书生活。许志行心潮澎湃，他没有想到毛泽东身为中华人民共和国的领袖,竟然和自己这样一位早年是流浪者、现在也是一位普通的教书先生促膝谈心,倾诉友情。谈话完毕后,毛泽东还邀请许志行共进晚餐,都是家常小菜,四菜一汤,炒青椒、韭菜炒肉丝、番茄炒蛋,其中红烧肉是为了招待客人特地加的。毛泽东请许志行不要客气,还亲切地为他夹菜、敬酒。他要许志行在北京多住一些时日,游览一下故宫、颐和园、香山、长城等名胜古迹。

　　过了几天,毛泽东又约见许志行,他向许了解了上海知识界的一些情况。后来,毛泽东要到外地视察,临行前,他对许志行说:"有什么困难,有什么要求提出来。"许志行想了半天,然后说:"我想去韶山看看。"毛泽东听了,非常高兴地说:"好啊,到那里去看看,代我问候家乡的亲人们。"他提起笔,给韶山乡人民政府写了一封信,请他们以朋友的态度招待许志行,告诉他一些乡间的事情。

　　离开北京时,毛泽东让人给许志行送来500元钱作为路费,并买一点纪念品。许志行执意不要。毛泽东说:"这是我的稿费,是我以个人名义送给你的。我决不慷国家之慨!放心收下吧!"

　　1964年,许志行因中风瘫痪,从上海师范学院的工作岗位上退了下来。1976年,当毛泽东逝世的消息传来时,他悲痛不已,无数次地与亲朋好友谈起他和毛泽东之间的交往与友谊。

志行兄：十月八日惠书早已收到，久未奉复，至歉。现在望寒假如果你愿意，可以来北京一叙。到中南海找叶子龙。或者我去韶山。

祝好！ 毛泽东
一九五七年一月六日

何叔衡

毛泽东在湖南省立第四师范和第一师范时的同学。曾协助毛泽东在湖南宣传马克思主义、筹备建党工作和创办长沙文化书社……

何叔衡（1876—1935），字玉衡，号琥璜，湖南宁乡县人，出生于一个普通农民家庭。从1888年到1898年的10年中，除了有两年在家种地以外，他读了8年私塾。期间，他在塾师姜方谷的门下读了4年。姜方谷曾做过小官，学识比较渊博，藏书颇多，性格耿直，富于爱国热情，对清廷对外卖国、对内镇压极为不满，他常用历史上民族英雄的事迹启发学生爱国爱民的思想。何叔衡受他的影响很深，在早年的一篇题为《旱》的八股文中，他强烈地控诉了置老百姓于水深火热中的封建统治者。文章开头几句是："且今日之天下，一酷烈之天下也。其万姓之如啖如荼者，岂不甚于旱魃之为虐哉！顾无形之旱，民嗟荼毒，司牧者或不知草野之熏蒸。"对国事日非、官吏横行、豪绅肆虐、苛捐杂税多如牛毛的清廷暴政，进行了无情的鞭挞。

1902年，何叔衡26岁，参加科举考试，考中秀才。但他不愿在官府任职，宁愿在乡务农，被乡里称为"穷秀才"。此后，他在乡里教了5年私塾。

1909年春，何叔衡受聘到云山高等小学堂教授高年级的国文、历史、地理。在云山高小任教的4年，是他思想发生大变化的时期。最初，他信奉康梁变法、自强的主张，但在接触到同盟会"驱除鞑虏，恢复中华，建立民国，平均地权"的革命纲领和得知其多次武装起义之后，他毅然转向主张走推翻帝制、拥护共和的革命道路。

1913年春，何叔衡考入湖南第四师范。一年后，随着学校的合并，转入湖南第一师范讲习所。在这期间，他结识了比他小十多岁的毛泽东。由于两人志趣相投，很快结成密友。谢觉哉回忆说："在我还未认识毛泽东同志以前（按：他们认识是在1920年），叔衡告诉我，毛润之是个怎么了不起的人物。他说：'润之说我不能谋而能断，这话道着了。'叔衡同志以不能谋自谦，故很能虚怀接受人家的意见；但也以能断自负,每在危疑震撼、人们犹豫的时候,他能不顾人家反对,不要人家赞助,毅然走自己的路,站在人们的前面。"当时,许多人常说:毛润之所谋,何胡子所趋;何胡子所断,毛润之所赞。这里的何胡子,指的就是何叔衡。

何叔衡待人热诚,办事最能吃苦,深得毛泽东的尊敬。毛泽东曾说:"何胡子是一头牛,是一堆感情。"又说:"叔翁做事可当大局,非学问之人,乃做事之人。"谢觉哉说:"热烈的感情四射着,触着就要被他感动。叔衡同志确是如此。他的感情,是统制在高度的正义感下面的。"

1914年,何叔衡从"一师"毕业,担任楚怡小学主任教员,和毛泽东仍然保持密切的联系。他们经常在一起讨论个人、国家、社会的前途问题,并深受新文化运动的影响。毛泽东、蔡和森、何叔衡等人经过长期酝酿,于1918年4月14日成立了新民学会。何叔衡在新民学会会员中年纪最大,入会时已42岁。但他热心于会务工作,后来还担任了学会的执行委员长。

五四运动中,在毛泽东的建议下,何叔衡参加了驻衡驱张(敬尧)代表团的活动,深得毛泽东的赞扬。五四运动以后,马克思主义得到了广泛的传播,在毛泽东的影响下,经过实际斗争的洗礼,何叔衡开始坚定地走上了信仰马克思主义的道路。

1920年6月,他回到长沙后,协助毛泽东,在宣传马克思主义和建立共产党方面做了大量的工作。何叔衡还积极参加湖南自治运动,利用自己的社会关系到处奔走,筹措资金,帮助毛泽东创办文化书社,传播马克思主义。

1920年9月,何叔衡被湖南省教育委员会派任湖南通俗教育馆馆长,并接办该馆发行的《湖南通俗报》。他邀约谢觉哉、熊瑾玎和周世钊等新民学会会员担任经理和编辑人员,请毛泽东帮他们出主意、定计划,使该报成为提高人民政治思想觉悟的有力工具。《通俗报》着重刊载劳工神圣、妇女解放、文学革命、民众联合、反对吃人的礼教、反对贪官污吏、反对军阀等内容的文章,使该报的读者急剧增加,工人、农民、市民甚至不少中小学生都把《通俗报》看做必读刊物。而这一时期的通俗报馆则成为新民学会进行革命活动的重要据点。毛泽东经常约集人员到该馆商谈建党等事宜。但是,1921年5月,赵恒惕以宣传过激主义的罪名,撤销了何叔衡的馆长职务,其他的新民学会会员也随之离开了《通俗报》馆。

1921年6月底,毛泽东、何叔衡作为湖南代表,在上海出席了中国共产党的第一次全国代表大会。回到长沙后,他们即着手建立湖南的地方党组织。1921年10

月10日，经过毛泽东、何叔衡、易礼容等人的讨论，湖南的党支部在长沙城郊的一个小丛林里成立了。随后，在毛泽东和何叔衡的努力下，衡阳、安源、岳州、常德等地也建立了党的支部和小组，还发展了一些党员。1922年五一前后，中共湘区委员会成立，毛泽东担任书记，何叔衡担任组织委员。

与此同时，他们还利用船山学社社址和经费，创办湖南自修大学，何叔衡曾担任社长，主持湖南自修大学工作。为传播马克思主义，训练革命干部，加强党的建设，推动革命，做了大量的工作，但同时也引起了反动派的不安。1923年11月，赵恒惕下令关闭湖南自修大学。中共立刻筹办了一所正规的湘江学校，何叔衡担任了该校校长。

1927年，当何叔衡正在家乡一带组织农民运动时，许克祥在长沙制造了血腥的"马日事变"。得知消息后，他不顾个人安危，奉党的指示，到达上海，并接受了与谢觉哉、徐特立、毛泽东等人筹办党的聚成印刷公司的任务，坚持在白色恐怖下继续战斗。

1928年6月，党决定派何叔衡前往莫斯科。路过哈尔滨时，他吟诗道："身上征衣杂酒痕，远游无处不销魂。此生合是忘家客，风雨登轮出国门。""忘家客"三字，表达了他准备为革命而贡献自己一切的崇高品质和坚强决心。他从苏联寄给哥哥的信中，亦充满着非凡的英雄气概。他教育家人："不向人乞怜"，"做于人生有益的事"。

1930年7月，何叔衡从莫斯科回到上海，担任共产国际救济总会和全国互济会主要负责人。

1931年秋，何叔衡前往中央苏区工作。当时，中央革命根据地在党和毛泽东的领导下，粉碎了蒋介石亲自指挥的第三次反革命"围剿"，革命根据地得到了进一步的巩固。1931年11月7日，中华工农苏维埃第一次代表大会在瑞金召开，他先后担任中央工农民主政府工农检察人民委员、最高法院院长和内务部长，兼任各级苏维埃干部训练班主任和教育管理委员会委员等职，任务繁重，日夜操劳。

不久，王明"左"倾机会主义路线在中央苏区逐渐得到全面贯彻，毛泽东被剥夺了领导职务。对此，何叔衡十分不满，对"左"的错误进行抵制，也遭到了批判、排斥和打击。

第五次反"围剿"失败后，中央红军被迫长征，何叔衡留在根据地坚持斗争。1935年1月，形势愈加严峻，党决定派他转移去闽西，再经广东、香港去上海从事白区工作，瞿秋白、邓子恢等人同行。2月24日，在福建长汀县水口附近被敌人包围，他年近60，疾病缠身，行走艰难，但坚决不甘作俘虏，跳下悬崖，壮烈牺牲，时年59岁。

劳君展

新民学会会员。曾参加毛泽东在湖南发起并领导的"驱张运动"和留法勤工俭学活动,"周南四杰"之一。

劳君展(1900—1976),女,原名启荣,笔名冀儒。湖南长沙人,出身官宦世家。1918年考入长沙周南女子中学。五四时期,她参与领导周南女中学生自治会,参加抵制日货、创办平民半日学校等活动;同时与周敦祥等创办《女界钟》,反对"三纲五常"、"三从四德",宣传妇女解放;她还担任长沙市学联宣传部长,与向警予、蔡畅、魏璧一道并称为"周南四杰"。

从周南女校毕业后,劳君展考入上海东南大学。1920年秋,她赴法国勤工俭学,1924年从里昂大学数学系毕业,获硕士学位。后进入巴黎大学攻读博士学位,师从著名物理学家居里夫人。

1925年,劳君展与许德珩结婚,两人合译小仲马的《茶花女》。1926年,劳君展加入中国国民党,任国民党旅欧总支部执委。1927年,她在巴黎"三八"国际妇女节纪念大会上代表中国留法学生发表演说。大革命失败后,国民党留法总支部分化为拥蒋与反蒋两个支部,劳君展是反蒋支部成员。

1927年7月,劳君展回到国内,在上海与许德珩、李达等组织"本社",以示恪守国民党"一大"联俄联共扶助农工的精神。她先后在武汉第四中山大学、上海暨南大学与中国公学、北京大学、北平女子文理学院、西南女子师范学院任教。1935年,劳君展参加了"一二·九"运动,后任北平妇女救国会委员。1939年任中央妇女委员会委员。1944年11月,劳君展与侯外庐等科教界人士组织民主科学座谈会(民主科学社)。1946年5月,劳君展与许德珩等进步人士一道成立九三学社。

劳君展与毛泽东的交往始于五四时期。1918年4月14日,毛泽东与蔡和森、何叔衡、萧子升、萧子璋、罗章龙、陈赞周、邹彝鼎、张昆弟、周明弟、陈书农、叶兆桢、罗学瓒等13人会聚长沙周家台蔡和森家,正式成立了新民学会。当时劳君展正在周南女校学习。在校长朱剑凡的影响下,劳君展参加了新民学会。

1919年12月至1920年6月，毛泽东在湖南发起并领导了驱赶军阀张敬尧的"驱张运动"，劳君展积极地参加了进去。劳君展还参与了毛泽东等组织的留法勤工俭学活动，并于1920年秋赴法国进行勤工俭学，毛泽东和新民学会会友到码头送行。这一时期，毛泽东和劳君展的交往比较多。他曾在1920年2月和11月25日致新民学会会友陶毅、欧阳泽、张国基等的信中提及劳君展。他们还于当年夏天在上海半淞园就加入新民学会的条件进行过商谈。

1935年红军长征到达陕北后，劳君展与丈夫许德珩于当年年底购买30多双布鞋、12块怀表和十几只火腿，委托中共地下党的徐冰、张晓梅设法转送到陕北。毛泽东为此于1936年11月2日致信他们，称："我们与你们之间，精神上是完全一致的。……为驱逐日本帝国主义而奋斗，为中华民主共和国而奋斗，这是全国人民的旗帜，也就是我们与你们共同的旗帜！"

1945年秋，毛泽东赴重庆谈判，在红岩八路军办事处会见了许德珩、劳君展夫妇。告别时，劳君展对毛泽东说："重庆气候不好，山城不可久留，早作归计为好！"1947年1月，劳君展与俞平伯等29人以北平文化界民主人士名义发表书面谈话，拥护毛泽东提出的"八项和谈条件"，拥护召开新政协会议。

新中国成立后，劳君展到中国人民大学任教，先后担任高教科研司研究员、高教部参议、教育部教学指导司研究员、教育部参事等职。历任九三学社第二届中央理事会理事和副主席、九三学社第三至五届中央理事会常委、九三学社北京市委副主任、北京市人大代表、北京市政协常委、北京市妇联执委、全国妇联执委、全国保卫儿童委员会委员、第二至四届全国政协委员等职。

张 干

毛泽东在湖南第一师范读书时的校长,曾给毛泽东等带头"闹事"的学生以记大过处分。新中国成立后,毛泽东亲自赠送钱物对其生活予以救济。

张干(1884—1967),字次仑,湖南新化(今新邵)人。

张干早年入私塾读书,1903年考入湖南中路优级师范学校(即后来的湖南"一师"),选修物理、化学两科。1908年3月,他从该校毕业后留校任教,并获师范举人称号。1913年至1915年,张干任号称湖南"亚高学府"的第一师范学校校长。他一生从事教育事业,曾先后在北京国立美术专科学校、湖南省立第一中学、省立长沙女子中学任教,当过湖南省教育总会评议员、湖南省教育厅督学等。新中国成立后,张干在湖南妙高峰中学当数学教员。1952年,他被聘为湖南省军政委员会参议室参议、湖南省政府参事室顾问。

张干为人精明能干,言辞练达,很有社会活动能力。他在湖南第一师范任上的一年多时间,保持和扩展了前任校长孔昭绶的改革成果,使"一师"的民主教育章程化、制度化,是一位颇有建树、政绩卓著的校长。1915年,毛泽东在湖南"一师"读书时,他们之间发生过一件不快的事情。1913年春,毛泽东以第一名的成绩考取湖南第四师范学校。1914年春,"四师"并入湖南第一师范。根据学校的安排,"一师"秋季招收的学生和"四师"春季招收的学生一起编入一年级,分为六、七、八、九、十这5个班级。毛泽东被编入一年级八班。这样,和"一师"的学生相比,毛泽东等原"四师"的学生就要多读半年书。对此,原"四师"学生大为不满,派代表与湖南教育司进行交涉,但毫无结果。

1915年6月,湖南省议会颁布了一项新规定:从下学期开始,学生每人每月须交纳10元学杂费。这对当时的很多学生来说是一个不小的数目,所以遭到了大多数学生的强烈反对。一些学生认为这个规定是校长张干为了讨好当局而向政府提议的，于是他们提议要赶走张干。加之原"四师"的学生对合校后要多读半年书心有不满，于是他们纷纷举行罢课，掀起一场声势浩大的校内"驱张运动"。有人草拟出《驱张宣言》，并在校园内大量散发传单，揭露张干所谓的种种"劣迹"，以图通过舆论把张干搞臭搞垮。毛泽东看了这些传单后，认为并未击中要害。于是，他亲自写了一份新的《驱张宣言》，尖锐地抨击了张干如何对上逢迎，对下专横，办学无方、贻误青年的弊政。宣言写成之后，他组织同学连夜赶印了上千份，次日清晨在校内校外广为散发，还送往省教育司、省议会、省政府以及其他学校以争取支持。这张宣言在全校引起轰动，并惊动了湖南省政府，省教育司派一位督学前去调停。在学生的压力下，这位督学只得答应学生们的要求，承诺下学期不让张干再到湖南第一师范工作了。

张干对于学生们的做法极其恼火。当他得知宣言是毛泽东的起草者后，立即决定要挂牌开除包括毛泽东在内的17名带头"闹事"的学生。但是，张干的决定受到了杨昌济、王季范、徐特立、方维夏、王立庵、袁仲谦等教员的反对，他们据理力争，并为此发起召开了全校教职员会议，共同向张干施加压力，迫使他收回成命。在强大的压力之下，张干对毛泽东等闹事学生的处分由开除改为记大过。他在"一师"再也干不下去了，只好辞职到别的学校谋事。临走之前，张干悻悻地对老师们说："在学校只有校长开除学生，学生开除校长，这是第一次。"

此后，张干一直从事教育工作。1945年抗战胜利后，蒋介石邀请毛泽东到重庆谈判。张干认为这是实现国内和平的大好时机，于是给毛泽东发了一份电报，希望他"应召赴渝，赞襄国政"。

新中国成立后，在湖南妙高峰中学当教师的张干感到惶惶不安：一是懊悔自己当了"地主"，成了革命的对象，他家本是贫农，以后任教40余年，靠积蓄购置了一份田产，没想到却因此被划成了地主；二是当年自己要开除的学生毛泽东如今成为党和国家的最高领导人，悔当初不该提出开除他，也不该给他记大过处分；三是在重庆谈判前夕，他给毛泽东发了一封电报，请他"应召赴渝"，这不是替蒋介石说话了吗？正因为如此，张干日夜在惶惑与苦闷中生活。加之当时他身患疾病，一家6口人全靠他的薪水过活，生活困窘，有时竟无米继日。他找到当年的学生周世钊，希望他见到毛泽东时，能把自己的生活困难情况反映一下。

1950年10月5日，毛泽东在中南海住所邀请原湖南"一师"的师友王季范、徐特立、熊瑾玎、周世钊等吃饭。大家在一起叙旧时，周世钊向毛泽东反映了张干的情况。毛泽东听说张干一直在教书,很受感动。他放下手中的筷子说:"张干是有向上爬的本钱的,如果他下决心向上爬,一定爬得上去。经过几十年还没有爬上去,可见他没有向上爬的决心,这就算有一定的操守。对张干应该照顾,应该照顾!"谈起"一师"的那次学潮,毛泽东还不无自责地说:"现在看来,当时赶走张干没有多大必要。每个学生多交10元学杂费,也不能归罪于他。至于多读半年书,有什么不好呢。"

这年10月11日,毛泽东致函湖南省政府主席王首道:"张次崙(张干字号)、罗元鲲两先生,湖南教育界老人,现年均70多岁,一生教书未做坏事。我在湖南第一师范读书时张为校长,罗为历史教员。现闻两先生家口甚多,生活极苦,拟请湖南省政府每月每人酌给津贴米若干,借资养老。"王首道接信后,先后两次给张干家送去救济米1 200斤和人民币50万(旧币)元。张干感激异常,1950年10月30日,他写信给毛泽东表示感谢。毛泽东于1950年12月14日亲自回信,并表示对张干的生活状况"极为系念"。

1951年秋,张干应毛泽东之邀赴京。9月26日,毛泽东又请来青少年时代的师友罗元鲲、李漱清、邹普勋到中南海一起吃饭,并且一定要张干坐上方。叙谈间,毛泽东叫来子女,向他们介绍自己的老校长和师友,诙谐地说:"你们平时讲你们的老师怎么好,这是我的老师,我的老师也很好。"大家顿时消除了拘谨情绪。张干回想起当年那场学潮,心里感到内疚不安,向毛泽东表示歉意。毛泽东听罢缓缓地摆摆手说:"我那时年轻,虎气太盛,看问题片面。过去的事,不要提它了。"还询问了张干现在工作和生活的情况。饭后,毛泽东陪他们参观中南海,看电影。张干在这天的日记中写到:"毛主席优待我们,可谓极矣。我们对革命无所贡献,而受优待,心甚惭愧!"第二天,张干等人在政务院有关人员的陪同下游览了颐和园、故宫等处古迹。下午,卫生部副部长傅连暲受毛泽东之托,亲自为张干等人检查了身体。

11月8日,毛泽东又宴请了他们一行四人。席中,毛泽东请张干到中央文史馆工作,张干以家境困难、难以糊口为由辞谢。宴会结束后,毛泽东还与4位师友合影留念。

在京40多天,张干不但在国庆时登上天安门观礼台,游览了京津名胜,还乘飞机鸟瞰了长城风光。11月12日,张干即将起程南归,毛泽东派人送来零用钱及礼物。回到湖南后,张干先后受聘为省军政委员会参议室参议、省政府参事室顾问,每月领取聘金,加上学校的薪水,使一家人生活有了保障。

1963年初,张干曾在病中两次写信给毛泽东,请他设法帮助其女回湖南工作,"以便侍养"。毛泽东接信后,一面积极为老校长分忧解难,一面给当时已任湖南省副省长的周世钊写信说:"老校长张干先生寄我两信,尚未奉复,他叫我设法助其女返湘工作,以便侍养。此事我正在办,未知能办得到否?如办不到,可另想办法。请你暇时找张先生一叙,看其生活上是否有困难,是否需要协助。叙谈结果,见告为荷。"

1963年5月26日,毛泽东又亲自回信给张干:"两次惠书,均已收读,甚为感谢。尊恙情况,周敦元兄业已见告,极为系念。寄上薄物若干,以为医药之助,尚望收纳为幸。"

信中提到的"薄物若干",是指毛泽东托湖南省委书记张平化捎回、由周世钊前来转交的2 000元钱!

"文化大革命"开始后,有人造谣说张干家藏有金银,是剥削来的,加上他当过"反动校长"的那段历史,便于1966年9月抄了他的家,张干心爱的书籍、资料,外带500元存款被抄走。张干凄楚异常,病体难支。他的儿子张六如在家人的支持下悄然进京,见到了中央办公厅的负责人,并带回了一封中央办公厅信函及500元生活费。张六如回到长沙后,被抄去的部分东西和500元存款也退了回来,这给病危中的张干带来了极大地安慰。

1967年1月21日,张干——这位被毛泽东誉为"湖南教育界老人"的教育家在长沙溘然病逝,享年83岁。湖南省副省长兼湖南"一师"校长周世钊为他主持了追悼会,并在追悼会上满怀深情地讲述了毛泽东对张干的重新评价和深切关怀。

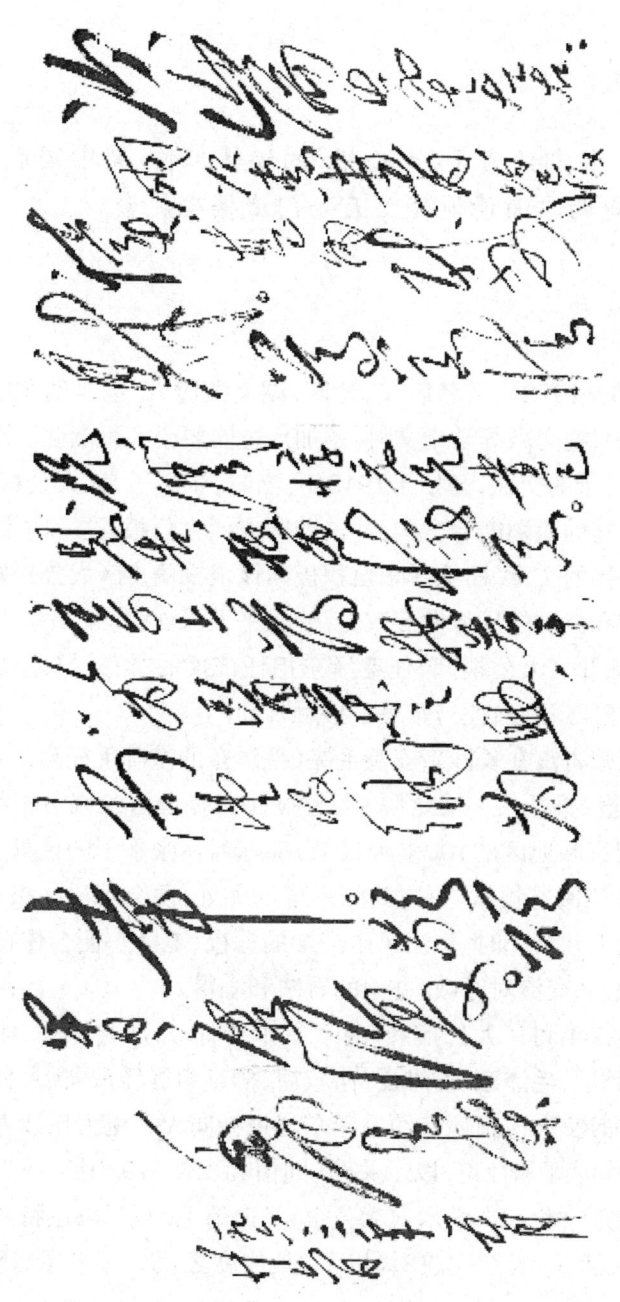

张平子

长期致力于《大公报》的编辑工作。新中国成立后,毛泽东曾两次邀请他登上天安门城楼观礼台。

张平子(1886—1972),又名启汉、行四,湖南湘潭人。他自幼聪明好学,曾就读于长沙明德中学、湖南高等学堂文科,还加入过同盟会和哥老会。

毛泽东与张平子的交往,开始于1919年。当时,张平子是《大公报》的主笔。五四时期,反帝反封建的浪潮席卷全国,冲击着国人,《大公报》这一时期发表了许多气势宏大、斗志昂扬的文章。而毛泽东也积极向该报投稿,在《大公报》上发表了20多篇文章,对湖南和全国的局势发表政见,使张平子深受震动。

1919年11月8日,《大公报》聘任毛泽东担任该报的"馆外撰述员",这是毛泽东第一次在报社任职,从此,他与张平子接触日频。

当时,毛泽东曾寄寓在长沙新安巷毛宪(毛泽东的塾师毛简臣的儿子)律师事务所内,与《大公报》报社仅一墙之隔。大公报社拥有全国各城市报纸及日本、英国、南洋群岛等国家和地区的100多种报纸,都陈列在张平子的住处。毛泽东平日一向关注时事,喜欢阅览报纸。每次到张平子的住处,便会沉浸在报纸中,废寝忘食,不知不觉地读上几个小时。每当风雨交加的深夜,毛泽东便会住在张平子的寓所,与张同榻而眠,并交流对时政、办报的看法和心得。

1920年至1927年间,《大公报》倾向于革命,同情共产党,热烈地向读者介绍和探索各种现代思潮,毛泽东、方维夏、何叔衡、柳直荀等经常向《大公报》投稿,宣传共产主义和革命道理。该报还特约毛泽东与报社同人一道为长沙人力车工人和泥木工人的罢工作时评和社论,以示关注、同情和支持。1920年,一批中外名人来到湖南讲学,提倡新文化和新学术,《大公报》又邀请毛泽东等3位特约记者担任记录,毛泽东文思泉涌,一天能完成3篇以上,其速度之快令张平子讶然,也深为敬佩。

1922年1月,毛泽东所团结、争取的湖南劳工会领袖黄爱、庞人铨被军阀赵恒惕逮捕并杀害。《大公报》抓住时机,为反赵大造声势。1月17日,该报刊载"赵总司令查封劳工会,其主任黄爱、庞人铨被杀"的消息,派人参加了毛泽东为两人主持的追悼会,并送挽联:"奋斗为众生,千古伤心是工运;取义拼一死,九泉含笑亦冤魂。"

后来,毛泽东离开长沙,为革命事业而四处奔波,而张平子则仍然效力于《大公报》,集记者、编辑、社长于一身,直至1947年该报停刊。

张平子珍藏着1915年9月到1947年的全部《大公报》及其纪念册。湖南解放以后,他托李锐将这套保存最为齐全的《大公报》捐献给国家,为研究湖南地方史和毛泽东早年的革命活动提供了珍贵的史料。新中国成立后,张平子在湖南文史研究馆做馆员。

毛泽东一直没有忘记自己早年结识的这位进步报人。1957年五一国际劳动节,他邀请张平子登上天安门城楼观礼台,见到了徐特立、易礼容、黎锦熙、王季范等故人,他们回忆起曾经共度的岁月,回忆起毛泽东当年的勇气和才华,不禁感慨万分。这年国庆节,张平子在北京再度登上天安门城楼观礼台。他真切地感受到了毛泽东的英明和伟大,感受到了共和国的欣欣向荣和蒸蒸日上。

1972年2月29日,张平子在长沙病逝,终年87岁。

张申府

毛泽东在北京大学图书馆工作时的同事。毛泽东后来称他为自己的顶头上司和老师。

张申府(1893—1986),名崧年,河北献县人。著名哲学家,中共早期的活动家之一。1913年,张申府入北京大学预科学习数理,1914年考入北大文学院攻读哲学,后转至数学系。1917年,张申府留校任教,教预科数学和逻辑,兼北大图书馆编目股股长,主持该馆的编目工作。1918年冬,张申府与李大钊、陈独秀一道创办《每周评论》,张申府主要负责编印工作,同时还担任《新青年》的编委。

张申府还是"少年中国学会"的主要成员。中共筹建时期,他与李大钊一起组织北京的相关活动。1920年8月,陈独秀曾写信给他说:北京只有你和李大钊可以谈成立党的问题。当年10月,张申府与蔡元培、刘清扬等一起乘船赴法国留学。受陈独秀和李大钊委托,他于1921年在法国建立巴黎共产主义小组,先后介绍周恩来、刘清扬、赵世炎等入党。1922年,他代表中共接收朱德加入了党组织。

1923年底,张申府回到国内。黄埔军校筹建初期,他曾担任该校政治部副部长,同时受聘为广东大学(中山大学前身)教授兼图书馆馆长。1925年中共"四大"上,张申府因讨论党的纲领与人发生争执,负气退党,但他始终与中共保持友好关系。退党后,张申府先后在暨南大学、大陆大学、大夏大学、中国大学、北京大学、清华大学等处任教。1932年至1933年期间,他在《大公报》上主编了一个副刊《世界思潮》,介绍了许多新思想、新科学、新书刊,不久,被国民政府视为宣传马克思主义而停刊。张申府长期从事哲学、逻辑学的研究。20世纪二三十年代,他第一个把罗曼·罗兰、罗丹、罗素、巴比赛、罗纳、伊本纳兹等著名哲学家、思想家的著作译介到中国。其主要著作有《张申府学术论文集》、《罗素哲学译述集》、《所思》、《我相信中国》、《独立与民主》等。

毛泽东与张申府的交往始于1918年。当年秋，为组织湖南青年的留法勤工俭学活动，毛泽东第一次来到北京。经杨昌济介绍，他在北京大学图书馆担任助理员，负责日报阅览室登记读者的工作，同时还在主任办公室帮李大钊整理报纸和杂志，月薪8元。在那里，毛泽东结识了张申府。他们年岁相仿，但毛泽东在工作上是张申府的下属。所以1945年在重庆谈判期间，毛泽东在与诗人臧云远会面时，谈起张申府，还称"他是我的老师"。新中国成立之初，有一次章士钊在与毛泽东的谈话中提起张申府的工作安排问题，毛泽东一听张申府的名字，便幽默地称他是自己的顶头上司。

1936年，毛泽东在与美国记者埃德加·斯诺的谈话中，曾提及张申府对创建中国共产党的贡献。他说："在德国也组织了中国共产党，只是时间稍后一些，党员有高语罕、朱德和张申府。"

1938年，毛泽东从陈伯达那里了解到张申府的近况，并得知他当时住在汉口，便于8月1日把自己刚出版的《论持久战》一书给张申府寄去，并附亲笔信一封，内容如下：

申府先生：

英勇抗战已历周年，全国军民为争取最后胜利而奋战不懈，民族解放之前途实系于兹，唯如何取得胜利，各方持论未尽从同……泽东不敏，曾于五、六月之交在延安抗日战争研究会有所讲述，撮其论旨著为《论持久战》一册，自知管窥蠡测，无当于大雅之林，然献曝微忱，亦且聊尽匹夫之责……

致民族解放之礼！

毛泽东

1945年秋，毛泽东赴重庆谈判。此时，作为民盟中央常委的张申府与民盟其他领导人一起，作为第三方面斡旋国共间的和平谈判。在此期间，张申府与毛泽东多次晤面会谈。8月30日晚，张治中在桂园为毛泽东举行欢迎宴会，张申府也应邀参加。毛泽东还与他谈到了五四时期的往事。

新中国成立后,在周恩来总理和彭真(当时任北京市市长)的关照下,张申府被安排在北京图书馆工作,任北京图书馆研究员、农工党中央顾问。1957年,他被打成"右派",直到1978年才获得平反,此后曾任第五、六届全国政协委员。

1986年6月,张申府在北京逝世,《人民日报》发表讣告,称他为"著名的爱国民主人士","是中国共产党的老朋友"。

张有成

一名乡村木匠,是毛泽东少年时期的好朋友。曾设法帮助毛泽东躲过国民党官兵的追捕。

张有成,湖南湘潭韶山人,早年曾在毛泽东家做过木匠活。

张有成在家排行老四,比毛泽东年长,因此毛泽东称他为张四哥。他们是儿时的好伙伴,一起放牛,一起玩水。韶山口音"有"和"佑"差不多,所以人们又称张有成为"佑木匠"。

1927年,毛泽东回到韶山从事农民运动的调查和发动工作。一天,他遭到了反动当局的追捕,匆匆忙忙地来到"佑木匠"的作坊里躲避。刚好理发师在给木匠的七八个雇工理发,"佑木匠"急中生智,他让理发师将毛泽东一头浓密的头发,三下五除二,推了个干干净净。毛泽东摸着自己的光头,笑着说:"有成哥,我离开韶山在外边混了十多年,好容易才熬了西式头,现在叫你快刀斩乱麻,一家伙全剃光了,我这十几年白熬了。""佑木匠"也打趣说:"头发剃光了没关系,再长起来就是了,要是让官兵抓去砍掉了脑袋,就再也无法补偿了。"他拿出一套旧衣服,换掉毛泽东的蓝长衫,让毛泽东去拉锯。毛泽东摇身一变,成了一个乡村木工。没多久,三个凶狠狠、骂骂咧咧的团防局官兵闯进来了,他们在屋子里东张西望,叫"佑木匠"前来问话,问他是否看见一个蓄西式头、穿蓝长衫的人。"佑木匠"很认真地回答道:"看见啦!他从后面的山埂上跑了!已经半个时辰了!"三个家伙听罢,匆匆忙忙地顺着他指的方向追去。

当晚,"佑木匠"交给毛泽东一个装有50块光洋的褡裢,说:"石三兄弟,你快走吧,越远越好。"50块光洋,在当时可是一笔不小的数目,毛泽东非常感动地说:"有成哥,感谢你一番好意。这钱是木作坊的本钱,全部拿走了,你的木作坊要开不成了!我拿十块吧。""佑木匠"执意将钱交给毛泽东,说:"你都带上。出门在外,事事处处要用钱。至于我,一把斧头在手,饿不着的。"毛泽东的眼睛潮湿了,他握住"佑木匠"的手,说:"这钱,今生今世,我要加倍地还你!""佑木匠"摆了摆手道:"你我之间,不说这个话!"自此一别,两位儿时的好友从此天各一方。

新中国成立以后,"佑木匠"的下代人希望张有成讲述他当年救毛泽东的故事,以此扬名,但是,"佑木匠"说:"毛主席是和我一同长大的。他比我天分高,读了一肚子书。他有难处,我能不管吗?那次他若被团防局捉去,说不定就没命了。人常说,救人一命,胜造七级浮屠。见死不救,天不容哩!"他还老老实实地说:"那时候,我没想过革命呀什么的。"这些质朴的话,充分表明了他是一位本本分分的乡下老汉。

毛泽东当然不会忘记这位救过他性命的儿时好友。几次托人捎信给张有成,希望他有机会到北京来叙叙旧。当时,国家正处在经济恢复时期,农村缺粮,湘潭地方政府贴出告示:严禁用粮食酿酒熬糖。嗜酒的张有成这下难受极了,他向毛泽东写信诉苦,毛泽东回信安慰他说:

有成兄:

前后来信都收到了,谢谢你。你于阴历五月初一给我的信很好,使我晓得乡间许多情形。粮亏猪贱,近月好些否?文家诸位给我的信均收到,便时请你告他们一声,并问他们好。乡里禁酒是因缺粮,秋收后可能开禁,你们也可以喝一点了。此复,顺问安好!

毛泽东
一九五二年七月七日

不久,毛泽东将他请到北京做客,在含和堂前与他合影留念,摄影师正要按下快门,毛泽东突然说:"有成兄,你的那个木作坊,我可赔不起,至于每天二两老白干,我还是管得起的!"众人都大笑起来。

以后,每月10号左右,老木匠必然会收到他那已经成为国家主席的石三兄弟的一张50元钱的汇款单。他不仅有酒喝,还有肉作下酒菜,使他得以安度晚年,一直到1960年病逝。

张国基

毛泽东在湖南省立第一师范时期的同学,是最早赴南洋从事华侨教育的新民学会会员之一。

张国基和毛泽东相识于1915年,当时,他们都在湖南省立第一师范上学,毛泽东比他高两个年级。在"一师"期间,他们建立了深厚的友谊,并共同发起组织了新民学会。当时,他们都是20岁出头的青年,正是"恰同学少年,风华正茂;书生意气,挥斥方遒"的时候,学习努力刻苦,关注国家大事。

在"一师"时,张国基非常钦佩成绩优异的毛泽东。毛泽东古文根底很厚,课余时间喜欢读《诗经》、《楚辞》、先秦诸子的学说、《史记》、《汉书》、《昭明文选》等,还广泛涉猎唐诗宋词以及历代各家骈散文,还作了大量的眉批、旁注和读书笔记。和其他同学一样,张国基喜欢借阅毛泽东的这些读书笔记。

毛泽东非常关心国家大事,每天早饭和午休时,他都会捧着一碗茶水进入阅览室看报纸,并不断地做笔记。他经常对张国基讲述自己对时政的看法,认为要寻求救国救民的道路,就必须有强健的体魄,因而他很重视体育锻炼。他曾经对张国基说过:要有坚强的体魄,才能有坚强的革命意志。

1920年,张国基作为新民学会的会员,最早赴南洋从事华侨教育。毛泽东到码头为他送行。好友即将远行,他们依依不舍。毛泽东叮咛再三:你要记住我们学会的宗旨是"改造中国与世界",你们除教好自己的同胞与当地人民合作外,还要多多地搞好与当地人民的友好关系。

张国基到新加坡后,在著名华侨领袖陈嘉庚的弟弟任董事的道南中学任教,后因英国殖民者限制华侨学校注册,他义愤填膺,辗转到印尼爪哇北加海岸,任中华学校校长。在从事华侨教育的日子里,毛泽东的话语常常回荡在他的耳边,使他深受激励和鼓舞。

1926年,在北伐战争的激励下,张国基回到了祖国,毛泽东邀请他参加武汉中央农民运动讲习所的工作。

1927年,经毛泽东和周以粟的介绍,张国基加入了中国共产党。大革命失败以后,他受党的委托,出国定居印尼,继续从事华侨教育工作。

1954年,张国基当选为第一届人大代表,回国开会,毛泽东在中南海单独接见他。那天,他们畅谈到深夜11点,毛泽东亲自送他到院外登车,两双手长久地握在一起,两位好朋友再次依依惜别。

1958年,张国基回到祖国,先后担任北京华侨补习学校校长、北京文史馆馆长、全国六届人大代表、北京市人大代表、市侨联名誉主席、中华全国归国华侨联合会主席等职。他执教60余年,教过的学生达10000多人,仅国外就有7000多,可谓桃李满天下。

张昆弟

> 毛泽东在湖南省立第一师范时的同窗密友和早期的战友,曾共同发起成立了新民学会……

张昆弟(1894—1932),又名芝圃,湖南益阳人,出生于一个农民家庭。幼年时,在家乡小学读书,因家贫无力升学,后来便辍学在家,耕田务农。1913年考入湖南省立第一师范,1914年春转入本科第六班,是毛泽东的同级同学,也是新民学会的基本会员之一。

张昆弟是毛泽东志同道合的同窗密友,在校期间,他们交往频繁。1915年上半年,他和毛泽东、陈昌等人在杨昌济先生的指导下,成立了课外哲学小组,经常聚在一起切磋学问,研究学术,纵论天下大事。

1915年7月,暑假期间,毛泽东与张昆弟等人住在浏阳门芋园内,探讨学问,互阅日记。7月11日至21日,他们还多次聆听黎锦熙讲授读史的方法、研究的方法、读书自习的方法,向黎锦熙请教文字学方面的问题。黎锦熙还在日记中写下了对他们的评语。

张昆弟的思想、治学、品行等方面都非常出众。在1917年6月第一师范举行的"人物互选"活动中,毛泽东名列全校第一,张昆弟名列全校第四。

那时候,毛泽东、张昆弟等年轻人把立志、追求和实践救国救民的真理紧密结合起来,经常讨论如何寻求彻底救国救民和根本改造中国与世界的宇宙真理的问题。可以说,这是他们生活中的主旋律。他们醉心于研究学问,关心时事,重视体育活动,喜爱游泳、爬山、野游、露宿等,注重心力与体力的全面发展。这些在张昆弟1917年的日记中都有全景式的记载。

1917年9月16日,是个星期日。张昆弟约蔡和森、毛泽东、彭泽厚三人外出旅行(后来蔡和森因为搬家未去)。当晚,他们借宿韶山寺,开怀畅谈。毛泽东认为人生不能单以解决衣食住为满足,还应追求更高的理想。对此,张昆弟极为赞同。他在日记中这样写道：

> 毛君云,西人物质文明极盛,遂为衣食住三者所拘,徒供肉欲之发达已尔。若人生仅此衣食住三者而已足,是人生太无价值。又云,吾辈必想一最容易之方法,以解经济问题,而后求遂吾人理想之世界主义。又云,人之心力与体力合行一事,事未有难成者。予甚然其言。夜深始睡。

1917年9月23日的日记中,有这样的记载：

> 九月二十三日,昨日下午与毛君润之游泳,游泳后之麓山蔡和森君居时将黄昏,遂宿于此,夜谈颇久。毛润之云:现在国民性惰,虚伪相崇,奴隶成性,思想狭隘,安得国人有大哲学革命家,大伦理革命家,如俄之托尔斯泰其人,以洗涤国民之旧思想,开发其新光明思想。余甚然其义。中国人沉郁固塞,陋不自如,入主出奴,普成习性。安得有俄之托尔斯泰其人,冲决一切现象之网罗,发展其理想之世界,行之以身,以真理为归,真理所在,毫不旁顾。前之谭嗣同,今之陈独秀,其人者魄力颇雄大,诚非今日俗学所可比拟。又毛君主张将唐宋以后之文集、诗集,焚诸一炉,又主张家族革命,师生革命;革命非兵戎相见之谓,乃除旧布新之谓。今日早起,同蔡、毛二君由蔡君居侧上岳麓,沿山脊而行至书院后下山,山风大发,空气清爽,空气浴,太阳浴,胸襟动彻,旷然有远俗之慨。归时十一句钟矣。

从以上的日记中,可以清楚地看出,当时的毛泽东、张昆弟等人是怎样的一群朝气蓬勃、胸怀大志的热血青年,他们的生活、学习、思想和友谊跃然于纸上。

当时,张昆弟还积极参与了新民学会的发起成立工作,并成为学会的重要骨干。

从"一师"毕业以后,张昆弟、毛泽东等人搬进了湖南大学筹备处自修,他们寻遍岳麓山脚,希望寻找到一个地方,以建立他们理想中的那种人人平等、互相友爱的"新村"。他们自己挑水、自己砍柴、自己做饭,但无情的现实很快打碎了他们的梦想。

1919年10月31日，张昆弟乘船离开祖国，赴法勤工俭学。1921年底，张昆弟回国，不久到北京，并长期在北方从事工人运动。

大革命失败以后，毛泽东发动秋收起义，率领部队上井冈山，他和张昆弟之间的联系从此中断了。后来，张昆弟到湘鄂西根据地工作，后来被秘密错杀。毛泽东得知此讯后，痛惜不已。

李大钊

中国共产党的创始人之一，又是一位著名的学者。毛泽东第一次到北京，由他安排到北大图书馆工作。

李大钊(1889—1927)，中国共产主义运动的先驱和最早的马克思主义者，中国共产党的主要创始人之一。字守常，河北乐亭县大黑坨村人。

1905年秋，李大钊进入卢龙县永平府中学读书，1907年夏考入天津北洋法政大学，1913年夏从该校毕业。1913年底赴日本留学，就读于早稻田大学政治经济学系。

在日本期间，李大钊组织了"神州学会"，秘密进行反对袁世凯复辟帝制的斗争。1916年春，李大钊担任留日学生总会文事委员会的编辑主任，负责编辑《民彝》杂志。同年5月，他从日本学成回国，先在北京《晨钟报》社担任编辑、总编辑等职，1917年四月又任《甲寅》日刊编辑。1917年底，入北京大学任图书馆主任，并参与编辑《新青年》，先后任北京大学评议会评议员，经济、历史等系教授，参与编辑《新青年》杂志，再后又与陈独秀等一起创办《每周评论》杂志，是新文化运动和五四运动的主要领袖之一。

1917年俄国发生十月革命后，李大钊率先接受了马克思主义的唯物史观，并积极地宣传马克思主义。1920年3月，李大钊在北京大学组织了中国第一个马克思学说研究会。同年秋，他又在北平组织共产主义小组。1921年中国共产党成立后，李大钊负责中共北平地委和1923年建立的中共北方区委的工作。大革命时期，他积极促成了国共之间的第一次合作，并在国民党第一次全国代表大会上被选为国民党中央执行委员。1927年4月6日，奉系军阀张作霖派军警搜查苏联大使馆，李大钊等60余人被捕，28日在北京英勇就义。李大钊的著作有《守常文集》、《李大钊选集》等。

毛泽东最早知道李大钊的名字，是在1916年9月。当时李大钊担任《新青年》

杂志的编辑和撰稿人。毛泽东这时正在湖南第一师范读书。9月的一天,他从一个同学那里借来一份《新青年》杂志,打开后立即被李大钊的《青春》一文所吸引,对文章的作者极为佩服。自此,毛泽东成了《新青年》杂志的忠实读者。1917年春,毛泽东还把自己写的《体育之研究》一文投寄给《新青年》编辑部,很快就发表在当年4月1日出版的《新青年》三卷二号上。

1918年秋,为组织湖南青年赴法勤工俭学活动,毛泽东来到了北京。经杨昌济介绍,毛泽东得以在李大钊负责的北大图书馆谋得一个图书馆助理员的职位。在北大红楼一层东南角的馆长办公室内,毛泽东第一次见到了李大钊。这次会面完全是事务性的,主要是李大钊给毛泽东交代工作任务。毛泽东被安排在报刊阅览室,专门登记前来看报人的名字;同时也在李大钊的主任办公室里,帮李大钊整理报纸和杂志。当时,毛泽东的月薪是8块钱。

通过一段时间的接触,李大钊发现毛泽东才华横溢、颇有抱负,认为他是"湖南学生青年的杰出领袖"。在这期间,他介绍毛泽东参加了少年中国学会,通过这个团体,毛泽东认识了邓中夏、康白情等人。

毛泽东这时既然在李大钊手下工作,李大钊的言论和行动自然对他产生了最直接的影响。1918年11月,毛泽东到天安门广场亲耳聆听了李大钊的《庶民的胜利》的演讲。

毛泽东在北大图书馆工作了半年多。1919年春,他为送赴法勤工俭学的同学出国离开了北京,南下到上海。经李大钊介绍,毛泽东在上海拜会了当时新文化运动的另一位领袖陈独秀,随即回到了长沙。

1919年7月,毛泽东创办了《湘江评论》杂志,李大钊看到这个杂志后,十分重视,他通过《新青年》、《每周评论》等刊物向全国的读者加以介绍和推荐:"能看到这份很好的兄弟期刊,令人非常高兴。"看到毛泽东在《湘江评论》第二至四期上发表《民众的大联合》一文后,李大钊在1919年12月28日的《新生活》第19期上发表了题为《大联合》的短论,对毛泽东的民众大联合的主张极为赞同,他在文中说:"我很盼望全国各种职业各种团体,都有大小组织,都有大联合,立下真正民众大联合的基础。"

1919年12月,为争取全国各界对湖南驱逐军阀张敬尧的支持,毛泽东作为湖南"驱张"请愿代表团团长和新民学会的代表第二次来到了北京。到北京后不久,他就到北京大学看望李大钊,李大钊非常高兴的接待了他。毛泽东向李大钊介绍了湖南正在进行的"驱张运动"的一些情况，李大钊则向毛泽东介绍了他正在筹备成立马克思学说研究会的情况，还向毛泽东推荐了一批有关共产主义和俄国革命的书籍，其中有考茨基的《阶级斗争》、马克思和恩格斯合著的《共产党宣言》以及一个英国人写的《社会主义史》等。关于这段经历，毛泽东后来对埃德加·斯诺这样回忆道："我第二次到北京期间，读了许多关于俄国所发生的事情的文章。我热切地搜寻当时所能找到的极少数共产主义文献的中文本，有三本书特别深刻的铭记在我的心中，使我树立起对马克思主义的信仰。"这3本书，即上面所述。

在这之后，毛泽东与李大钊的交往更多了。他们在一起探讨了俄国十月革命以及中国的前途等问题，还打算组织进步知识青年赴俄勤工俭学。毛泽东在1920年给新民学会会员陶毅的信中谈及此事："我一己的计划，一星期外将赴上海，湘事平了，回长沙，想和同志成一'自由研究社'，预计一年或二年，必将古今中外学术的大纲，弄个清楚，好作出洋考察的工具。然后组一留俄队，赴俄勤工俭学。至于女子赴俄，并无障碍，逆料俄罗斯的女同志，必会特别欢迎。……这桩事，我正和李大钊君等商量。"

1920年春，毛泽东与杨开慧一起扶杨昌济灵枢回湘。当年4月，毛泽东和彭璜等人发起成立长沙文化书社，毛泽东将他们的这一活动告诉了李大钊。李大钊对他们的工作给予了大力支持，还主动承担该社在京的信用介绍，帮助该社解决开办之初资金周转困难的问题。长沙文化书社则对李大钊及其编辑的刊物《新青年》、《每周评论》、《少年中国》多有介绍，特别是对李大钊的《五月一日》一书进行了广泛的宣传和传播。

1923年6月，中国共产党第三次全国代表大会在广州召开，毛泽东与李大钊都出席了大会。他们对于这次会议的中心议题，即实行国共合作的问题看法一致，最后促使大会通过了《关于国民运动与国民党问题的决议案》。1924年1月，他们都出席了国民党第一次全国代表大会，李大钊被选为国民党中央执行委员，毛泽东当选为候补执行委员。

1926年春，毛泽东担任第六届农民运动讲习所所长，他托人给李大钊、陈毅等带信，请他们为农民运动讲习所选派学员。李大钊接信后，便与陈毅等在北京、天津的进步青年中选拔学员。毛泽东在任讲习所所长期间，还把李大钊撰写的《土地与农民》一文编入"农民问题丛刊"之中，作为农民运动讲习所学员的学习材料。

毛泽东对李大钊给予自己的帮助和影响一直铭记在心。1945年4月21日，他在《七大工作方针》的报告中对李大钊作了高度评价，认为五四运动中，李大钊是代表左翼的，我们是他们那一代人的学生。1949年春，毛泽东刚到北京时，曾经颇有感慨地对身边工作人员说："三十年前我为了寻求救国救民的真理而奔波。吃了不少苦头，还不错，在北平遇到了一个大好人，就是李大钊同志。在他的帮助下我才成为一个马列主义者。可惜呀，他已经为革命献出了宝贵的生命。他是我真正的好老师，没有他的指点和教导，我今天还不知在哪里呢！"

李元甫

毛泽东在东山学堂读书时的校长。在看了毛泽东入学时写的《言志》一文后，对毛泽东的才学极为赞赏，认为是一名"建国才"。

1910年秋，经过亲友们的帮助和自己的争取，毛泽东得以到湘乡东山高等小学堂求学。临行前，他抄写一首诗留给父亲："孩儿立志出乡关，学不成名誓不还。埋骨何须桑梓地，人生无处不青山。"诗中表达了少年毛泽东一心向学和志在四方的决心。

湘乡东山高等小学堂是由原东山书院改建而成的一所新式学校，离毛泽东的家乡韶山冲有50多里，是专为湘乡地主豪绅培养自己子弟的地方。毛泽东到该校求学时，李元甫先生在那里任校长。他是一位具有强烈爱国思想的进步知识分子，主张对学校的教学内容进行改革，大力提倡新式教育，而对经书等则不太重视。这所学校除教经书外，还教授在当时被称之为"新学"的算术、历史、地理、物理、音乐、体操、图画等自然科学和其他新学科。

毛泽东初到东山小学，校方在了解了他的一些基本情况后，出了一道《言志》的题目对他进行考试。毛泽东凝神思考后提笔一气呵成，写就了一篇出色的文章，受到主考老师的一致称赞。但随后在是否录取毛泽东的问题上，老师们的意见并不一致。一些老师以毛泽东不是湘乡人为由不同意录取。校长李元甫看到毛泽东的作文后非常满意，对毛泽东的文笔大加赞赏，他最后拍板定案决定录取毛泽东，并称东山学堂"取了一名建国才"。随即，毛泽东交纳了1400个铜圆作为5个月的膳宿费和学杂费后，被编进戊班，成了这所新式学堂的一名学生。

毛泽东刚进东山小学，作为一个外乡人，受到当地一些富家子弟的歧视，这使他感到有些郁闷。对于这段经历，毛泽东后来曾这样回忆道："我以前从没见过这么多孩子聚在一起。他们大多是地主的孩子，穿的是值钱的衣服；很少有农民能供得起他们的孩子上这样的学校。我穿得比其他人寒酸,我只有一套还算过得去的衣裤。……很多富家的同学看不起我,因为我平时总穿着破旧的衣服。我不受欢迎也因为我不是湘乡人。是不是湘乡人很重要,而来自湘乡的哪个地方也很要紧。湘乡分成上、中、下三部分,上湘乡与下湘乡械斗不断,纯粹是地域观念作怪。双方互不相让。我在这场争端中采取中立,因为我是外乡人。结果三个地区的学生都歧视我,我心情很郁闷。"李元甫得知毛泽东的上述遭遇后,在一次学生大会上对毛泽东的才学进行了高度评价,使学生们了解了毛泽东的人品和学识,从而改变了对他的态度。

毛泽东充分利用东山学堂的有利条件充实自己,他的各科成绩在全校学生中相当突出,特别是国文成绩更是出类拔萃。他的作文《言志》《宋襄公论》《救国图存论》等,都被老师赞扬为"视似君身有仙骨,寰观气宇,似黄河之水,一泻千里"的好文章,并批示给全班同学传阅。当时,毛泽东在所有学习科目中,特别喜欢国文、历史、地理,通过这些课程的学习,他的眼界开阔起来。他一方面为祖国有辽阔的疆域和悠久的历史而感到自豪,另一方面又为中国的积贫积弱而痛心疾首。所有这些,都成为他为寻求救国救民的真理而发愤读书的动力。

东山学堂有一个藏书楼,里面有许多中外书刊,毛泽东常到这里借阅。另外,毛泽东的表兄文运昌在这时也送给他一本《新民丛报》和另一本介绍康有为领导变法维新的书,这是毛泽东最早接触到《新民丛报》和康梁的变法主张。毛泽东对康有为、梁启超的文章特别推崇,把他们的许多文章背诵下来,并时常写出心得和批语。通过这些批语,不难看出毛泽东在当时对康梁君主立宪的主张是赞同的。比如,在阅读梁启超《新民说》第六节"论国家思想"时,毛泽东曾写下这样一段批语:"正式而成立者,立宪之国家,宪法为人民所制定,君主为人民所推戴;不以正式而成立者,专制之国家,法令为君主所制定,君主非人民所心悦诚服者。前者,如现今英、日诸国;后者,如中国数千年来盗窃得国之列朝也。"他点批过的《新民丛报》原件现保存在韶山纪念馆,这是目前所能找到的毛泽东发表政见的最早手迹。

毛泽东在当时不仅对康梁的维新思想大为赞同,而且对他们的文风也推崇备至,他开始仿效康梁体写作文章,但这也给他带来了麻烦。当时东山学堂一些保守的教员认为,康梁的书是"为洋鬼子说话的",应禁止学生阅读,对毛泽东的"康梁体"作文进行贬斥,只评给20分。毛泽东的国文老师谭咏春、贺岚岗则对毛泽东的文章大加赞赏,并向李元甫建议在课堂上讲授康梁的文章。李元甫对此极力支持,他还当众表扬毛泽东的文章是深得梁文笔意,要同学们向他学习。由于服膺梁启超的学问文章,毛泽东给自己取了个别名"子任"。

在李元甫等老师的关怀下,毛泽东虽然只在东山学堂读了半年书,但是却大大地开阔了眼界,增长了知识。1911年春,毛泽东离开了东山学堂,经李元甫的引荐,到湘乡驻省中学学习。后来,李元甫也辞去了东山学堂校长职务,到湘乡驻省中学任学监,这使毛泽东能够继续得到他的关心和爱护。

毛泽东一直对东山学堂有着特殊的感情。1955年,他曾特意邀请东山学堂的同班同学、自己的老师谭咏春的儿子谭世瑛到北京做客。在谈到自己在东山学堂的读书经历时,他对谭世瑛说:"李元甫先生,贺岚岗先生,还有你父亲,都是热心的教育家,他们是爱惜人才的!……没有他们,我进不了东山学堂,也到不了长沙,只怕还出不了韶山冲呢!……在当时,他们能够这样关心一个学生,真是不容易呢!"

1958年夏,应东山小学党支部的请求,毛泽东为该校题写了横竖两种式样的校名,并在9月10日给该校写了一封回信,他说:"你们的大字报早已收到,甚谢。现遵嘱写了校名二纸,请选用。"

李 中

毛泽东在湖南省立第一师范的同学,曾被毛泽东称之为"我的'救命菩萨'"。新中国成立后,毛泽东曾三次写信邀请他去北京。

1936年,毛泽东在同斯诺谈话时曾说:"1919年初,我和要去法国的学生一同前往上海。可是我到达浦口的时候又一文不名了,而且没有车票。没有人可以借一点钱给我;我不知道怎样才能离开浦口。更糟糕的是,我仅有的一双鞋又给贼偷去了。嗳呀!怎么办呢?可是'天无绝人之路',我的运气不坏,在火车站,我遇见了从湖南来的一个老朋友,他成了我的'救命菩萨'。他借给我钱买了一双鞋,还足够买一张到上海去的车票。"毛泽东所说的"救命菩萨",指的就是李中。

李中(1897—1951),原名李声澥,字印霞,湖南湘乡县人。1913年秋,他考入湖南省立第一师范,被分在第七班,很快结识了蔡和森、毛泽东和罗学瓒等同学。1918年夏,从"一师"毕业以后,毛泽东到北京组织赴法勤工俭学,而李声澥则在"一师"附小教书。不久他和妻子以及一位数学教师李孝仪一起到达上海,在一家古玩商店帮工。

1919年冬天,陈独秀从北京到达上海。在陈独秀的引导下,李声澥接受了马克思主义,成为工人运动的积极分子。后来,他改名李中,进入江南造船厂当钳工。他一面做工,一面通过同乡工友的关系,广泛地联络工人群众,宣传马克思主义。

1920年8月,在陈独秀的介绍下,李中加入了社会主义青年团,不久又和李启汉、邵力子等人加入了共产主义小组。

1920年,上海共产主义小组创办《劳动界》,李中积极为该刊组稿、撰稿。1920年9月,他署名"海军造船所(即江南造船厂)工人李中",在《劳动界》第七期上发表文章《一个工人的宣言》,他号召"我们少数同声同类的工人,再联络同声同类的工人,成一个大团体",深入浅出地宣传了马克思主义关于"全世界无产阶级联合起来"的观点。

李中首先发起和组织了上海机器工会,在陈独秀的指导下,起草了《机器工会章程》,这是中国第一个由共产主义小组领导制定的工会章程。在李中等人的艰苦努力下,1920年11月21日,上海机器工会在外国语学社(当时位于上海霞飞路渔阳里,今淮海中路)正式举行成立大会,到会者达70多人。作为筹备处书记,李中主持了会议。他阐明发起该工会的宗旨在于"谋本会会员底利益,除本会会员底痛苦"。

上海机器工会是中国第一个现代工会,李中则是中国共产党的第一个工人党员。他与陈文焕等负责工会的具体领导工作。上海机器工会有会员370人,出版刊物《机器工人》,以扩大工会的影响,为保障工人的权利作舆论宣传。在上海机器工会的影响下,上海印刷工会、纺织工会等相继成立。

1920年秋,杨树浦日本资本家开设的第一、第二、第三纱厂的工人举行罢工,要求资方增加工资。李中与共产主义小组的一些成员,向同情工人的知识界和市民开展募捐,对工人的罢工予以声援和支持,对罢工的胜利做出了重要的贡献。

毛泽东非常关注李中的革命活动。1920年11月26日,他在给罗学瓒的信中说道:我现在很想做工,在上海"李声澥劝我入工厂,我颇心动。李声澥以一师范学生在江南造船厂打铁,居然一两月后,打铁的工作样样如意。由没有工钱已渐地得到每月工钱12元。他现寓上海法租界渔阳里2号,帮助陈仲甫(陈独秀)等组织机器工会。"

中国共产党成立以后,李中在上海西区从事工人运动。后来,在中国劳动组合书记部的领导下,他曾试图和其他工会协商组织上海各业工会的总组织,但未能成功。

"四一二"反革命政变以后,中共组织遭到极大的破坏,李中被捕了。经过多方营救,他获释出狱。不久,他脱离了党的组织,回到湖南。当时长沙邮政局正在招工,他被录取,成为负责分发报纸的邮工。后来,他又回到家乡从事教育工作。

中华人民共和国成立以后,毛泽东曾三次写信,邀请李中去北京。但不幸的是,1951年7月9日,李中病逝于赴京途中。

李立三

> 他和毛泽东一起积极领导工人运动,是我国工人运动的杰出领导人……

李立三(1899—1967),原名李隆郅,曾用名有李能至、李成、柏山、李明、李敏然等,湖南醴陵人。

李立三6岁时进入蒙馆读书,1915年进入长沙长郡联立中学。这时他结交了浏阳来的罗章龙,并成为好友。当年,罗章龙响应"二十八划生"的征友启事,和毛泽东结为好友。后来,罗章龙又介绍李立三去见毛泽东,毛泽东向李讲述了自己救国救民的主张和看法。从此,他们也成了一对好朋友。

1919年12月,李立三赴法勤工俭学,1921年回国并加入了中国共产党。当时,陈独秀派他回湖南从事工人运动。李立三一到长沙,立即拿着党中央的介绍信去见湘区党组织的负责人毛泽东。毛泽东热情地欢迎李立三的到来,他们愉快地畅谈着彼此分别后的经历。毛泽东还向他介绍了湖南的革命形势,他说:湘区党正在按照"一大"的决议,集中力量开展工人运动,安源煤矿是开展工人运动的好处所,那里迫切需要党的领导,他希望李立三能到那里开展工作。李立三听后非常激动,他当即表示愿意接受这样的任务。毛泽东还说:我们要用平民教育这样的合法斗争方式,争取公开活动,以便和工人接近,逐渐把他们组织和训练起来。几天之后,毛泽东亲自偕同李立三、张里全等一起到了安源。

到安源之后,毛泽东、李立三等人以湖南省劳动组合书记部代表的身份,考察情形,开始活动,与工人积极分子进行接触,向他们讲述工人受痛苦受压迫以及组织团体的必要,深得工人的欢迎。根据毛泽东的指示,李立三开办工人补习学校,把文化课和马列主义教育巧妙地结合起来,并在工人中积极发展党员。1922年2月,建立了安源党支部,李立三任支部书记。5月,成立安源路矿工人俱乐部。9月,毛泽东来到安源,他召开了党组织会议,听取汇报,认为罢工的条件已经成熟,对领导罢工的策略做了指示。毛泽东还派刘少奇到安源协助李立三领导罢工,鼓励他们率领工人群众作"义无反顾的斗争","不要为官威所降服";同时还要注意斗争策略,要"哀而动人"。根据这一指示,李立三、刘少奇提出了"从前是牛马,现在要做人"的罢工口号。9月14日凌晨,在他们的共同的领导下,震惊中外的安源路矿工人大罢工爆发了。这次罢工,历时5天,以"未伤一人,未败一事而得到完全胜利"。

大革命时期,毛泽东在广州举办第六届全国农民运动讲习所,他曾经邀请李立三去讲课。李向学员们讲授了《中国职工运动》和《苏俄状况》,得到极大的好评。1927年4月,毛泽东和李立三一同出席了中共"五大",李当选为中央政治局委员。7月,又任中央临时政治局常委,是领导长沙起义的前委委员。后来,李立三向党中央写了《"八一"革命之经过与教训》的报告,详细叙述了起义和南征的主要经过,从政治、军事、土地政策、财政、宣传、党务等方面总结了这次起义的经验教训。

从莫斯科开完"六大"回国后,李立三在中央逐渐起了主要领导作用。他十分注重农村革命根据地的斗争。他在自己的文章《反动统治的动摇与革命斗争的开展》中,热情地报道和评述了毛泽东、朱德所领导的红军斗争,认为"朱毛是革命农民之武装的先锋队,又有无产阶级的政党为之领导"。1929年6月15日,在《中央给云卿(贺龙)并前委诸同志的指示信》中,他还向其他根据地介绍了朱德、毛泽东领导红军的斗争经验。

1929年9月,陈毅代表红四军前委到中央参加会议和汇报工作。李立三和周恩来听取了陈毅有关汇报。他们代表党中央明确支持毛泽东在红四军前委的正确领导,肯定了"工农武装割据"的思想,系统地对党和红军的建设提出了意见,在此基础上形成了著名的中央对红军的"九月指示",为后来的古田会议明确了指导思想。

毛泽东从陈毅那里知道了是自己的老朋友李立三在主持中央工作,非常高兴。1929年11月28日,他提笔给李立三写了一封信:

  立三兄:
    多久不和你通讯了,陈毅同志来才知道你的情形,我大病三个月,现虽好了,但精神未全复原。开慧和岸英等我时常念及他们,想和他们通讯,不知通信处。闻说泽民在上海,请兄替我通知泽民,要他把开慧的通信处告诉我,并要他写信给我。

　　我知识饥荒到十分,请你时常寄书给我,能抽暇写信指导尤幸。

　　独秀近来行动真岂有此理,中央的驳斥文件已经到此,我们当普遍地宣传。

　　共产主义的敬礼!

毛泽东

　　从信中,我们可以看出,毛泽东对于作为中央领导人的李立三,是支持和尊敬的,他十分信赖这位老朋友。这封信也成为他们友谊的见证。

　　但是,中央却逐渐形成了"立三路线"的错误领导。1930年6月,工农红军发展到10万多人,在全国300多个县开展游击战争,革命根据地也发展到大小不等的10多块。同时,新军阀发生大规模混战,局势一片混乱。时刻渴望革命高潮来临的李立三,错误地估计了革命形势,以为革命高潮就会到来。1930年6月,中共中央政治局通过了李立三提出的《新的革命高潮和一省或数省的首先胜利》的决议,标志着"左"倾冒险错误又一次在中共中央占据统治地位,形成了以"立三路线"著称的比较系统的错误主张。

　　毛泽东比较策略地抵制过"立三路线",他曾抵制李立三的命令,不攻打南昌。1930年9月,中共六届三中全会召开,李立三在会上作了自我批评,承担了责任;他被撤去中央政治局常委兼中央宣传部长和中央秘书长的职务,但仍被选为中央政治局委员。这次会议结束了"立三路线"在中央的统治。

　　1930年底,李立三到莫斯科,从此旅居苏联15年。期间,他在一连串的共产国际远东局和共产国际执委会的会议上,反复作了深刻、全面的自我检查和自我批评。后来,他被捕入狱。他强烈地思念着祖国和昔日的同志们,希望能早日回国参加工作。但未能如愿。

　　但是,毛泽东并没有忘记李立三在党的历史上所作的贡献,在中共"七大"上,李立三当选为中共中央委员。

　　1946年1月,李立三回到了阔别已久的祖国。在东北,他见到了老战友——中共中央政治局委员陈云。陈云系统地向他介绍了遵义会议以来党的历史、延安整风和《中共中央关于若干历史问题的决议》的内容。李立三心情激动,百感交集,由衷地佩服毛泽东。陈云还把《整风文献》和毛泽东的重要著作介绍给李立三,希望他认真读读这些书。

1946年6月,毛泽东、刘少奇、朱德等领导同志在延安接见了李立三,同他进行了长时间的谈话。一见到毛泽东,李立三就开始谈自己的"立三路线"错误,汇报了在莫斯科15年的学习、改造等经历和回国后的感受,他衷心感谢党和毛泽东对他的信任,决心今后努力工作,将功补过。毛泽东同情他在苏联的遭遇,鼓励他全身心地工作。其后,毛泽东还指示中央机关负责同志给李立三发一套干部服装,换掉他身上的外国衣服。中共七届二中全会以后,按照毛泽东的指示,李立三主要领导全国总工会工作。

新中国成立后,李立三身兼多职,他是中共中央委员、中华全国总工会副主席兼党组书记、全国政协常委、中央人民政府委员、劳动部长兼部党组书记、中央人民政府财委会委员等。他积极贯彻执行毛泽东思想,经常向毛泽东等请示汇报工作。

1958年,身为工业部副部长的李立三到黑龙江的一些军工厂调查研究,提出了"两参一改三结合"的思想,要求工人参加管理、干部参加劳动,改革不合理的规章制度,领导干部、工人、技术人员相结合。毛泽东极为赞赏,批示在全国推行。1960年,毛泽东把它规定为"鞍钢宪法",为促进我国工业体制的民主化和科学化做出了重要贡献。

"文化大革命"开始后,李立三被戴上"老机会主义分子"、"三反分子"的帽子,成为批斗对象。各种各样的造反队络绎不绝地来找他,企图从他口中得到打倒一大批老一辈无产阶级革命家的材料。但是,李立三态度正直,决不为了个人而歪曲历史,最终被残酷地迫害致死。

1980年,中共中央为李立三平反昭雪,认为他是"中共优秀党员,无产阶级革命家,中国工人运动的杰出领导人"。

李启汉

曾经参加过毛泽东率领的"驱张"请愿团,赴北京请愿。后来成为上海工人运动的开拓者……

李启汉(1898—1927),乳名志生,又名李森,湖南江华县码头镇人。他是中国共产党创建时期最早的党员之一,著名的早期工人运动领袖,曾任中国劳动组合书记部干事、中华全国总工会执委兼组织部长、省港罢工委员会委员兼干事局长。1927年4月中旬被杀害。

早年,在一位亲戚的资助下,李启汉相继在江华县立高小、衡阳府中学、长沙岳阳府中学念书。他在衡阳、长沙读书期间,正是新文化运动蓬勃发展、国人逐渐觉醒的时期。他和许多进步青年一样,如饥似渴地阅读《新青年》等刊物,寻求救国救民的真理。

五四运动爆发时,他正在岳云中学上学,他积极地参加了罢课、宣传、游行、抵制日货的活动。在毛泽东发起的"驱张运动"中,他被选为学生代表。1919年10月,由李启汉等24人组成的湖南学生请愿代表团,会同湖南公民"驱张"代表团等团体,在毛泽东的率领下,赴北京请愿。他们向社会各界彻底揭露张敬尧在湖南的种种罪行,受到广泛的支持。1920年1月28日,湖南各界请愿团、教职工代表团和学生代表团,代表3000万湖南人民"请政府速即彻惩张敬尧"。李启汉加入了请愿的行列。这年春天,他来到上海,和先期到达的彭璜、毛泽东等人,继续进行驱张斗争,为"驱张运动"的最后胜利做出了重要贡献。

经过五四运动和"驱张运动"的洗礼,李启汉从激进的民主主义者转变为共产主义战士。在上海,他结识了陈独秀、李达等优秀的共产主义知识分子。李启汉住在上海渔阳里6号,1920年8月,社会主义青年团成立后,李启汉成为最早的团员之一,团的机关就设在他的住地。

1920年,上海共产主义小组选派李启汉和李中深入工人群众中去开展活动。

李启汉到沪西小沙渡筹办工人夜校，组织纺织工会。为了便于和工人交谈，他下决心学上海话，想方设法打入青帮，利用帮会结交工人，开展文娱活动，吸引工人参加他办的工人半日学校。他是建党时期工人学校最早的创办人之一，是最早一次罢工的领导者，领导了上海英美烟厂的罢工。

李启汉在上海工人中的积极活动，引起了租界巡捕房暗探们的注意。1920年12月20日，在英国租界工部局警卫处的情报材料里，首次出现了李启汉的名字，材料说：上海工人游艺会"于昨日下午二时借白克路二零七号举行成立大会，约有两百人出席。会议由一个名叫李启汉的工人担任主席。" 1921年1月22日的情报中又说："前曾传说有一个姓李的布尔什维克宣传家，已争取到两万多工人的支持，并企图继续努力争取到十万人。"可见，李启汉一度作为"危险人物"，引起他们的高度注意。

1922年初，香港海员举行大罢工。李启汉没有被帝国主义者的拘禁和传讯所吓倒，日夜奔走，发动上海工人予以支援。1922年6月，他被巡捕房逮捕，后来又被引渡给军阀官厅监禁。直到1924年秋江浙战争爆发，军阀忙于内战，他才于10月13日被释放出狱。

出狱后的李启汉，经过短暂的休养，来到广州，投入到更猛烈的战斗中去了。1927年"四一二"政变后，广州的局势越来越险恶，他不顾个人安危，四处奔走，研究对策，力图挽救革命危机。4月25日，广东的国民党派出大批军警，到处搜捕、杀害中共党员、青年团员、革命工会领袖和"左派"领袖；搜查和封闭全国总工会广州办事处、省港罢工委员会等革命团体。这天凌晨，李启汉的住宅被包围，他再次被捕了。据目击者说："当李启汉同志被捕路过南关时，昂首阔步，怒目而视，大骂国民党反动派卑鄙无耻，并引吭高呼中国共产党万岁等口号。"敌人的审讯并不能产生任何效果，他始终坚强不屈，最后被秘密杀害，年仅29岁。

毛泽东深切地怀念着李启汉，1945年，他还鼓励邓中夏的夫人夏明："不要忘记启汉、中夏同志的遗志，要继承他们的事业。"

李思安

新民学会会员,曾受毛泽东之托去调查赵女士自杀事件。她还资助过毛泽东开办的长沙文化书社。

李思安(1892—1969),女,乳名桂,又名钦文。湖南长沙县北山赵公塘人。1907年起自学古文。1911年入梨江女校,1915年从该校毕业。之后成为当地一名女教师。一年后入长沙崇实女校,后又转入湖南省立蚕业女子专科学校学习。五四时期,她任蚕业女校学生会主席,加入毛泽东主持的新民学会,并当选为学会副执行委员长,是湖南学生运动中的活跃分子。

李思安还曾参加过"驱张运动"。"驱张运动"结束后,她应张国基之邀于1920年9月自费赴新加坡南洋女子中学任职。1922年到印尼爪哇北加浪岸的中华中学任教。1924年6月回国,进入上海大学社会学系工作,在向警予的介绍下加入了中国共产党。五卅运动前,她在党组织的领导下深入工厂、学校、商店进行宣传动员。五卅运动爆发后,她积极参加进去,并在运动中受伤。

1926年冬,李思安回到湖南,任湖南省总工会妇女部长。她积极开展妇运工作,争取男女平等和男女同工同酬,还创办了19所妇女夜校。在总工会主席郭亮外出期间,曾代行主席职权,主持过几次斗争土豪劣绅的群众大会。大革命失败后,她到乡下暂避。后来她到武汉、上海等地寻找党组织,但一直没能取得联系。1929年,李思安再次到南洋,先在印尼的雅加达中学任教,后来到北加浪岸的中华中学担任校长。新中国成立初,李思安回到国内。

毛泽东和李思安的交往始于五四时期。1919年11月,长沙发生赵五贞因不满包办婚姻在花轿内自杀事件。毛泽东让刚刚加入新民学会的李思安等前去调查,他根据李思安等的调查材料,于11月16日至28日在《大公报》上连续发表9篇文章,对封建婚姻制度、妇女解放的问题作了一番扎扎实实的分析研究,激励人们奋起反抗黑暗的封建社会。

1919年12月至1920年6月,湖南开展了驱赶军阀张敬尧的"驱张运动",毛泽东和李思安都积极参加了进去。1919年底,他们被推选为湖南公民"驱张"代表团代表,同赴北京请愿。1920年2月,李思安参加了在上海举行的全国第二届学生代表大会,以争取全国学生对湖南"驱张运动"的支持。在各方一致声讨下,1920年6月11日,张敬尧被逐出长沙。

　　"驱张运动"结束后,毛泽东回到湖南,李思安到了南洋,他们之间互有书信往来。在此期间,为了在湖南传播马克思主义、开展新文化运动,毛泽东和易礼容等决定创办一个以推销新书报、介绍新思想为主要任务的文化书社。对于他们的这一设想,李思安极为赞同,她刚到南洋不久就寄回80元钱作为创办长沙文化书社的基金。1920年9月9日,文化书社正式开业。文化书社社址,后来事实上成了湖南共产主义小组对内对外联络的秘密机关。

　　新中国成立初,李思安从南洋回到国内。她曾就自己的工作问题两次写信给毛泽东,毛泽东于1951年1月14日回信于她,信的内容如下:

思安先生:
　　两次来信,均已收到,甚为欣慰。同意你来北京,如果你愿意和蒋竹如同学他们一道进革命大学学习一时期,则可以进该校;否则另想工作办法。来时可持此信向中共中央统一战线部李维汉部长接洽入学或工作问题。此复,

　　　　　　　　　　　　　　　　　　　　　　顺致
　　敬意

　　随后,李思安进入华北大学政治研究院第三期学习班学习,毛泽东接见过她。1952年2月,她到湖南省文史馆工作。1956年到1964年,她曾任长沙市侨联第二届委员和湖南省政协第二、三届委员会委员。自1957年起,李思安常协助街道居委会办公益福利事业,1969年2月6日病逝于长沙。

李振翩

他和毛泽东相识于1919年,是毛泽东率领的"驱张"请愿代表团成员之一。后来长期在美国从事医学研究。他回国访问时,毛泽东曾送给他湖南特产冬苋菜。

李振翩(1898—1984),湖南湘乡人。五四运动时,任湘雅医专《新湖南》编辑。抗战时期为国民党军中将军官。后来他定居美国任医学教授、美京华人协会会长。

五四时期,一批爱国的知识分子为了挽救国家和民族的危亡,毅然走出书斋,投入到火热的斗争实践中。

毛泽东从北京回到湖南长沙,组织学生反对军阀张敬尧。为了形成有组织的力量,他们组织了湖南学生联合会。当时,李振翩是湖南湘雅医学院学生会所派的代表之一。毛泽东在幕后指挥这班学生,发动罢课。

经过讨论和必要的准备,湖南学生联合会决定罢课,由各校派代表两名,赴北京请愿撤换张敬尧。李振翩是湘雅学生会所派的代表之一。学生代表们乘火车来到武汉,在指定的旅馆集中,毛泽东在那里等候他们。代表们到齐后,便开会,讨论问题,决定把名称定为"驱张请愿团",公推毛泽东为团长,参加者已经不再限于学生了。

到北京后,代表们分别住在马神庙附近的各公寓,并常常开会。李振翩配合毛泽东,积极联络湖南同乡,得到了他们的热烈支持。这次"驱张运动",是毛泽东领导的一次政治运动,也是五四运动后第一次有组织有领导有严密计划的革命性行动。他知道北京政府是绝对不会撤换张敬尧的,但是,他希望用这样的方式,暴露军阀的罪恶,激发学生的爱国热情,指出他们努力的方向,并吸收人才,为以后的工作做准备。

在这次"驱张运动"中,还发生了一件有趣的事情。由于李振翩与毛泽东联系紧密，并且总是活跃在最前列，张敬尧误以为李振翩是鼓动罢课的主角，竟然发布通缉乱党李振翩等13人的命令，而真正的领导者——毛泽东的名字却不在其中。

从北京回到湖南之后，毛泽东介绍李振翩加入了新民学会。一次开会后，他们买了一些猪肉、蔬菜之类的东西聚餐。饭后，他们在江边摄影、散步、谈天，正如毛泽东在诗词中写的那样，江风拂面，一群少年"指点江山，激扬文字"。

1921年，李振翩从湘雅医学院的预科升为本科，功课也变得繁忙起来。他给毛泽东写了一封信，说自己功课太紧张，没有时间去做政治运动，以后需要专心致志研究医学，他希望若干年后再见面时毛泽东的政治工作能够成功。而毛泽东当年也离开长沙，到上海参加中共"一大"。从此，他们再未见面，一别就是50多年。期间，毛泽东曾经多次打听李振翩的住址，托人捎带口信，但都未联系上。

1946年，美国驻华文化处从中国请了30名交换教授到美国，李振翩是成员之一。在离开南京之前，他写了一封长信，托正在南京进行国共和谈的周恩来带给毛泽东。其后，李振翩来到美国，在卫生实验院做研究工作。

1954年，国务院召开扩大会议，邀请了许多专家参加，中国医学科学院病理研究所所长魏曦先生也参加了。休息时，毛泽东从主席台到走廊来散步。魏曦操着一口湖南口音，正在和几个人聊天。毛泽东听见了，便问："你是湖南人吗？"

"是的。"魏曦答话道。

"你认识李振翩吗？"毛泽东又问。

"当然，他是我的好朋友。"

毛泽东一听，赶忙急切地说："他在哪里？"

"他在美国。"

毛泽东立即告诉魏曦："你写信去，要他回来吧，说我致意他。"

1972年冬天，中国第一次派医学代表团到美国，当时的副团长林巧稚见到李振翩的第一句话就是：毛泽东同志让我捎口信来，欢迎你们夫妇回到中国去看看。

1973年6月，李振翩随一个医学代表团回国访问。毛泽东接见了他和夫人汤汉志，毛泽东用他那浓重的湖南口音，说的第一句话就是："你在南京时写给我的信我收到了，我无法回信，因为我不知道你的住址。"接着，他们上下古今，无所不谈地聊了一个半小时。毛泽东依然清晰地记得李振翩几乎被张敬尧枪毙的事情。

他们还回忆起从前在长沙喜欢吃的蔬菜,毛泽东说喜欢吃冬苋菜、空心菜,李振翱说自己也喜欢吃,但遗憾的是美国没有。毛泽东谈兴很浓,李振翱和夫人屡次要告辞,但毛泽东再三不让走。

那天回到旅馆已经是深夜了,刚躺下,又有人敲门,原来是王海容和唐闻生二人,他们说:"主席让我们来看您,这是主席送给您的。"他们提着一篮冬苋菜和空心菜。冬苋菜是湖南特产,李振翱随意的一句问话,毛泽东竟然记在心里,伟人的深情厚谊令李振翱感动不已。

李耿侯

> 毛泽东儿时的学友。大革命时期韶山支部最早的党员和农民运动的骨干,著名的"韶山五杰"之一。

1907年和1908年,由于家里缺乏劳动力,毛泽东辍学在家务农,过着半工半读的生活。繁重的体力劳动不仅没有削减他继续求学的愿望,随着时间的推移,反而更加浓烈。这时,韶山冲李家屋场由外地回来一位维新派教师。他思想开明,是一位充满爱国热情的进步知识分子,在封闭的韶山冲是一位很有影响的人物,被毛泽东称为"激进派"的老师,他就是李漱清。

李耿侯是李漱清的长子,1889年11月27日出生于韶山陈公桥。毛泽东隔三差五就会来到李家借书,向李先生请教学问。每次,李耿侯总是热情地为毛泽东端茶送水。因为这样的关系,毛泽东和李耿侯也很快熟识起来,并且成为特殊的同学,结下了深厚的友谊。他们经常一起听李漱清讲述读书做人的道理和那些仁人志士维新救国的故事。每到傍晚,在李家屋场旁边的打谷场上,他们常常兴致勃勃地交流读书心得,切磋学术。天长日久,毛泽东对李老师的感激之情日益加深,和李耿侯的友谊也与日俱增。

在李漱清先生的教诲下,毛泽东没有荒废学业。否则,他很可能像他的父辈那样,做一个庄稼汉,或者一个生意人,最后终老山林。毛泽东始终感激李老师的知遇之恩,始终铭记着他对自己的整个人生的重大影响,始终记挂着李耿侯曾经给予过的友谊和无私的帮助。

李耿侯和毛泽东还是革命的战友,他积极协助毛泽东开展农民运动。1925年2月,借着回韶山养病的机会,毛泽东在故乡韶山领导了轰轰烈烈的农民运动。当时,李耿侯正在李氏族学担任教员。他积极协助毛泽东等人创办农民夜校,建立秘密农民协会和反帝爱国组织"雪耻会",并在好友聚会和家访时积极开展反帝反封建的宣传和斗争。

在毛泽东、杨开慧的介绍下，1925年6月，李耿侯加入了中国共产党，成为韶山支部最早的党员和农民运动的骨干之一，也是后来被韶山人们称颂的"韶山五杰"之一。此后，李耿侯还先后担任了韶山党总支组织委员、中共湘潭特别区委组织委员、特别区农协副委员长兼秘书长等职。

1925年8月，李耿侯还曾掩护过毛泽东躲过军阀的追捕。当时，湖南省省长、军阀赵恒惕密令其胞弟、湘潭县反动头子赵恒哲派兵追捕毛泽东。李耿侯的姨妹刘天民得知情报后，立刻选派共产党员郭士奎，抄小路赶回韶山报信。在李耿侯等人的掩护下，毛泽东摆脱了敌人的追捕，安全离开韶山，到达广州。

大革命失败以后，毛泽东与李耿侯失去了联系。毛泽东在湖南组织秋收暴动，带领队伍上了井冈山。而李耿侯等人则领导韶山农民自卫军，同许克祥的部队英勇战斗，但由于敌强我弱而最终失败，韶山陷入了一片白色恐怖之中。为了保存革命力量、寻找新的革命路径，李耿侯和弟弟李贡侯、大哥李德深准备去投靠毛泽东进行武装斗争。1928年，李耿侯受组织委派来到常宁水口山，组织工人武装，开展工人运动。后来率领这支工人武装上了井冈山，进行工农武装革命。在湘赣边界的斗争中，李耿侯光荣牺牲了。

1949年新中国成立后，居住在乡间的李漱清让儿子李介侯给毛泽东写信，祝贺革命事业的成功，同时也打听李耿侯的下落。1949年11月17日，毛泽东回信说："耿侯兄自1928年在湘赣边界之宁冈县见过一面，随即率队返湘南以后，未再见过。传闻殉难，似属可信，时地则无从查问了。"当他得知李漱清的另外两个儿子也为革命献身时，毛泽东复信"深表同情"，并说："李耿侯、李贡侯、李德深三人为革命牺牲，均应发给光荣纪念证件。"

李漱清

在韶山被称做"过激派",毛泽东则把他称做是自己民主思想的启蒙老师。虽然毛泽东并未在其门下读过书。

李漱清(1874—1957),又名李劼,湖南湘潭人。家住韶山冲陈家桥李家屋场(今属韶山市韶山乡韶北村),和毛泽东家所在的上屋场相距仅几华里路。

李漱清毕业于湘潭师范和长沙法政专科学校,较早地接受了维新思想,曾在湘潭县西二区上七都都校和韶山李氏族校等学校执教。他虽是一名不见经传的教书先生,却是一位思想开明、博学多才、充满爱国热情的进步知识分子。在乡间,他常给韶山人讲述各地见闻和爱国维新故事,劝说人们不要求神拜佛,要反对封建迷信。他还宣传废庙宇、办学校,让农家子弟都能进学校读书,学点文化科学知识以开启民智。李漱清的这些维新主张,遭到当地不少人的非议,尤其是豪绅们的激烈反对甚至诽谤,污蔑他是"过激派"。但毛泽东却赞成他的主张,钦佩他的学识,拥护他的行动,经常到他家去借书请教,听他讲述时事,讲述维新救国的道理和爱国的动人事迹,受到不少民主思想的启蒙教育,同他建立了师生和朋友关系。新中国成立后,李漱清被聘为湖南省文物管理委员会委员、湖南省文史馆馆员。

严格地说,毛泽东并未在李漱清执教的学校读过书,他们之间的师生情谊,是在日常交往中建立起来的。1907年至1908年,毛泽东辍学在家,一边劳动,一边读书。刚好这时李漱清学成归来。这期间,他们二人的交往便多了起来,逐渐形成了比一般师生更为密切的关系。这种真挚的情谊,在以后近半个世纪的漫长岁月中一直保持着。

毛泽东好学上进,记忆力特别强,深受李漱清的喜爱和器重。李漱清热情地向他灌输维新思想,推荐新书让他阅读,认真帮助他修改作文。在李漱清的指导下,毛泽东开始看一些带有浓厚爱国主义色彩的书籍,比如《盛世危言》、《论中国有被列强瓜分之危险》等,并深深为书中的内容所吸引。李漱清还鼓励毛泽东趁风华正茂之时存高远之志,争取外出求学,继续深造。后来当得知毛泽东的父亲打算让他去学经商时,李漱清会同毛泽东的其他老师和亲戚,说服毛顺生让毛泽东到湘乡东山学堂读书,使毛泽东得以走出韶山冲,走向更广阔的世界。

1911年至1921年,毛泽东在湘乡、长沙读书和从事革命活动期间,每次回家,总要去看望李漱清先生。1921年以后,毛泽东长期在外从事革命斗争,与李漱清虽然长期分离,但他们之间仍书信往来不断。对于毛泽东的革命事业,李漱清也鼎力支持,先后送4个儿子和1个孙子参加革命,其中三人为革命献出了生命。

1925年2月,毛泽东由上海回韶山开展农民运动,李漱清亦赶回韶山协助毛泽东开展工作,他将自己的长子、当时担任小学教员的李耿侯介绍给毛泽东当秘书。李耿侯在毛泽东的领导下参加打土豪、分田地的运动,还在农民夜校担任教员,成为农会骨干。不久,李耿侯又在毛泽东、杨开慧的介绍下加入了中国共产党,成为韶山第一个党支部的五名党员之一。

大革命时期,李漱清曾应毛泽东邀请参加革命工作。1925年8月,毛泽东离开韶山去广州,担任国民党中央宣传部代理部长,并主编《政治周报》,特地邀请李漱清去协助办报。此时李漱清虽年过半百,仍告别妻儿欣然前往广州,到中央宣传部图书室工作,竭力协助毛泽东。毛泽东对李漱清的工作十分满意,据说他曾以国民党中央代理宣传部长的名义,下令嘉奖李漱清。后来,毛泽东又推荐李漱清到湖南省政府工作。

1927年初,李漱清到长沙,在湖南省清查逆产委员会工作,这个委员会主管没收一切军阀、贪官污吏、土豪劣绅的财产,为抚恤老弱残废伤兵及赈济之用。大革命失败后,李漱清回到家乡,仍充任小学教员。

此后,由于时局动荡,毛泽东一度中断了与李漱清的联系,但他却时常挂念着这位老师。1936年,毛泽东在与美国记者埃德加·斯诺的谈话中还曾提及李漱清对他的影响:"还有一件事对我有影响,就是本地一所小学来了一个激进派的教师。说他是激进派,是因为他反对佛教,想要去除神佛。他劝人把庙宇改成学堂,大家对他议论纷纷。我敬佩他,赞成他的主张。"毛泽东这里说的激进派老师,指的就是李漱清。

1949年,新中国成立后,李漱清得悉毛泽东当了国家主席,十分激动。他让儿子李介侯写信给毛泽东热烈祝贺革命胜利,并打听自己的另一个儿子李耿侯的下落。1949年11月17日,毛泽东复信给李介侯,介绍了李耿侯牺牲的一些情况,并对李漱清致以问候。后来,毛泽东还多次给李漱清写信,关心其生活情况。

1952年9月,受毛泽东之邀,李漱清来到北京。毛泽东热情地招待了他和同去的另外3位韶山故旧,派人专门为他们体检,购置衣物,安排他们游览京津的名胜古迹。10月1日,李漱清等还登上了天安门观礼台参加国庆盛典。这一次,李漱清在京逗留了48天。离京前,毛泽东再次邀请4人吃饭叙旧,饭后与他们合影留念。临别时,毛泽东送给他们每人一套制服,一件呢子大衣,100元钱,一本亲笔题签的《毛泽东选集》第一卷。

1953年,毛泽东再次邀李漱清与邹普勋一同去北京,李漱清终因年老未能成行。

1957年12月,李漱清溘然去世,享年83岁。

澍清先生、李耿侯、李贡侯、李德深三人为革命牺牲，均应发给光荣纪念证件，特此拜托湘潭县府颁发两份。

毛泽东

杨昌济

毛泽东在湖南第四师范和第一师范读书时的修身课老师,也是对毛泽东一生影响最为直接、关系最为紧密的老师。

杨昌济(1871—1920),近代教育家,字华生,名怀中,湖南长沙人。杨开慧之父。因世居长沙县清泰都隐储山下的板仓冲,所以又被人称为"板仓先生"、"板仓杨"。

杨昌济出身读书世家,7岁进馆发蒙,自幼熟读经书,尤喜程朱理学。1889年,他参加长沙县试,考中秀才。1890年参加举人考试不中,自此开始在乡间教书授徒。1898年他进入岳麓书院读书,积极参加谭嗣同、唐才常等在湖南组织的维新改良活动,加入他们组织的"南学会",成为该会的通讯会友。另外,他还参加了梁启超等在湖南成立的"不缠足会"。1903年农历2月初,杨昌济赴日本留学,行前他更名"怀中",表示自己虽身在异邦,仍心怀中华。到日本后,他就读于东京弘文学院,开始时学的是速成师范科,后转入普通科。1906年杨昌济从东京弘文学院毕业升入东京高等师范学校专修教育学。1909年春又到英国继续深造,就读于苏格兰勒伯丁大学哲学系。1912年夏他从该校毕业,获文学士学位。接着又到德国、瑞士等国进行短期考察旅游,随后回到国内。当时湖南督军谭延闿想拉他当湖南教育司司长,他推辞不就。后来他又几次谢绝了做官的机会,一心从事教育工作。

杨昌济曾写过一副对联,抒发了自己的志趣:"自闭桃园作太古,欲栽大木柱长天。"1913年至1918年期间,他先后在湖南省立高等师范学校、湖南省立第四师范、湖南第一师范、湖南商业专科学校、湖南一中等处任教,所教课程有哲学、伦理学、教育学和国际商法等。1918年,杨昌济应北京大学校长蔡元培的聘请,到北大任伦理学教授。

杨昌济归国之初,应聘到湖南第四师范学校执教,毛泽东此时刚考入该校。一年后湖南四师并入湖南"一师",杨昌济到"一师"担任修身教师,毛泽东也转入"一师"读书。在此期间,他们之间建立了亲密的师生情谊。杨昌济在学识、为人等方面都对毛泽东产生了重要影响,以至毛泽东后来多次对人说:"我在湖南师范求学时,最敬佩的两位老师,一位是杨怀中先生,一位是徐老。"他称赞杨昌济是"一个道德高尚的人"、"弘通广大,最为佩服"。

在湖南"一师"教书期间,杨昌济对毛泽东极为欣赏。在他1915年4月的日记中,对毛泽东的出身、经历曾作过一段详尽的记载:

> 毛生泽东,言其所居之地为湘潭与湘乡连界之地,仅隔一山,而两地之言语各异。其地在高山之中,聚族而居,人多务农,易于致富,富则往湘乡买田。风俗纯朴,烟赌甚稀。渠之父先亦务农,现业转贩,其弟亦务农。其外家为湘乡人,亦农家也。而资质俊秀若此,殊为难得。余因以农家多出异才,引曾涤生、梁任公之例以勉之。毛生曾务农二年,民国反正时又曾当兵半年,亦有趣味之履历也。

在湖南第一师范当时的老师中,杨昌济的口才并不算很好,但他博学多才、注重实际,所授的课深受毛泽东等学生们的欢迎。现在保留有一本毛泽东当年的课堂笔记《讲堂录》,其中相当一部分就是杨昌济讲修身课时的记录和毛泽东自己的心得体会。另外还有一本毛泽东当年阅读过的《伦理学原理》,这本书的作者是德国伦理学家泡尔生,由蔡元培翻译,是杨昌济当时讲授伦理学的教材。毛泽东在这本书上做了很多记号和一万多字的批语,内容涉及道德、人生、历史、宇宙等方面。在这本书的影响下,毛泽东写成了《心之力》一文,很得杨昌济的赞赏。关于这段经历,毛泽东在1936年对斯诺的谈话中曾这样回忆道:"我在杨昌济的影响和帮助下,读了《伦理学原理》,我受到这本书的启发,写了一篇《心之力》的文章。杨昌济从他的唯心主义观点出发,高度赞赏我的文章,他给了我一百分。"

另外,杨昌济还比较注重对毛泽东等学生进行课余指导。在他的影响和指导下,毛泽东与蔡和森、陈昌、张昆弟等同学一道组织了一个课外哲学学习小组。从1914年冬开始,每逢星期六或星期日,毛泽东等总要到他家里来,一起讨论有关读书和哲学问题。毛泽东等在1918年春组织的新民学会,也是杨昌济影响的结果之一。《新民学会会务报告》中曾明确指出:该会产生的原因之一,就是"诸人大都系杨怀中先生的学生,与闻杨怀中先生的绪论,作成一种奋斗的和向上的人生观,新民学会乃从此产生了"。

杨昌济在长沙时,他的寓所的门上挂着一块一尺来长、三寸多宽的铜牌,上面用隶书镌刻着"板仓杨"3个大字。不论他搬到哪个地方住,这块铜牌都跟着挂在那里。总有一批批的青年学生寻迹而来,登门求教。毛泽东就是杨昌济家的常客之一。

杨昌济主张德、智、体"三育并举",长期坚持静坐、冷水浴、长途步行等锻炼方法。他把这些方法传授给毛泽东等,毛泽东对此深表赞同并身体力行。比如,毛泽东是冷水浴最坚决的仿行者,从1915年暑期开始,他按照杨昌济教授的方法,每天早上到"一师"东北隅浴室旁的一眼水井边,脱光上衣,打上一桶桶井水往身上浇,然后用毛巾擦拭全身,直到全身皮肤发红发热为止。他的这一习惯一直保持了许多年。

有一次,毛泽东和杨昌济谈到体育问题,杨昌济向他介绍了一位从日本留学归来的学者柳午亭。第二天,毛泽东就去拜访了柳午亭先生,与之谈话后颇受启发。后来,毛泽东把自己对体育研究的心得写成了《体育之研究》一文,经杨昌济加工润色后,发表在1917年4月1日的《新青年》三卷二号上。

杨昌济在其他方面对毛泽东也极为关心。在湖南第一师范1915年的学潮中,当张干要开除毛泽东等17名学生时,他会同徐特立、王季范、袁仲谦、罗元鲲、方维夏等教员出面为学生说话,向校方施加压力,最终迫使张干收回成命,对毛泽东等的处分由开除改为记大过,使他得以完成学业。

1918年6月,杨昌济应北京大学校长蔡元培的聘请,到北大任伦理学教授。杨昌济赴京时,毛泽东和同学们都到火车站送行。到北京后不久,杨昌济把法国政府来中国招募工人、华法教育会正在组织赴法勤工俭学的消息传回湖南,认为对毛泽东等学生来说这正是赴法勤工俭学的好机会,希望他们能够抓住。后来,他还通过蔡和森转达自己希望毛泽东到北京大学学习的意见,以期打下"可大可久之基"。

这年9月上旬,毛泽东为组织湖南青年赴法勤工俭学第一次来到北京。初到北京的一段时间,毛泽东就住在杨昌济家,并在杨昌济的帮助下在北京大学图书馆谋得一份工作。杨昌济还帮助毛泽东等将一笔前清户部应退还给湖南的粮、盐税超额余款利息提取出来,作为旅欧经费。通过他,毛泽东又向章士钊筹借到2万元经费。经过精心的准备,新民学会的第一批赴法勤工俭学的会员终于在1919年3月成行,毛泽东亲自到上海为他们送行,随后独自回到了湖南。

1919年底,毛泽东因争取全国人民对湖南驱逐军阀张敬尧运动的支持,第二次到北京。由于他与杨开慧的恋爱关系这时已经公开,他就住在杨昌济家。1920年初,杨昌济因病住院,毛泽东曾多次到医院探护。杨昌济在去世前曾给当时任广州政府秘书长、南北议和代表的章士钊写信,推荐毛泽东和蔡和森,说:"吾郑重语君,二子海内人才,前程远大。君不言救国则已,救国必先重二子。"

1920年1月17日,杨昌济在北京德国医院与世长辞,享年49岁。毛泽东到法源寺与杨开智、杨开慧兄妹一起守灵,并发起募捐,抚恤遗属,协助杨家料理后事。当月22日,毛泽东又与蔡元培、章士钊、黎锦熙、杨度、朱剑凡等29人联名,在《北京大学日刊》发表《启事》,公布杨昌济病逝的消息,介绍他的生平。2月中旬,杨昌济的灵柩在其家人的护送下,从北京运往长沙板仓故里。当年冬天,毛泽东与杨开慧结婚。

毛泽东在后来对杨昌济家人的生活极为关心。1949年9月,他托王稼祥的夫人朱仲丽给杨昌济的妻子向振熙送去一件皮大衣。1950年5月,向振熙老人80大寿,他让儿子毛岸英去给老人家祝寿。全国由供给制改为薪金制后,毛泽东用自己的稿费按月给杨老太太寄去生活费,从未间断。1960年向振熙老太太90寿辰时,毛泽东又托杨开慧的堂妹杨开英带去200元钱,表示祝贺。1962年,向振熙在长沙谢世,享年92岁。毛泽东闻讯十分哀痛,他除致电哀悼外,还寄去500元钱,作为悼仪。

杨树达

我国现代著名语言文字学家,曾做过"中华民国"中央研究院院士。毛泽东在早年旁听过他的课。新中国成立后,毛泽东亲自推荐他做全国政协委员。

杨树达(1885—1956),字遇夫,号积微,湖南长沙人,我国现代著名语言文字学家和历史学家。

杨树达4岁即开始受启蒙教育,在父亲系统、严格的教读下,他在语言文字方面打下了坚实的基础,并对史学产生了浓厚的兴趣。1897年10月,杨树达入黄遵宪、谭嗣同等创办的时务学堂,在学取知识的同时,受到救国图强思想的熏陶。戊戌变法失败后,时务学堂解散,他到求实书院就读。

1905年杨树达赴日本留学,肄业于京都第三高等学校。1911年辛亥革命爆发,因官费断绝,他匆忙回国。之后,杨树达除在湖南省教育司、湖南省图书编译局短期任职外,绝大部分时间从事中等教育工作,历任湖南省立第四师范、第一师范、女子师范等校教员。毛泽东和杨树达的交往就是从这时开始的。

1920年后,杨树达先后任北京师范大学教授兼国文系主任,清华大学、中国大学、湖南大学教授,湖南大学中文系主任、文学院院长、中央研究院院士。中华人民共和国成立后,杨树达任湖南大学教授、全国政协委员、中国科学院哲学社会科学部委员、湖南省人民委员会委员和湖南省文史馆馆长等职。1956年2月14日在长沙病逝。主要著作有《马氏文通刊误》《词连》《高等国文法》《积微居小学述林》《古书疑义举例续补》《老子古义》《词诠》《中国修辞学》《论语疏正》《汉书管窥》等。

1919年,杨树达在湖南省立第一女子师范学校教国文,毛泽东曾旁听过杨树达的课。在那一年湖南掀起了一场声势浩大的"驱张运动",毛泽东和杨树达都积极参加进去,并肩战斗。当时湖南督军张敬尧对当地进行横暴统治,压制民主,封闭进步报刊,镇压爱国群众,停发学校经费,作恶多端。杨树达说:"湖南督军肆虐于湘,予心弗忍。"杨树达发起并参加了长沙教育界组织的健学会,积极组织本校教师参加总罢教的活动。

为了得到全国人民对"驱张运动"的支持,毛泽东组织驱张代表团,分赴北京、上海、武汉、广州及本省的衡阳、常德、郴州等地活动。杨树达与毛泽东站在"驱张运动"的最前列。

1919年11月,杨树达被推举为湖南教育界代表之一,参加毛泽东率领的代表团,上京向当时的国务院请愿。临行前他对送行的人说:"此去请愿,义无返顾,势在必行,吾意决矣。"表达了他坚定的除暴安民决心。到北京后,毛泽东和杨树达联络湖南在京的学生、议员、学者和绅士,揭露张敬尧在湘的罪恶,很快得到旅京湘人的支持和北京各界的同情和援助。12月28日,湖南同乡1000多人在北京前门外的湖南会馆召开"驱张"大会,迫使在场的十名湖南籍国会议员签字,写下"承担驱张敬尧完全责任,如不能达到目的,则全体辞职以谢湘民"的字样。

1920年6月,张敬尧终于离湘,所部随即撤离,湖南人民取得了这场斗争的胜利。这次斗争经历,曾给毛泽东留下了难忘的美好回忆。"驱张运动"后,杨树达到北京工作,毛泽东则回湘从事革命活动,两人34年之后才在长沙相见。1954年,毛泽东视察湖南,在长沙接见了杨树达,一见面便问:"你还记得当年我们驱逐张敬尧的事吗?"可见毛泽东经久未忘当年和杨树达一起"驱张"的壮举。

杨树达在黑暗统治下,忧国忧民,贫贱不移,刚正不阿,反对黑暗,追求光明。这期间,他一直在大学任教并从事学术研究,成为国内外著名的语言文字学家。抗战爆发后,他由北京返回长沙,执教湖南大学。虽然他是全国26位"部聘教授"之一,但由于薪金微薄,物价飞涨,他的生活非常清苦,身体健康受到严重损害,子女也被迫辍学。在艰难的生活面前,他宁愿"荒山忍饿写图经",也决不向黑暗的反动政府作任何乞怜,拒绝加入国民党,旗帜鲜明地同国民党反动派划清了界线。1943年9月21日,他得知意大利法西斯投降,德国和日本在战场上惨败,兴奋地自题《春秋大义述》:

一生两见倭侯国,头白伤心写此书。
且喜人间公理在,渐看斜日落西隅。

1949年8月2日,湖南大学教授会推举杨树达等人为代表,劝说当时湖南省第一兵团司令陈明仁接受和平谈判。杨树达对陈明仁慷慨陈言,使陈明仁立即表示要"忠于民族,不忠于一人"。8月4日,程潜和陈明仁率部起义,湖南全省和平解放。

新中国成立后,杨树达心中无比喜悦。1951年10月1日,长沙举行盛大国庆游行,杨树达亦前往观看,并赋诗一首:

> 热泪纵横不自休,暮年喜见此年头。
> 夜门兀自无人闭,各粒都归种者收。
> 淮水安澜歌大德,夷人授首洗前羞。
> 平生梦想今都现,笑口频开待首丘。

新中国成立之初,湖南省政府聘请他为湖南文物会委员、湖南省人民委员会委员。后来毛泽东亲自推荐他出席全国政协会议。1953年秋,毛泽东发起创办《历史研究》杂志,郭沫若提名杨树达做编委。对于这些职务,杨树达都欣然接受,并以极大的热情投入到工作中去。

新中国成立后,杨树达数次写信给毛泽东,毛泽东曾三次亲笔回信。1955年1月,杨树达将自己的几本著作寄给毛泽东。毛泽东收到后,立即回信向杨树达表示感谢,并邀请他到北京一游。1955年2月14日,杨树达为自己的学术专著稿件在中国科学院的审读一事,又一次写信给毛泽东。毛泽东回信杨树达,说已将他的信转给中科院,请他们予以注意。

毛泽东在1954年11月和1955年6月两次到长沙视察,每次都接见了杨树达。1955年9月22日,杨树达夫妇到北京,毛泽东得知消息后接他们到家做客,并曾向他征询了关于文字改革的意见。

1956年2月14日,杨树达因高血压和消化道出血与世长辞,享年71岁。毛泽东特致电悼念,政协全国委员会主席周恩来送来了花圈。2月16日,在长沙举行了沉痛的追悼大会,杨树达先生的遗体安葬在长沙岳麓山。

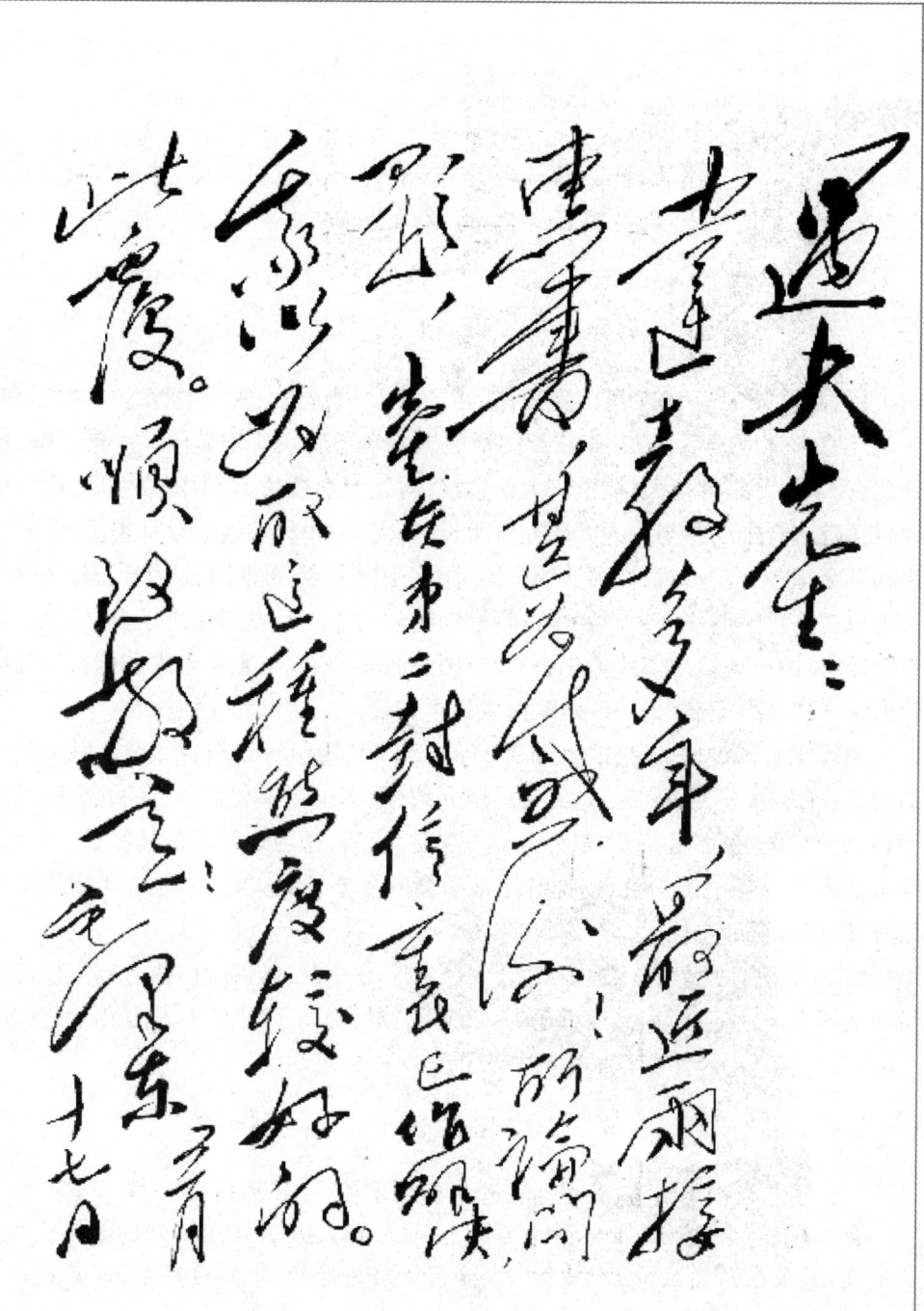

杨钟健

> 陕西省最早与毛泽东结识和交往的人，曾举荐毛泽东到他父亲在陕西开办的中学任教……

杨钟健(1897—1979)，字克强，陕西华县人，地质学、古生物学家。1922年毕业于北京大学地质系。1927年获德国慕尼黑大学地质系博士学位。次年回国。曾任北京大学、北京师范大学、重庆大学教授，西北大学校长。新中国成立后，历任中国科学院古脊椎动物与古人类研究所所长、研究员，中科院地质学部委员，中国古生物学会理事长，九三学社第五届中央常委。是第一至五届全国人大代表。毕生从事地层古生物学的研究，对我国古脊椎动物学的建立和发展做出了重要贡献。著作有《周口第一地点之偶蹄类化石》、《中国的假鳄类》、《山东莱阳恐龙化石》等。据陕西省党史资料记载，杨钟健是陕西省最早与毛泽东结识和交往的人。

毛泽东与杨钟健的交往始于1918年。当年秋，为组织湖南青年留法勤工俭学活动，毛泽东第一次来到北京。经杨昌济介绍，毛泽东在李大钊主持的北大图书馆谋得一份工作。在那里，毛泽东结识了正在北大理科预习班学习的杨钟健。两人后来都加入了少年中国学会，杨钟健还是学会的主要领导人之一，是少年中国学会第三、四届执行部主任。

1921年秋，为填写少年中国学会入会志愿书一事，杨钟健以执行部主任的身份给毛泽东写信。毛泽东接信后于9月29日给杨钟健写了回信，这也是他们之间唯一的书信往来。毛泽东回信的内容如下：

> 钟健先生：
> 前几天接到通告，知先生当选执行部主任。今日又接来示，嘱补填入会志愿书，今已照填并粘附小照奉上。惟介绍人系王君光祈为我邀集五人，我现在只能记得三人，余二人要问王君才能知道。以后赐示，请寄长

沙潮宗街文化书社为荷！

杨钟健在北大读书期间，为协助其父杨松轩所办的陕西华县咸林中学选聘教员，曾多方物色人才。出于对毛泽东的才华的敬佩，杨钟健曾举荐他到该校任教。在杨钟健1922年5月给杨松轩的信中曾谈及此事。他在信中说："前言之手工教员，现已他就。前竹轩托请润之，几日来未见他面，但以身推测，恐不能就。"正如杨钟健所推测的那样，毛泽东当时正全力从事革命事业，是不可能去陕西华县咸林中学任教的。

在白色恐怖的年代里，杨钟健始终珍藏着毛泽东写给他的那封回信。南京解放后，身在南京的他立即去裱糊店将这封信装裱起来，摆放在家中的显著位置。

"文化大革命"期间，杨钟健被打成"反动学术权威"，造反派以其"没有资格保存毛主席的信"为由，将那封信抄走。"文化大革命"结束后，此信作为革命文物，保存在中央有关部门。1982年，在杨钟健逝世3年多后，这封信的一份复制件送到了他家。

邵飘萍

毛泽东在北大参加新闻学研究会时认识的老师,毛泽东直到晚年还提及他对自己的帮助。

邵飘萍(1886—1926),原名新成,又名镜清,后改名振青,字飘萍,笔名阿平、素昧平生等,是中国新闻事业的先驱者之一。

邵飘萍是浙江金华市东阳县大炼乡紫溪村人。少时就以早慧名闻乡里,12岁即考中秀才。他于1902年考入杭州浙江高等学堂,1905年从该校毕业后到金华中学任教,同时被聘为上海《申报》特约通讯员。

1911年,邵飘萍和辛亥革命时期的著名报人杭辛斋在杭州合作办报,任《汉民日报》主编。1914年报馆被封后,他到日本留学,就读于东京政法大学,并在东京发起创办了东京通讯社,为京津沪汉各报提供东京通讯。1915年底,他从东京返回上海,应邀担任《申报》、《时报》、《时事新报》等报的主笔、特约记者。1916年至1918年,他担任《申报》驻京特派记者,负责撰写"北平特别通讯"。1916年他在北京创办新闻编译社,还一度兼任《甲寅》日刊的主编。1918年10月5日,他在北京创办《京报》,自任社长。1919年8月,《京报》被皖系军阀查封,邵飘萍再次东渡日本,被聘为大阪《朝日新闻》社的顾问。在日本期间,他精心研究了马克思主义和十月革命,撰写了《综合研究各国社会思潮》和《新俄国之研究》,这在当时是较早传播马克思主义的著作之一。

1920年,皖系军阀政府倒台后,邵飘萍又回国并恢复《京报》,继续任该报社长。在此期间,他还被聘为北京大学报学系和法政大学的教授,主要讲授新闻学课程,编写了《新闻学总论》和《实际应用新闻学》,还担任务本女子大学校长。1925年春,经李大钊、罗章龙介绍,邵飘萍秘密加入中国共产党。1926年4月24日,被奉系军阀张作霖以"宣传赤化"的罪名逮捕,当月26日被枪杀于天桥东刑场。

毛泽东与邵飘萍的交往始于1918年。当年秋天,毛泽东在北大图书馆谋得一份管理员的工作。在工作之余,他参加了北大新闻学研究会。该会是在邵飘萍的倡议下于1918年10月14日成立的,1919年2月19日,该会举行改组大会,毛泽东等24位会员与会听取了蔡元培的演讲,并选举他为会长。该研究会每周举行两次活动,由导师讲授新闻学课程,文科教授徐宝璜为主任导师,他主要讲授新闻学原理。1919年10月16日,新闻研究会举行第一次研究期满仪式,蔡元培为毛泽东等32位获得听讲半年证书的会员颁发了证书。

邵飘萍为新闻学研究会的兼任导师,他主要为毛泽东等会员讲授有关办报的业务知识。邵飘萍反对报纸"有闻必录",主张"以真实为骨干",主张记者应熟练地掌握各项采访技巧,但同时也强调记者要有"贫贱不能移,富贵不能淫,威武不能屈"的职业道德和战斗精神。他在编辑室内书写了"铁肩辣手"几个字,以此为座右铭。由邵飘萍编写的《新闻学总论》和《实际应用新闻学》,是中国最早的新闻学著作之一。他以自己多年办报和当记者的经验,帮助研究会的《新闻周刊》把一周以内的国内外重要新闻做系统的记载,并加以评论。

毛泽东这次在北京虽然只居留了半年多的时间,但参加北大新闻学研究会的这段经历,对他以后创办《湘江评论》有相当的帮助,甚至影响了他的一生。他对邵飘萍的印象也很深,1936年在与美国记者斯诺谈话时,他曾谈及邵飘萍对自己的帮助时说:"邵飘萍对我帮助很大。他是新闻学会的讲师,是一个自由主义者,一个具有热烈理想和优良品质的人。"

1974年,晚年的毛泽东在一次与外国友人的交谈中,再次提到邵飘萍和徐宝璜两人,认为他们当时在北大新闻学研究会讲的课,都给他留下了深刻的印象,还说"特别是邵飘萍,对我帮助很大"。

邵飘萍死后,其家属生活比较艰苦。1949年4月21日,北京市民政局将一份《关于邵飘萍烈士家属生活安置等事宜》的报告呈交毛泽东。毛泽东阅后,当即在报告上亲笔批示:照办。此后,邵飘萍家属的生活安置问题得到了妥善解决。

邹春培

毛泽东的启蒙老师,被毛泽东视为"严师"。少时的毛泽东曾以逃学的方式造他的"反"。

在韶山冲上屋场毛泽东故居西侧百米远的地方,有一栋占地面积约一亩见方的古朴典雅的清砖瓦房,这便是毛泽东1902年至1904年期间接受启蒙教育的地方——南岸私塾。据考证,它始建于清代乾隆年间。这座祠堂式的古建筑原为韶山"邹氏公祠",后在此兴办邹氏族校。毛泽东的启蒙老师邹春培就曾在这里居住教书。

邹春培是一位非常严厉古板的先生。1936年,毛泽东在接受埃德加·斯诺采访时,对自己的这位先生作了如下的描述:"我的国文教员是主张严格对待学生的。他态度粗暴严厉,常常打学生。因为这个缘故,我10岁的时候曾经逃学。"

1902年春,刚满8岁的毛泽东结束了在外婆家的寄养生活,由父亲毛顺生送到南岸私塾,拜邹春培为师,接受启蒙教育。南岸私塾学童不多,主要是韶山一带邹姓人家的孩子。毛泽东得以到这里上学,主要是由于邹氏宗祠就建在离毛家不远处的地方,塾师邹春培又与毛泽东的父亲关系较密切,所以才被破例招收。

按照辈分,邹春培同毛泽东的祖父毛翼臣(1846—1904)是一辈的,所以毛泽东有时就叫邹先生为春培阿公,邹先生则叫毛泽东"石三伢子"。当时,邹春培50多岁。他见过新学生之后,把毛泽东引到东墙下放壁龛的地方对毛泽东说:"这是孔夫子的牌位,从今往后,你每天早上进学堂,都要对壁龛叩拜。日后,保管你会文思发达,连中三元。"毛泽东望着"大成至圣文宣王先师孔子之位",恭恭敬敬地作揖行礼。邹春培看到这个8岁的小男孩很是听话,便高兴地对毛顺生说:"顺生公,令郎资质聪颖,有朝一日定会名登高科,光宗耀祖的。"殊不知,这"令郎"并非一味"听话",倒是"名登高科"让邹春培说对了。

邹春培照例从《三字经》教起。从此,毛泽东开始了他的6年私塾生涯。邹春培循规蹈矩，在教了《三字经》以后，便给毛泽东点读《幼学琼林》、《论语》、《孟子》、《中庸》、《大学》等儒家经典。毛泽东记忆力强，能够口诵心解，很快领悟。50多年后，毛泽东在北戴河做《关于哲学问题的讲话》时，追忆起当年读书的情况说："我过去读过孔夫子的《四书》、《五经》，读了六年，背得，可是不懂。"

很快，邹先生发现毛泽东聪颖异常，也发现这位学生很不听话。在私塾，学生读书是要朗朗发声的。然而毛泽东读书，却从不读出声音。邹春培给他点书，他却回答："先生，你老人家不要点，省得费神。""你来读书，不点书又怎么行呢？""你不要点，我都能背得。"毛泽东早已读了先生还没有点的书，因为此时他已会查《康熙字典》了。要学生背书，先生照例正襟危坐，学生则须笔直站立。有一次，轮到毛泽东背书，他仍然纹丝不动坐着。邹先生责问："你为什么不站起来？"毛泽东说："你是坐着的，我也要坐着。"

邹春培固然严厉，但正是在这种严厉的气氛中，毛泽东熟读经书，出口成诵。在南岸，邹春培教了毛泽东两年书，越来越感到自己的这点知识实在不能满足毛泽东强烈的求知欲望。一天晚上，邹春培来到上屋场，对毛顺生郑重其事地说："润之了不得啊，他的才学比我高，我已经教不了啦。"

1904年秋天，毛泽东离开了蒙馆——南岸私塾，离开了蒙师邹春培，转入关公桥私塾。

新中国成立之初，毛泽东担任了党和国家的主席，但对启蒙老师邹春培仍很怀念，经常提起老师对他的影响。当他得知邹春培早已谢世，其子邹普勋身患疾病，家境窘迫的情况后，不禁为之深深惋惜和同情。他在1949年10月28日、1950年5月15日、1952年7月11日，3次给邹普勋写信致以问候，并为其解决生活困难。比如在第二封信中，他就曾写道：

普勋兄：

　　五月七日来信收到，感谢你的好意。贵体渐愈，甚慰。尚望好生保养。你家里人口多少，生活困难到何种程度，你自己还能劳动否，便时尚望告我。

此祝

健康

毛泽东
一九五零年五月十五日

1952年9月,邹普勋应毛泽东之邀到北京,毛泽东亲切会见了邹普勋及青少年时代的老师张干、李漱清等人,并设家宴盛情款待来自家乡的师友。席间,毛泽东详细询问了邹普勋的一些情况,当回忆起蒙师邹春培和当年在南岸私塾读书的往事时,他深情地说:"邹先生是个好人!他是个严师啊,我那时读书调皮,不懂得严是爱,宽是害,还造过他的反哩!"

　　此后,毛泽东曾多次送钱送物,资助邹普勋,帮助他解决生活困难。

邹普勋

毛泽东私塾时的同学。新中国成立后,毛泽东曾接他到北京游览,并多次寄钱接济他的生活……

1902年,已经过了8岁的毛泽东被父亲毛顺生从湘乡外婆家接回来,送到南岸私塾读书,由此开始了他少年读书求知的生涯。塾师邹春培成为他求学史上的第一位正式的老师。邹普勋便是邹春培的长子,也是毛泽东读书时的同学。

邹先生的教学内容和方法非常传统,以严厉而著称。毛泽东极为顽皮,是个不肯循规蹈矩、个性极强的学生。有一次,趁邹先生外出,他带领邹普勋等十多个同学逃课游泳。

那是一个盛夏的下午,邹先生外出,南岸私塾的小阁楼里闷热异常。毛泽东带领十多个同学跑出蒙馆。一群少年站在南岸塘边,望着清澈的池塘水,心里痒痒的。毛泽东第一个跳进水中,其他的学生也学着他的样子,脱掉衣服,扑通、扑通地跳进池塘里。他们就像一群鸭子一样,尽情地在水中玩耍,把邹先生要求他们好好背书的话忘得一干二净。

一个多小时过去了,邹先生回到蒙馆,小阁楼空无一人,他发现学生们正在水中戏耍,极为愤怒。他来到池塘边,狠狠地喊道:"快给我上来!孺子不可教也。"回到蒙馆,学生们提心吊胆,邹先生知道肯定是毛泽东带的头,准备严厉责罚毛泽东,但遭到毛泽东的顶撞。邹先生非常生气,毛顺生知道后,准备毒打毛泽东,为此,毛泽东离家出走3天。邹普勋等同学觉得毛泽东是代大家受过,以罢课的形式向邹春培抗议。事后,毛泽东再也没有受到邹先生的责罚。

新中国成立以后,毛泽东并没有忘记这位严厉刻板的私塾启蒙先生和他在私塾时的伙伴邹普勋。

1951年9月26日,毛泽东在中南海邀请在湖南"一师"时的老校长张干、教员罗元鲲以及李漱清、邹普勋等师友到北京欢聚。

见到久别的邹普勋等人，毛泽东心情极为激动，连声说："老朋友来了，欢迎！欢迎！"邹普勋很紧张，他揉搓着手，不知道该说什么、该怎么做，毛泽东见状，哈哈大笑起来："老同学，想当年，因为顽皮，我们还一起受过罚呢！"气氛一下子轻松起来。接着，他们共同回忆起过去一起上学的岁月以及相互间的许多趣事。

谈话结束后，毛泽东设家宴请四位师友吃饭。他亲自为四位师友夹菜，又一个一个地向他们敬酒。

席间，毛泽东详细询问了他的第一位私塾先生邹春培的情况，当他听邹普勋说邹先生早在十几年前就已经去世的消息时，以怀念的语调说："邹先生是个好人！他是个严师啊，我那时读书顽皮，不懂得严是爱，宽是害，还造过他的反哩！"

9月26日这天，毛泽东陪同邹普勋等四人游览了中南海，并看了电影，他还用自己的稿费给大家买来了日用品。

9月27日，卫生部副部长傅连暲受毛泽东之托，来到邹普勋等人的住处，为他们检查身体。这样厚重的待遇，使得邹普勋等人坐卧不安。

在毛泽东的安排下，邹普勋饱览了北京名胜。国庆节时，还登上了天安门观礼台。

临走的时候，毛泽东给邹普勋等人各送了一套制服、一件呢子大衣和100万人民币（旧币）。毛泽东不无歉意地说："你们送来了家乡特产，我没有特产送，就这'三个一'。"

以后，毛泽东多次从自己的稿费中拿出钱来，寄给邹普勋，资助他的家庭生活，以此表达自己对先生当年苦心栽培教育的感激之情，也表达了对儿时伙伴、同学的关心照顾之心。

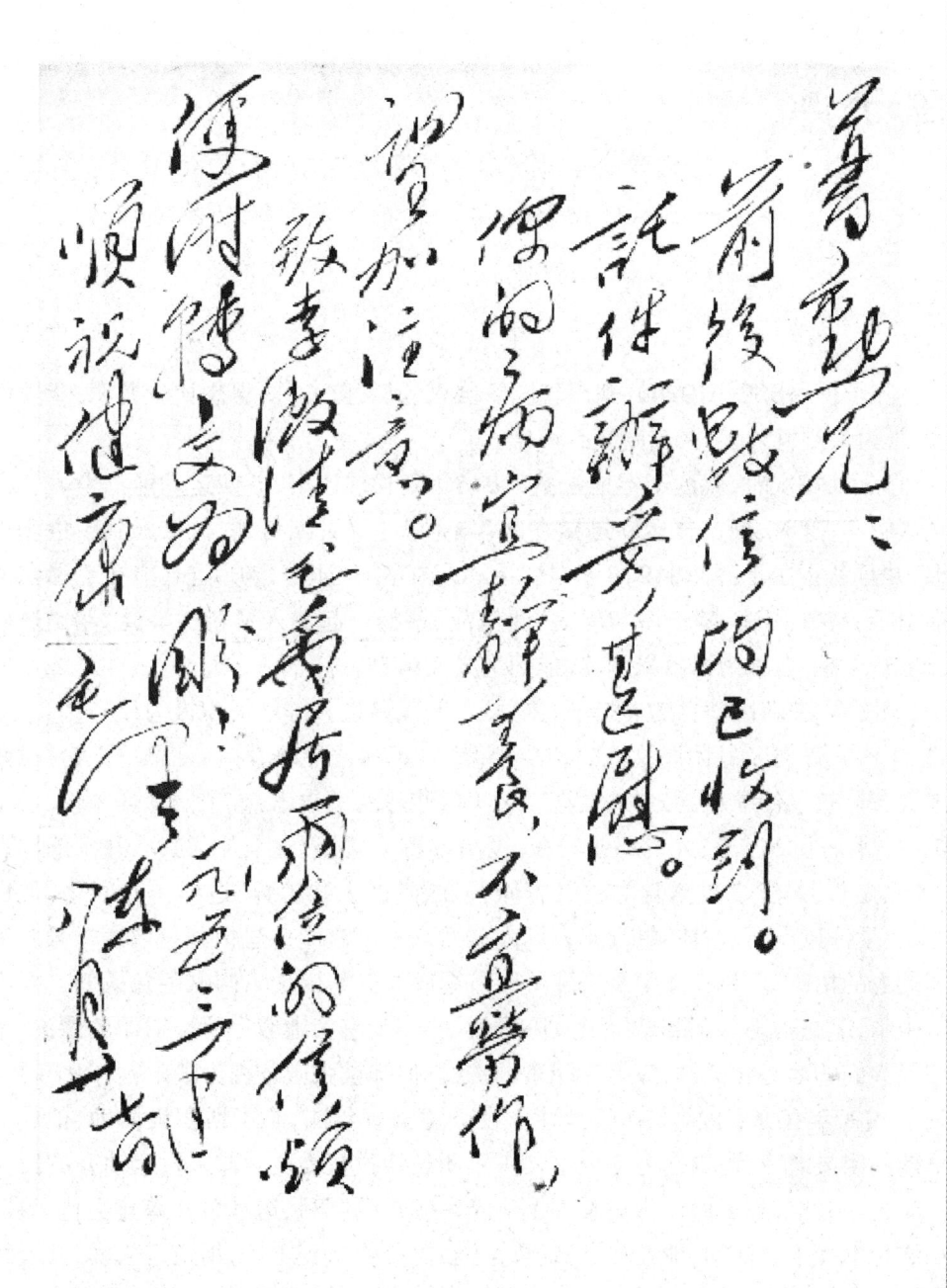

陈子博

新民学会会员，参加"驱张运动"和文化书社，曾与毛泽东一道从理论和行动上为湖南建党做准备工作。

陈子博（1892—1924），湖南省湘乡县人。其父陈六佳，思想比较开明，又愤世嫉俗，为人刚直公正，在乡间颇有声望。

陈子博6岁时，就读于本地私塾，1916年到长沙读书，五四运动前夕考入长郡联立中学。这时，新文化运动迅猛发展，马克思主义开始传播，他接触到了进步思想，并且认识了毛泽东。1918年4月，毛泽东在长沙创立了新民学会。在毛泽东的指引下，1919年底，陈子博与郭亮、谢觉哉、蔡畅一起加入了新民学会。他们热烈追求新思想，勇于为拯救祖国、改造旧世界而献身。

毛泽东在新民学会的支持下，创办了《湘江评论》，陈子博积极为该刊撰文。当时，军阀张敬尧及其附庸文人，极尽诬蔑十月革命之能事，称马克思主义为"过激主义"，称布尔什维克党为"过激党"。对于这些恶意的攻击，陈子博满怀激愤，特意撰文《哪一个是过激？》，说那些叫喊"湖南不得了，过激党来了"的人，并不能回答"什么是过激党"、"过激党的主义若何？过激党的人物怎样"这样一些问题，他们"大半是惊风震雨"、"捕风捉影"，"湖南倘然来了过激党，恐怕就是倡言过激党来了的人的招惹"。他在文中警告那些跟着军阀及其帮凶文人叫喊的盲人们，"要洗洗眼睛，缩缩脑袋"。《湘江评论》及陈子博的文章，有力地驳斥了反对派的谬论，增加了人们的信心和勇气，深得毛泽东的赞许，但却被张敬尧视为眼中钉、肉中刺。

1920年10月，毛泽东在长沙建立社会主义青年团。陈子博积极协助，他成为早期的团员之一，还当选为社会主义青年团长沙执行委员会非宗教运动委员长。

这一时期，陈子博还积极参加了毛泽东领导的"驱张运动"，并筹建文化书社。在文化书社工作期间，他常将《劳动界》等新出版物送到工厂、街道上去卖，并继续撰写文章，宣传马克思主义。1921年4月，他写了《读女界联合会自治根本法意见的一点意见》,提出妇女解放必须以经济上的独立为基础,"女子须有承受父母遗业权和管财权"。这样的思想得到了毛泽东的赞同,而且在进步青年中影响很大。

1921年初,新民学会开会3天,讨论学会的宗旨、目的、方法以及如何着手的问题。毛泽东将当时改造中国与世界的方法概括为五种:社会政策(改良主义)、社会民主主义(第二国际的修正主义)、激烈方法的共产主义(马克思主义)、温和方法的共产主义(即罗素的假共产主义)和无政府主义。何叔衡、毛泽东先后发言主张马克思主义,陈子博坚定地支持:"现社会为万恶的,改良两字和缓,不能收效,宜采激进态度。"他说:"第一步激烈革命,第二步劳农专政",要"到劳动界多发小册子,语言无妨激烈一点"。他们是当时新民学会在国内的会员中最早一批赞同俄国十月革命、具有初步共产主义思想的知识分子。

此后,陈子博还成为长沙共产主义小组的最初成员之一。他主张"组党(要)分都市、乡村两方面"进行,改造中国的动力是城市的工人阶级和乡村的广大农民两种力量的结合,由党去领导他们奋斗。1921年10月,中国共产党湖南支部成立,毛泽东为书记,陈子博、何叔衡、易礼容为委员。支部成立后,陈子博积极在进步知识分子和产业工人中发展党员,成为支部的得力骨干。易礼容后来回忆说:陈子博当时和毛泽东最接近,也是与毛泽东最要好的一个人。

1922年1月17日,军阀赵恒惕公然杀害湖南劳工会领袖黄爱、庞人铨。消息传来,舆论大哗,陈子博更是义愤填膺。在毛泽东的主持下,陈子博联合各界在船山学社举行了两次追悼大会。不久,社会主义青年团长沙执行委员会书记毛泽东,因组织反对赵恒惕运动而离开湖南,由陈子博代理团的书记一职。1922年3月8日,他在给团中央的信中写道:"CY全国大会,此间须待泽东来信,方能决定进行办法,容后报告。"

1922年5月,陈子博和易礼容代表湖南社会主义青年团,出席了中国社会主义青年团第一次代表大会。

黄爱、庞人铨被害后,湖南工人运动高涨。陈子博深入缝纫、织造、笔业工人中创办工人夜校,组织工会,还担任这些工会的秘书。1922年8月11日,在陈子博的组织下,长沙织造业工人、缝纫工人和全体理发工人,为增加工资和营业自由而举行罢工。9月,他在《大公报》上发表《对织造工罢工的杂感》,揭露厂主对工人的残酷剥削,抨击长沙县知事放任资本家"陷一千五百工人于绝境"的罪恶行径。毛泽东称赞这篇文章不亚于子弹。

湖南工人运动日益高涨，而赵恒惕日益反动，陈子博决定为民除害。一天，他只身手拿两枚炸弹，躲在一家茶楼里，当赵恒惕坐包车经过时，他立刻向包车投弹，但没有击中。赵当即命令全城戒严，大肆搜捕。陈子博躲藏在一民家的粪池内，躲过了搜查。但却因此中毒，全身溃烂。由于时局紧张，他无法在长沙就医，只得回家调养。但是回家后，病情加重，于1924年1月23日不幸逝世。

噩耗传来，同人悲痛不已。文化书社于3月15日在长沙举行了3天追悼会。毛泽东则借用杜甫的诗句"出师未捷身先死，常使英雄泪满襟"写了挽联，表达对亡友的深切哀悼。这份挽联写在两块一米长的白绢上。1950年，其家人上交给政府文物部门。

陈　昌

毛泽东在湖南第一师范时的同学和挚友,新民学会的重要成员。为毛泽东早年革命活动的得力助手。

陈昌(1894—1930),又名章甫,出生于广西梧州。他家境贫寒,1902年随父母回到阔别多年的故乡——湖南浏阳西乡的土桥炭坡,并在堂叔祖私设的蒙馆里念书。1908年开始,又设法就读于附近的金江高小。1911年考入湖南省立第一师范学校,1915年秋毕业后曾任"一师"附小、周南女校教员。1918年4月加入新民学会,任演讲部主任。

陈昌是浏西文化书社创办人之一。1920年参加毛泽东在长沙组织的马克思主义研究会,1925年任国民党湖南省党部执行委员,1927年初出任国民党水口山铅锌矿工会主任。1929年由上海去湘西工作时,途经澧县被捕。1930年2月在长沙牺牲,时年36岁。

16岁时,陈昌从金江高小毕业后,因家贫,付不起昂贵的学费,只好在家劳动。他曾做过一首题为《村姑》的诗,寄托自己郁闷的心情,发泄对现实的不满。该诗的最后几句写到:

借问村姑姐,曾否学吟诗?敛眉娇带怒,长叹一唏嘘;
我乃贫家女,无钱怎读书?何日均贫富,不富终为愚。

17岁时,陈昌考入了不收膳费的"一师"。他十分珍惜这难得的学习机会,学习刻苦,自强不息,认真听讲,详细地做着笔记,星期天也不休息,贪婪地阅读着他所钟爱的历史、哲学、教育学等方面的书籍,深得老师杨昌济先生的厚爱。在《进化斋日记》中,杨昌济写到:"阅熊、萧、陈三生笔记,均有长进。昆甫多记读书讲论所得,子升多记思虑所得,章甫多记行事所得,一重博学,一重深思,一重力行。"

1913年春,毛泽东也入"一师"读书,他那救国救民的远大抱负、刻苦好学的发愤精神、无所畏惧的进取精神、独立思考的治学态度,很快成为陈昌处处效法的榜样。他们很快结成志同道合的挚友,过从甚密。毛泽东所发起的一切活动,陈昌总是积极参加。他们一起到湘江或者南湖港去游泳,在大江大河的激流中搏击;一起去爬山、野营;一起去搞社会调查,做长途行军,广泛地接触社会。他们还常到杨昌济先生的家中,聆听老师的讲学,或讨论治学、做人的方法,或谈论天下大事。陈昌常对人说:"赴义恐后,见利莫先","为人要以事为目的,不要以钱为目的"。在杨昌济的指导下,毛泽东、陈昌等组织了一个哲学小组,专门研究《新青年》中所提出的新思想、新问题。

　　在朝夕相处的大量实际活动中,陈昌加深了对毛泽东的了解,他无限向往毛泽东"四面云山来眼底,万家忧乐系心头"的伟大胸怀,被毛泽东"改造中国与世界"的伟大抱负所深深鼓舞,从毛泽东"舍得一身剐,敢把皇帝拉下马"的凌云壮志中吸取到了无尽的勇气。当时在"一师"担任历史教师的黎锦熙先生在日记中写道:"在泽东处观其日记,文理优于章甫,笃行两人略同,皆大可造,宜示之以方也。"这样的评语足可见两人的相似之处。而且,陈昌口才雄辩,擅长演讲,被同学誉为"雄辩部长"。他常常在清晨或者傍晚独自一人跑到猴子石旁,面对滔滔湘江,慷慨陈词。

　　经过5年的学习,1915年,陈昌从湖南第一师范毕业了。他恋恋不舍地告别了毛泽东等亲密的朋友,于1916年来到长沙边陲的五美高小任地理教师,但继续保持着和毛泽东的密切联系。1916年5月,他在给毛泽东的信中说:"读书之要,在体察仁心,留意军国,所谓居水边林下,志不忘世道民生。"和毛泽东一样,毕业后的陈昌时时刻刻关注着国家和民族的命运,并随时准备着献身革命和报效祖国。他说:"非强有力之精神手腕者,不足以当今日之书生,故读书之序,体育先焉。弟日夜奋空拳,摩挲武器,良以百重强敌有待武力之驱除。虽属九牛一毛,敢荒匹夫之责?"

　　看着支离破碎的河山,想起受人凌辱的祖国,他心情难以平静,挥笔写下一首七绝《教地理有感》:

　　　　唯有强权足自豪,兴邦雪耻属吾曹;
　　　　逞戈直渡朝鲜峡,爱国头颅等弁毛。

1917年,陈昌回到长沙,在"一师"附小任教。同年冬,新民学会开始酝酿,至1918年正式成立,陈昌是新民学会的发起人之一。在新民学会的成立大会上,毛泽东被选为总干事,陈昌等5人当选为评议会的干事。陈昌决定尽自己最大的力量,协助毛泽东搞好学会工作。一年前,当毛泽东用"二十八划生"的名义发出"征友启事"时,联系人便是陈昌,"来信由第一师范附属小学陈章甫转交"。这份征友启事油印出来,函寄到长沙所有的中学和专门学校,并在信封上批着"请张贴在大家看得见的地方",以求引起人的注意。当时湖南第一女子师范的马校长曾怀疑征友者以此为借口,找女学生谈恋爱,特意来打听一个究竟。陈昌解释道:"二十八划生"是毛泽东的笔名,毛泽东是一个品学兼优、胸怀大志的有志青年,发出求友启事完全是为了与那些不怕艰苦、能为国牺牲的志士建立联系,结成革命团体,为改造中国和世界而共同奋斗。这样,老校长的疑虑才得以消除。

1920年1月1日至3日,在长沙的新民学会会员召开新年大会,讨论学会宗旨问题,毛泽东、陈昌都赞成留法会员提出的"改造中国与世界"的宗旨,他们都坚决主张走俄国道路,采取暴力革命的方法。在以新民学会会员为主体的湖南留法勤工俭学学生中,有不少是陈昌积极发动的浏阳贫苦青年。

1920年8月,中共在湖南进行革命活动的开路先锋——文化书社在长沙成立了。为了在全省普及新文化和马克思主义,毛泽东派陈昌于11月10日建立了浏西文化分社。陈昌推销总社发行的各种进步书籍,自己刻印进步书刊上的好文章,从而扩大了革命思想的宣传。

1921年春,在毛泽东的建议下,陈昌等人回到浏阳,并以金江高小为据点,继续传播新思想、新文化,进行教育改革。

毛泽东创办湖南自修大学的过程中,陈昌也付出了辛勤的劳动,后来他还担任过自修大学的教师。自修大学被查封后,党又创办了湘江学校,陈昌积极参与了筹建工作。毛泽东被公推为名誉校董,陈昌等11人被推为校董。

1926年8月,担任湖南省委常委的陈昌,受党的派遣,以省委特派员的身份到水口山开展工人运动,以迎接北伐的到来。陈昌到达水口山后,深入工人中间,第一步争取结社的自由,第二步筹建工会组织,第三步改善工人生活,第四步整理生产及教育训练等。终于,工人们起来了,为争取自己的权利而积极斗争。

1926年10月11日,中共派何叔衡到水口山,传达了毛泽东关于大力开展农民运动的指示。12月，到长沙参加全省工农第一次代表大会的4位代表，又带回了毛泽东的新指示：党的工作必须推广到其他地方，使水口山市党部为附近工农运动的中枢，并号召全矿党员深入农村，联合农民，广泛开展农民运动。在这样的指示下，陈昌身体力行，被工人们称赞为"有胆识"、"有远见"、"有智谋"的特派员。

大革命失败后，陈昌回到浏阳，以教书的公开身份做掩护，开展地下工作。不久，他参加了八一南昌起义。

1929年冬天，党决定派陈昌以中央特派员的身份赴湘西，与贺龙一道开辟革命根据地，扩大党的革命武装。陈昌带着党的指示，怀着对未来的美好憧憬，踏上了征途。但行至澧县时，他被捕了。1930年2月22日就义于长沙，年仅36岁。

毛泽东得知陈昌牺牲的消息后，悲痛万分。新中国成立后，在同宋任穷谈话时，毛泽东高度评价陈昌是一位杰出的宣传鼓动家。对陈昌的家属的生活，毛泽东也一直都很关照。陈昌的女儿曾写信给毛泽东，毛泽东在百忙之中回信，勉励她要追求进步，照顾好母亲，并汇去300元钱，作为生活补助。

陈独秀

被毛泽东称作是"五四运动时期的总司令"、"中国的普列汉诺夫",在思想方面曾给毛泽东以相当大的影响……

陈独秀(1879—1942),原名庆同,字仲甫,安徽怀宁人,五四新文化运动的主要领导人,中国共产党的创始人之一。

陈独秀少时痛恨八股文,为敷衍母亲而去应考,却高中第一名秀才。1901年,他自费进入日本东京专门学校(即早稻田大学的前身)学习,不久又进成城学校(即日本士官学校)预备科。回国后,陈独秀在上海、安徽等地参加反清革命运动,并创办民俗报刊。

1915年9月15日,陈独秀在上海创办《青年》杂志(自二卷一号易名《新青年》)。《新青年》的创办,标志着新文化运动的开始。陈独秀是领导这一运动的核心人物,在当时以提倡民主和科学、倡导实行白话文著称。1917年初应蔡元培的邀请,他担任北京大学教授兼文科学长。

五四时期的陈独秀是中国最先进思想的代表,与中共建党时期的其他领导人大都是师生关系,被毛泽东称作是"五四运动时期的总司令"、"中国的普列汉诺夫"。1920年8月,他组织中国共产党上海发起组,进行建党活动。从1921年7月中共"一大"到"五大",陈独秀一直是党的最高领导人。

陈独秀学识渊博,旧学有根底,新学造诣尤深。他懂日、英、法3种文字,在诗词、文赋、书法等方面也颇有建树。他在思想方面曾给毛泽东以相当大的影响,是毛泽东共产主义思想的引路人。在这方面,他堪称毛泽东的老师。

毛泽东最早知道陈独秀的名字是在湖南第一师范读书时期。当时他经常阅读陈独秀等主办的《新青年》杂志,对陈独秀的文章特别推崇。他还把自己写的《体育之研究》一文寄给《新青年》编辑部,经杨昌济推荐给陈独秀,发表在1917年4月1

日的《新青年》三卷二号上。由于《新青年》的熏陶,毛泽东认识到用革命的手段去从根本上对中国进行改造,以及组织一个比较严密的团体的必要性。于是,他和蔡和森等一道成立了新民学会。这一时期,毛泽东对陈独秀十分崇拜。他后来在同斯诺的谈话中曾这样说:"这个社团(新民学会),多多少少都是在《新青年》的影响下组织起来的。《新青年》是有名的新文化运动的杂志,由陈独秀主编。当我在师范学校做学生的时候,我就开始读这一本杂志。我特别爱好胡适、陈独秀的文章。他们代替了梁启超和康有为,一时成了我的模范。"

1918年秋,为组织湖南的留法勤工俭学活动,毛泽东来到了北京。经杨昌济介绍,他在北京大学图书馆谋得一份工作,并经常去旁听陈独秀等知名学者的课。在那里,他第一次见到了时任北大文科学长的陈独秀。在陈独秀、李大钊等人的帮助下,毛泽东积极参加了北大的各种学术团体。1918年11月15日,他还到中央公园听取陈独秀的演讲。通过这些学术活动,毛泽东与陈独秀之间建立了名副其实的师生关系。

毛泽东在北大图书馆工作了半年多。1919年春,他为送赴法勤工俭学的同学出国离开了北京,南下到上海。经李大钊介绍,毛泽东在上海拜会了陈独秀,聆听了他关于社会改造的教诲。随即毛泽东回到了长沙,并于1919年7月创办了《湘江评论》杂志。当他得知陈独秀于6月11日在北京被反动当局逮捕的消息后,立刻在7月14日出版的《湘江评论》创刊号上发表《陈独秀之被捕及营救》一文,对陈独秀所倡导的民主与科学大加褒扬,称他是"思想界的明星",呼吁社会各界积极营救陈独秀。经过各方的努力,陈独秀在当年9月16日被释放出狱。

1919年12月,为争取全国各界对湖南驱逐军阀张敬尧的支持,毛泽东作为湖南"驱张"请愿团团长和新民学会的代表,第二次来到北京。在京期间,他又去拜访了陈独秀。他们就工读互助团的问题交换了意见,陈独秀表示完全支持这一活动。1920年2月,陈独秀到了上海之后,立即与毛泽东、王光祈等人发起成立上海工读互助团。3月5日,陈独秀与毛泽东等联名在《申报》刊登了《上海工读互助团募捐启》。

这年4月1日,毛泽东、彭璜等新民学会会员在上海发起成立"湖南改造促成会"。在这之后,为了与新民学会会员商讨湖南建设问题和给即将从上海启程的第二批赴法勤工俭学的新民学会会员送行,毛泽东于5月5日赶到上海。在上海期间,毛泽东就"湖南改造促成会"的一些计划征求了陈独秀的意见,陈独秀纠正了其中的某些无政府主义观点。他们还谈到马克思主义的问题,陈独秀将自己的建党计划也告诉了毛泽东。这次上海之行给毛泽东留下了深刻印象,他后来曾这样回忆道:"他(陈独秀)对我的影响也许超过其他任何人。""陈独秀谈他自己的信仰的那些话,在我一生中可能是关键性的,这个时期对我产生了深刻的印象。"

7月7日,毛泽东经武汉返回湖南后,应聘担任湖南第一师范附属小学的主事,不久又被聘为第一师范的国文教员兼一个班的班主任。在此期间,他开始着手在湖南筹备成立党组织的事宜。为了进行新文化,特别是马克思主义的宣传,他首先同易礼容等在长沙创办文化书社。陈独秀非常支持文化书社的活动,他还为该书社向亚东图书馆作了300元营业额的担保。文化书社社址,后来事实上成了湖南共产主义小组对内对外的秘密联络机关。

8月,陈独秀等在上海成立了共产主义小组,并"预备在一年之中,于北平、汉口、长沙、广州等地,先成立预备性质的组织"。陈独秀一开始就把长沙列入了自己的建党计划,他于11月间写信给毛泽东,委托毛泽东在长沙开展组织活动。他将上海成立共产主义小组、机器工会,以及《中国共产党的宣言》起草等情况,告知毛泽东,还给他寄去了《共产党》月刊和社会主义青年团章程等。11月左右,毛泽东曾邀请陈独秀到长沙参加湖南社会主义青年团的成立会,后因故未能成行。大约在当年11月末,长沙共产主义小组成立,毛泽东在不久写给蔡和森的信中通报了建党情况:"党一层,陈仲甫先生等已在进行组织。"

1921年7月,毛泽东作为湖南代表参加了在上海召开的中国共产党第一次代表大会。会议原定由陈独秀主持,但他因广州公务繁忙未能与会。不过,最后大家还是一致推选他为中央总书记。

返回湖南后,毛泽东积极进行党组织的发展工作,到1922年党的"二大"召开时,全国121名党员中,湖南就占了1/3,湖南的工人运动也得到较快的发展。为此,陈独秀多次表扬毛泽东领导的湖南工作。在1923年6月召开的中共"三大"上,陈独秀在大会的报告中高度赞扬了毛泽东。在这次会议上,毛泽东和陈独秀均当选为中央局成员,陈独秀任委员长,毛泽东任秘书。根据规定,"秘书负本党内外文书及通信及开会之责任,并管理本党文件。本党一切函件须由委员长及秘书签字"。会后,毛泽东曾和陈独秀、李大钊到廖仲恺家商谈国共合作的具体事宜。在此期间,毛泽东和陈独秀的关系比较密切,两人尚无思想分歧。

毛泽东与陈独秀之间的分歧始于1925年底,主要是对中国社会阶级关系和农民运动等重大问题的看法不同。毛泽东在对湖南农村作了大量的考察之后,提出了农民问题是国民革命的中心问题,农民是革命的同盟军等重要观点。但是,陈独秀在这些问题上持有不同看法,他过分夸大了农民落后的一面,甚至跟着国民党右派一道指责农民运动"过火",还拒绝在党报上刊登毛泽东的《中国社会各阶级的分析》、《湖南农民运动考察报告》等文章。以1926年12月中旬在汉口召开的中共中央特别会议(即十二月会议)为标志,毛泽东对陈独秀右倾政策的怀疑越来越深,他们逐渐地分道扬镳了。在著名的八七会议上,陈独秀的右倾机会主义遭到了批判,他被解除了党的领导职务。在这次会议上,毛泽东从国共合作时不坚持政治上独立性、党中央不倾听下级和群众意见、抑制农民革命、放弃军事领导权等四个方面,对陈独秀的右倾错误进行了批评。

　　八七会议后,毛泽东与陈独秀各奔东西,一个上了井冈山,一个到了上海,自此再也没有见过面。1932年10月,陈独秀被国民党政府逮捕入狱,1937年8月出狱。1942年5月27日,病故于四川江津。

　　在1945年的中共"七大"预备会议上,毛泽东对陈独秀予以了高度评价:"他是五四运动时期的总司令,整个运动实际上是他领导的。他与周围的一群人,如李大钊同志等,是起了大作用的。……我们是他们那一代人的学生。五四运动,替中国共产党准备了干部。那个时候有《新青年》杂志,是陈独秀主编的。被这个杂志和五四运动警醒起来的人,后来有一部分进了共产党。这些人受陈独秀和他周围一群人影响很大,可以说是由他集合起来,这才成立了党。"

陈润霖

毛泽东在湖南第四师范读书时的校长。五四运动中,他参与组织健学会,与毛泽东领导的新民学会相互配合,推动了湖南新文化运动的发展。

陈润霖(1879—1946),教育家。字夙荒,号立园,湖南新化人。

陈润霖是湖南第一批出国留学生。1902年赴日本留学,就读于东京弘文学院师范科。1906年归国后,在湖南长沙创办楚怡小学堂,推行自然主义的教学改革。1914年,他又创办楚怡工业学堂于稻谷仓,分设机械、土木、矿冶3科,后增设幼稚园及中学部,开湖南省私办工业学校的先河。辛亥革命后,他担任湖南省第一任教育司司长,为谭延闿所信任。谭延闿卸任后,陈润霖也辞去教育司司长之职,到湖南第四师范担任校长。1939年,他当选为湖南第一届临时参议会副议长。抗日战争期间,陈润霖将学校迁到乡间。1946年,因劳累过度,心力交瘁,不幸去世。

1913年春,毛泽东在湖南省图书馆度过了半年多的自修读书生活后,报考了湖南省立第四师范,并以第一名的成绩被录取。另外,他还替两个朋友写了报考作文,他们两个也被录取。对此,毛泽东后来回忆道:"我替那两位朋友写了作文,为自己也写了一篇。三个人都录取了。因此,我实际上是考取了三次。那时候我并不认为我为朋友代笔是不道德的行为,这不过是朋友之间的义气。"当时,陈润霖在湖南第四师范担任校长,他看了毛泽东的作文后,赞叹道:"这样的文章,我辈同事中有几个做得出来!"

当时湖南第四师范的教学条件比较差,没有正式校舍,只得租一栋民房艰难办学。毛泽东对此并不介意,他认真学习,大量地阅读报刊,成绩一直不错。1914年春,"四师"又招收了一批学生,使得校舍更为紧张,校长陈润霖只得四处寻租民房以解决困难。恰好长沙师范在当时由于经济困难,决定搬迁,原有校舍全部出租。省立一中的校长符定一抢先与长沙师范签订了租约。听到这个消息,毛泽东提议"四师"将校具先搬进长沙师范,强行占领校舍,然后再与长沙师范和省立一中协商。于是"四师"的学生将课桌、凳子抢先搬进了长沙师范。符定一对此极为恼火,他与同陈润霖政见不合的教育司长易克果及湖南"一师"校长张干等人商量,通过湖南省议会做出决议,将"四师"全部合并到"一师"之中,陈润霖也被免去校长职务。在这之后,陈润霖又回到自己创办的楚怡学校任教。

五四运动中,陈润霖与朱剑凡、徐特立等湖南教育界进步人士一道,发起组织"健学会",以"输入世界新思潮,共同研究,择要传播为宗旨"。在1919年6月15日召开的"健学会"成立大会上,时任湖南省教育会会长、楚怡学校校长的陈润霖致开幕词,他说:"过去大学生以做官为自己终身目标。现在的大学生学到了新思潮,都知道要做人生中的大事。这次北平大学生游行示威,是爱国救国的大运动。现在政府和社会上,有人说大学生受政客愚弄闹事。其实他们都是自觉自愿的,是新旧思潮之冲突。我国新思潮也十分发展,千万不可遏制,我们应及时研究。"当时参加"健学会"的多是各公、私立学校的校长和教职员,新民学会的一些会员如何叔衡、罗宗翰等也参加了这个进步团体。

毛泽东对"健学会"的成立,持欢迎态度。他在《湘江评论》上发表题为《健学会的成立及进行》的文章,称赞"健学会"的成立是"空谷的足音,我们正应拍掌欢迎,希望它可做'改造湖南'的张本"。在当时,"健学会"与新民学会相互呼应,推动了湖南新文化运动的发展。

1919年底,湖南各界为反对军阀张敬尧对湖南的残暴统治,掀起了一场声势浩大的"驱张运动"。当年12月3日,毛泽东、周世钊等新民学会领导人与"健学会"的主要成员陈润霖、张孝敏、易培基、赵鸿钧等会聚易培基家中,商讨罢课"驱张"的事情。毛泽东建议由"健学会"召集会员开会,统一对罢课"驱张"的认识。随后,毛泽东和陈润霖又在楚怡小学召开紧急会议,研究"驱张"的具体办法。12月6日,学生开始罢课,教师开始罢教。经过艰苦卓绝的斗争,湖南人民最终取得了"驱张运动"的胜利。

周少希

> 毛泽东在桥头湾和钟家湾私塾读书时的老师。他曾辅导毛泽东练习书法,主要研习钱体草书。

1905年春,毛泽东结束了关公桥私塾的读书生活,先后转入韶山桥头湾、钟家湾私塾,师从于周少希(生卒年均不详)。毛泽东在桥头湾私塾读了整整一年书,取得了该私塾的结业证书。后来,周少希到钟家湾私塾教书,毛泽东也转到那里求学。

毛泽东到桥头湾私塾求学时,科举制度在中国已临近废除,不少地方已经开设了新式学堂,但是在韶山,私塾仍是儿童们读书求学的唯一选择。毛泽东的父亲供他念书也没有太大的雄心,无非是略识几个字,便于记账或打官司等。毛泽东在这所私塾的学习任务是读书识字,主要还是接受启蒙教育。当时私塾里使用的教材是《三字经》、《百家姓》、《增广贤文》、《幼学琼林》以及"四书"、"五经"等普及性读物,所以毛泽东自小就接受了儒家文化传统的熏陶。当时私塾里普遍的教授方法是让儿童死记硬背,经书里说的是什么先生并不去讲解,小学生们大都莫明其妙,有的完全不懂,有的似懂非懂。毛泽东并不太喜欢这些枯燥难懂的经书,但他有着过人的记忆力和理解力,仍然学得很好。

在周少希的严格督促下,毛泽东在桥头湾私塾苦读了整整一年经书,这使他自幼就对儒家的经典著作非常熟悉,到成年后著书写文章总能旁征博引,运用典故纯熟自如。在这一时期,毛泽东是很相信孔孟之道的。

另外,在周少希的辅导下,毛泽东继续练习毛笔字,这一时期主要是研习钱(南园)体。钱南园,即僧人怀素,湖南长沙人,以狂草著称于世。他的草书,超妙自得,笔老而意新,虽率意颠逸、千变万化,而终不离魏晋法度。到了晚年,怀素的笔法趋于平淡,圆熟丰美,又自具另一种姿态。在周少希的辅导下,毛泽东对书法产生了浓厚兴趣,以后更成为他的终身嗜好。毛泽东对怀素的狂草极为欣赏,终生勤练不辍。无论是在艰苦的战争年代,还是和平建设时期,他从未间断过书法的练习,在吸取怀素、欧阳询、徐渭、王铎、祝允明、米芾、黄庭坚等历代名家优长的基础上,最终成为一代书法大师。

  1906年秋,毛泽东结束了钟家湾私塾的读书生活,转入韶山井湾里私塾学习。但是周少希对他的成长仍极为关心。后来,当得知毛泽东的父亲打算让他去湘潭一家米店当学徒学经商时,周少希会同毛泽东的其他老师和亲戚,费尽口舌,终于说服毛顺生同意让儿子到湘乡东山学堂读书,使毛泽东得以走出韶山冲,走向更广阔的天地。

周世钊

毛泽东在湖南第四师范和第一师范求学时的同班同学,还是毛泽东诗词唱和的密友。他们的友谊持续了半个多世纪。

周世钊(1896—1976),又名敦元、东园,湖南宁乡人。新民学会会员。早年毕业于湖南第一师范学校第八班,新中国成立前,长期从事教育工作,曾任中学、师范学校教员、代理校长。新中国成立后先后任湖南省第一师范学校校长、省教育厅厅长、湖南省副省长、省政协副主席,是中国民主同盟中央委员、民盟湖南省委员会主任委员及第二、三届全国人民代表大会代表、第四届人大常委。1976年4月在长沙逝世,终年80岁。

1912年,毛泽东与周世钊同时考入湖南第四师范学校,并被分在同一个班,成为同班同学。后来第四师范学校并入湖南省立第一师范学校,毛泽东、周世钊也随着学校的合并,于1914年春天转入"一师"学习。他们在"一师"被编入预科三班,读了半年预科。至1914年秋,又一同被编入湖南第一师范本科第八班。至1918年从湖南第一师范毕业时,他们同学的时间长达5年半,相互间结下了深厚的友谊。

在他们学习期间,受辛亥革命的影响,湖南第一师范实行民主教育,学校里有一种革命的朝气。一些有进步倾向的教师经常勉励学生立志读书、救国救民。这些都深深地影响着怀抱革新社会、改造中国的远大志向的年轻人。毛泽东和周世钊利用在"一师"的一切机会,如饥似渴地学习,积极锻炼身体,努力寻求救国救民的真理和途径。

他们常在一起谈论人生的志向问题和"人的天性,人类社会,中国,世界,宇宙",他们约定"三不谈":即不谈金钱,不谈男女之间的问题,不谈家庭琐事。"一师"在长沙城南,靠近湘江。有时,晚饭后,毛泽东与周世钊等同学迎着天际灿烂的晚霞,望着江面上的帆影,在江边散步聊天。从锻炼身体到治学方法,从立志求学到参加社会活动,话题十分广泛。周世钊后来回忆说:毛泽东"平时不喜欢谈闲话和开玩笑,这时也打开了话匣,古今中外,无所不谈。谈得最多的是历史人物、世界形势和读书心得。有时引起热烈的争辩,甚至接连几天的散步时间都集中争辩同样一个问题。他认为这样可以互相启发提高,是很有意义的事情"。

谈学习的时候,他们谈论学习方法,交流学习的内容,读书的感想。周世钊酷爱文学,尤其是古典诗词。一次,与毛泽东谈起唐诗,不想,毛泽东从唐诗谈到宋词,进而谈到汉魏六朝的诗词及《诗经》、《楚辞》,无所不晓。从那时起,周世钊才知道毛泽东的学习兴趣极为广泛。毛泽东从文学、史学、哲学到政治、经济方面的书,都广为搜罗阅读;唐宋诸家的诗词、散文名篇,及《史记》、《资治通鉴》、《读史方舆纪要》中的精彩篇章,都能背诵,这使周世钊很是佩服。毛泽东在班上写文章,议论纵横,气势磅礴,很有文采,而且作文课上总是挥笔疾书,一气呵成,当堂交卷,这些也都为周世钊所仿效。

1917年,"一师"举办了一次"人物互选"活动。这是"一师"根据学校规章而开展的一项群众性活动,目的在于考察学生的学业和品行,促使向上,培养人才。选举范围分德(敦品、自治、好学、克俭、俭朴、服务等)、智(文学、科学、美德、职业、言语等)、体(胆识、体操、卫生、竞技等)3部分。具体选法,每人投票3张,每票限举一人,并要将被选人的选语事实详注票内。当时全校11个班、400余人(另外一种说法是12个班、575人),在当选的34人当中,毛泽东以49票为第一名,周世钊获47票为第二名。超过40票的,只有他们两人。这次群众性的鉴定,使他们成为全校师生所公认的品学兼优的佼佼者。

1917年,"一师"学友会改选,毛泽东被大家推为学友会总务(即学生会主席)兼教育研究部部长。而周世钊因在文学和诗词方面颇有造诣,被选为学友会的文学部部长。他们在工作中互相配合,表现出了极大的工作热情和出色的组织才能。

1918年,毛泽东和周世钊从"一师"毕业了。5年半的同窗生涯使他们结下了深厚的友谊。分别时,两人互相勉励,互相祝愿,积极参加社会活动。周世钊毕业后,在王季范的帮助下,到长沙修业小学当国文教师。毛泽东则到北京、上海等地筹备留法勤工俭学。虽然相隔甚远,但他们常有书信往来,谈论各自的人生和计划。

1918年4月17日,由毛泽东和蔡和森倡导组建的新民学会成立了,新民学会是五四时期最有影响的进步社团之一,参加者大多是长沙各学校、主要是湖南第一师范学校毕业或肄业的学生,以"改良中国与世界"为学会宗旨。周世钊也是新民学会的会员。

1919年4月6日,毛泽东从上海回到长沙,并从此住在周世钊处。在周世钊的引荐下,当上了修业小学高小部的历史教员。毛泽东利用教员的社会职业,广泛接触教育界人士。并和周世钊一起,经常约集在长沙的新民学会会员到楚怡小学何叔衡那里开会。

当时湖南的爱国学生运动风起云涌,毛泽东和周世钊认为创办刊物可以扩大革命宣传,推动运动前进。1919年7月14日,由毛泽东主编的《湘江评论》正式出版了。周世钊后来回忆说:《湘江评论》的文章,大都是毛泽东自己写的。刊物要出版的前几天,预约的稿子常不能收齐,只好自己动手赶写。他日间事多,找他来谈问题的人也此来彼去,写稿就常在夜间。他不避暑气的熏蒸,不顾蚊子的叮咬,挥汗疾书,夜深还不得休息。文章写好后,他又要自己编辑,自己排版,自己校对。刊物印出后,他有时还自己到街上叫卖。

那时,他们的生活相当清苦,但这并不影响他们的友谊和他们对理想的追求。1959年,周世钊重游修业小学时,感慨万千,遂赋诗一首《浪淘沙·访修业学校》:

爱雨喜重游,重上东楼。卅年前事到心头。
五四风云筹策地,胜迹长留。
破碎以金瓯,烟瘴谁收?独将大论正沉浮。
要挽湘江千丈水,涤荡神州。

1920年,周世钊到通俗报馆任编辑,毛泽东仍在第一师范附小任事。因为同是新民学会会员,所以他们仍常碰面。

1927年,毛泽东率领部队上井冈山,周世钊则继续从事教学生涯。一别23年,从此两人天各一方。

新中国成立后,两位老同学经常以诗词唱和。1950年9月,周世钊接到毛泽东的邀请到北京参加国庆观礼。9月28日正是中秋节,即将启程北上的周世钊,激动得难以入眠,遂作诗一首:

露重香浓桂正花,中秋奉命发长沙。
歌盈江市人难静,梦醒湖乡月欲斜。

> 三十年前亲矩范,数千里外向京华。
> 余生垂老逢喜庆,喜见车书共一家。

后来车经许昌,看到新中国成立一年来的变化,周世钊联想到当年曹操在此挟天子以令诸侯,虽未能得逞,却凭借许昌的优越条件,北并幽冀,南抗孙刘,扩展了自己势力的典故,于是作《五律·过许昌》:

> 野史闻曹操,秋风过许昌。荒城临旷野,断碣卧斜阳。
> 满市烟相溢,连畦豆叶长,人民新世纪,谁识邺中王。

后来,周世钊将这些诗赠给了毛泽东。

1955年,周世钊出任湖南省教育厅副厅长兼湖南省立第一师范学校校长。这年6月,毛泽东到长沙视察,周世钊陪同一起游览了长沙的岳麓山、云麓宫、望湘亭。后来,周世钊在给毛泽东的信中附了若干首诗,其中有一首诗为《七律·毛主席登岳麓山至云麓宫》:

> 滚滚江声走白沙,飘飘旗影卷红霞。直登云麓三千丈,来看长沙百万家。
> 故国几年空兕虎,东风遍地绿桑麻。南巡喜见升平乐,何用书生颂物华。

诗中以无限的深情讴歌了毛泽东重回故乡和故乡解放以来的巨大变化。毛泽东读了此诗后,作了一首《七律·和周世钊同志》:

> 春江浩荡暂徘徊,又踏层峰望眼开。风起绿洲吹浪去,雨从青野上山来。
> 尊前谈笑人依旧,域外鸡虫事可哀。莫叹韶华容易逝,卅年仍到赫曦台。

他于10月4日附一信,将这首诗一起寄给周世钊。信中说:"读大作甚有兴趣,奉和一律,尚祈指正。"周世钊读到毛泽东的信后,极为激动。他为毛泽东的诗才所倾倒,更为毛泽东多年一直以普通朋友的身份与他书信往来、酬唱附和的深情厚谊而感动。

1956年6月,毛泽东畅游长江,挥笔写下《水调歌头·游泳》。12月5日,他将此词抄赠周世钊,信中说:

> 两次惠书均已收到。情意拳拳,极为高兴。告知我省情形,大为有益。校牌仍未写,因提不起这个心情,但却时常在念,总有一天要交账的。时常记得秋风过许昌之句,无以为答。今年游长江,添了一首水调歌头,录陈审正。

1958年7月,周世钊当选为湖南省副省长,他心情极为复杂,担心不能胜任。10月份写信给毛泽东,毛泽东回信鼓励他:"古人有云:贤者在位,能者在职,二者不可得而兼。我看你这个人是可兼的。"

1961年12月26日,在毛泽东的生日之际,周世钊写信祝贺。毛泽东于这天回信说:

> 惠书收到,迟复为歉。很赞成你的意见,你努力奋斗吧。我甚好,无病,堪以告慰。('秋风万里芙蓉国,暮雨朝云薜荔村。''西南云飞来衡岳,日夜江声下洞庭'),你处在这样的环境中,岂不妙哉?

信中再次表达了他对故乡和友人的思念。

"文化大革命"爆发之后,周世钊茫然不解。1967年,红卫兵抄了他的家,周世钊到北京面见毛泽东,毛泽东表示要赔偿周世钊被抄的书,还安慰他说:你不要心存芥蒂,湖南的事,你还是要管的,当说则说,可管则管,至少是教育方面的事,你要管,不必负气。

1972年,周世钊不顾个人安危,再次给毛泽东写信,就落实老干部政策、知识分子政策、青年教育培养以及社会上"走后门"等不正之风,坦陈自己的观点。

1976年,周世钊和毛泽东相继去世,但他们维系63年的友谊却广为传诵,永存世间。

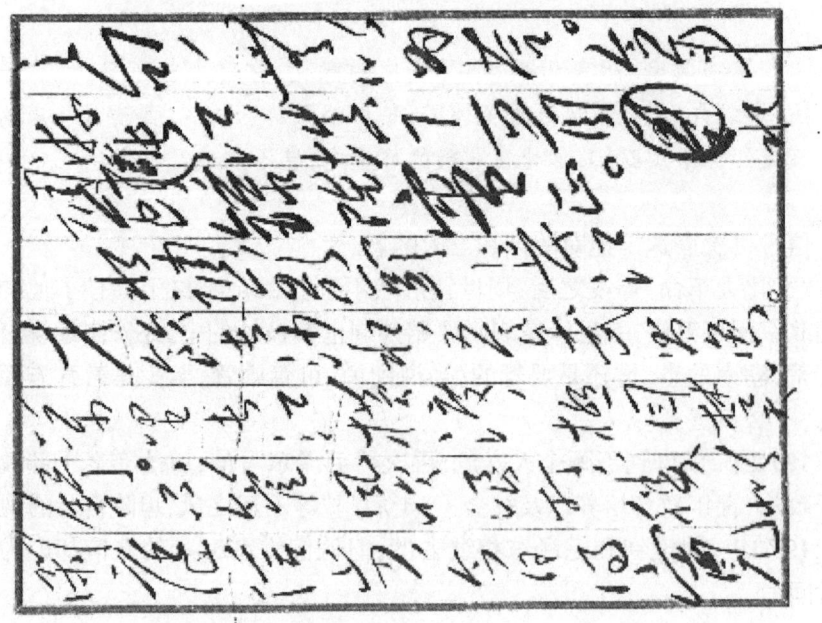

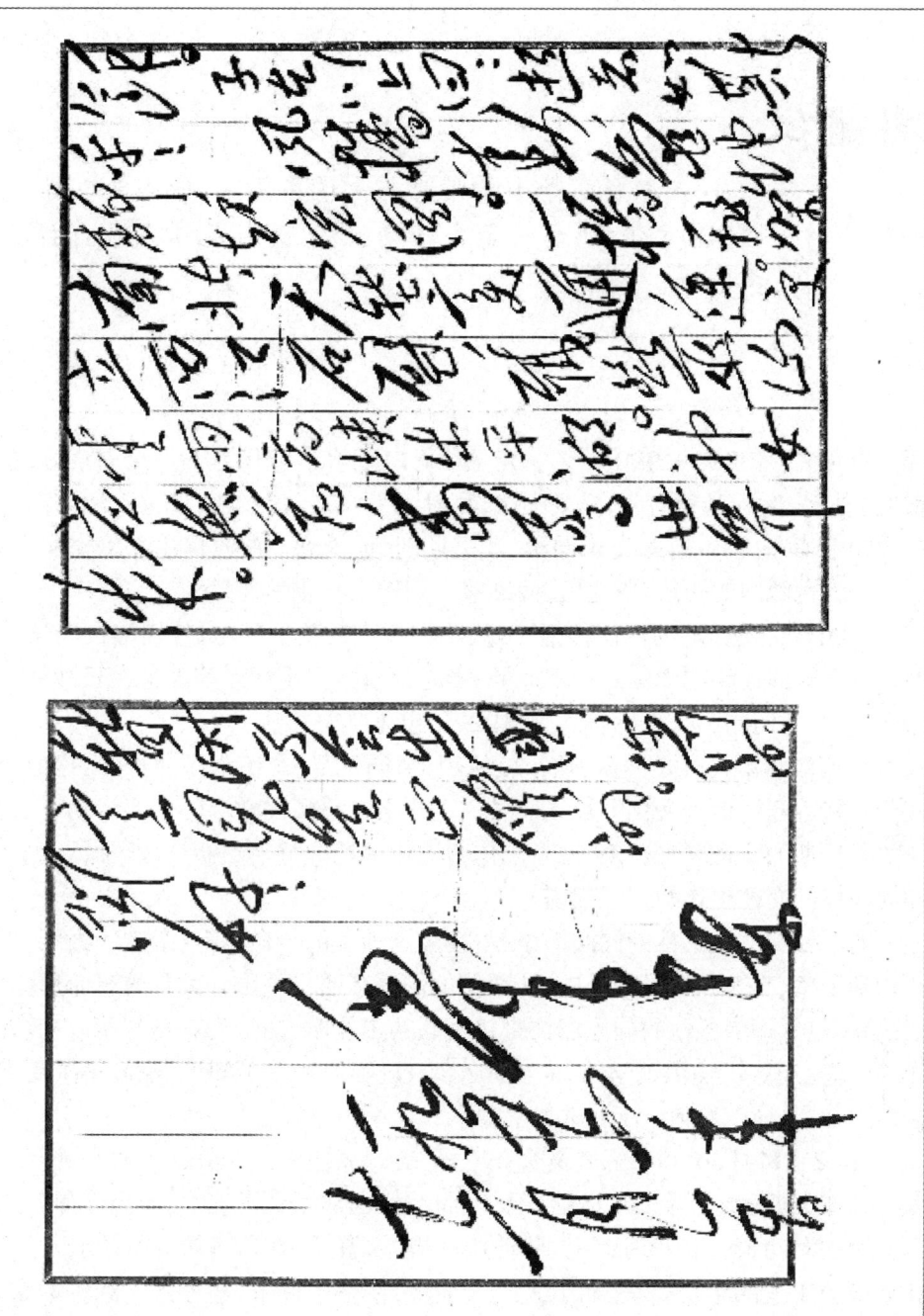

周辅仁

在湘乡高等小学堂时与毛泽东同学。他曾为毛泽东筹措300元银洋,作为革命活动经费。为此毛泽东亲自打了收条。

周辅仁(1893—1928),又名定寰,湖南湘乡人,出生于一个贫苦的农民家庭。他5岁时入私塾启蒙,酷爱书法,写得一手好字。1922年,他进入湘乡高等小学堂和毛泽东、易礼容等先后同学。读书期间,他受到一些改良主义思想的影响,产生了教育救国的想法。毕业后,回到家乡周氏宗祠小学任教。

五四新文化运动的广泛传播,以及中国现实政治的黑暗,使周辅仁渐渐认识到教育救国的道路在中国是行不通的。当时,易礼容、毛泽东等人都在长沙从事革命活动,在他们的影响下,周辅仁于1922年也来到了长沙。

周辅仁和易礼容是同乡,从小就认识,情同手足,友谊深厚。时任文化书社经理的易礼容介绍他到文化书社当职员。文化书社是新民学会的主要活动场所,也是中共早期的秘密联络机关。毛泽东作为文化书社的特别交涉员,经常往来于此,和周辅仁的交往也逐渐多了起来。

周辅仁和文化书社的同志们一起,搜集国内外的革命书籍、杂志和报纸,把这些送到学生、工人和农民的手中,从而使他们逐渐明了中国和世界的革命形势,传播了新思想。每当各地的同志们往来秘密联系工作时,周辅仁总是帮着放哨。在工作之余,他还如饥似渴地学习,向毛泽东请教,不但积累了知识,也懂得了更多的革命道理。毛泽东对他的工作非常满意。

1922年11月,中共湘区委员会和毛泽东派易礼容与毛泽民(当时在湖南自修大学工作)到安源领导工人运动。不久,周辅仁也被派到了安源。安源煤矿工人每天劳动的时间长达12小时以上,劳动条件极差,冒顶、瓦斯爆炸等事故经常发生,严重威胁工人的生命安全。而工人收入微薄,住宿条件差,还经常受到资本家、矿警和把工们的打骂和折磨,工人的身体健康受到极大地摧残。面对这一切,周辅仁义愤填膺,他立志要为工人的利益而战斗,为穷人求解放。在安源,他和毛泽民来往密切,成为密友,也进一步加强了和毛泽东的联系。他和毛泽民经常到工人群众中调查研究,深入矿井、工棚和工人们促膝谈心,向工人讲述革命的道理,教育工人团结起来,与军阀当局、资本家作斗争。在实际的工作中,特别是在毛泽民的帮助下,周辅仁自己也进步很快,不久,他加入了中国共产党。

1923年2月,安源路矿工人俱乐部创办了安源路矿工人消费合作社,党派周辅仁到合作社工作。李立三、易礼容和毛泽民先后担任经理,毛泽东经常对合作社的工作提出具体的指导意见。毛泽东还曾以中国劳动组合书记部湖南分部负责人的身份和李立三徒步到安源考察,组织和领导安源大罢工。

合作社创办初期,账目混乱,后来周辅仁担任簿记,加强了合作社的经济管理,使营业情况有了起色,抵制了奸商对工人的中间剥削,减轻了工人的生活负担,加强了工人对俱乐部的信任。但是也由此遭到了反动军阀和资本家的仇恨。1925年9月,安源工人俱乐部和消费合作社被查封,一大批骨干被捕,周辅仁也被关押了一个多月。

出狱后,周辅仁和毛泽东暂时失去了联系,他回到家乡继续教学。1926年7月,北伐军进入长沙,他与当地组织取得了联系,积极参加各项支持北伐的活动,开展工农运动。"马日事变"以后,他再次被捕,后经多方保释才出狱。这样的经历,更加强了他对反动政府的仇恨,坚定了革命的信念。后来,党组织派人协助他开办"恒生泰号南货店",后改名为"德记洋货号",为党的秘密活动提供方便。周辅仁竭心尽力地做好党的交通联络工作,保障地下工作的安全,并把开店赚来的钱用于党的工作。有一次,他把300元银洋交给毛泽东,作为革命经费,毛泽东非常感动,说以后一定偿还,并亲笔打了收条。但是,这张收条后来落入反动派的手中,也成为周辅仁的重要"罪证"。1928年5月10日,周辅仁第三次被捕。他被关押在长沙马王堆"铲共"法院,受到多次严刑拷打,敌人逼他供出毛泽东的行踪,但他始终坚贞不屈。1928年8月18日,周辅仁被冠以"马日前参加共产党,马日后继续与毛泽东为匪"的罪名,在长沙浏阳门外被杀,为革命献出了年仅35岁的生命。

庞叔侃

大革命时期毛泽东亲手培养和发展的共产党员,"韶山五杰"之一。北伐战争中成为韶山农民自卫军的总指挥。

庞叔侃(1905—1927),湖南韶山花园村人。出生于一个农民家庭,家境比较殷实。他自幼聪明伶俐,勤学上进,胸襟宽广,志向远大,正如他在《暑假后之见闻》一文中所写的那样:"人生宇宙间,既命曰人,而为万物之灵,岂可徒知衣食,终日无所用哉?自应求其知识之广大,施益于家国而后可。"

1925年,毛泽东利用回韶山养病的机会,在韶山建立中共韶山支部,培养和发展共产党员,开展轰轰烈烈的农民运动。这年春天,庞叔侃回到韶山后,便全力投入到了火热的斗争实践中。当时,他的公开身份是庞氏族校的教员、校长,他利用这样的身份,开办农民夜校,宣传革命思想,使庞氏族校成为掩护毛泽东和其他同志进行革命活动的秘密场所。

1925年6月,庞叔侃光荣地加入了中国共产党。此后,他先后担任了韶山党总支书记、湘潭特别区委书记、特别区农协委员长、湘潭县农协执行委员等职务。他领导农民向土豪劣绅进行了一系列的政治、经济斗争。

1925年夏秋时节,韶山久旱不雨,青黄不接,农民生活异常困苦。但地主豪绅却乘机囤积居奇,抬高谷米价格,并将谷米大量运往湘潭等地牟取暴利,这更加重了人民的苦难。庞叔侃协助毛泽东,以"雪耻会"的名义,发动农民开展平粜、阻禁斗争,以维持农民的粮食需求。在农民运动的强大压力下,豪绅地主不得不把谷米平价粜给农民,不敢轻易地将谷米运往外地。庞叔侃还和支部的其他成员一起,领导农民进行了增加雇农工资、减轻租额的斗争,并取得了胜利。这些斗争,维护了农民的利益,提高了农民的斗争积极性。

当时,庞叔侃还和韶山支部的成员一起,积极领导农民向地主阶级夺权。大革命时期,韶山掌管学校行政的教育会和掌管学校经济的学务委员会,都被土豪劣绅及其爪牙所把持。当风起云涌的农民运动开始触及他们的利益时,他们便利用手中的权力,极尽破坏之能事,不准"雪耻会"进行反帝反封建的爱国宣传。毛泽东和庞叔侃等韶山支部的同志便决定夺取乡村的教育权,他们发动进步教师,改组教育会和学务会,庞叔侃和李耿侯等人当选为两会的执行委员。经过改组,韶山10多所学校的校长均由进步教师担任,湘潭县西二区学校都办起了农民夜校,普遍地宣传革命的道理,提高了农民的觉悟,推动了农民运动的发展。

为了加强对日益发展的农民运动的领导,作为农民运动的领导干部,庞叔侃十分注重提高自己的素质。在毛泽东的指示下,他曾到广州农民运动讲习所学习过一段时间。

北伐战争中,庞叔侃积极配合北伐军的行动。1926年7月,北伐军攻克湘乡后,庞叔侃作为韶山农民自卫军的总指挥,率领农民支持、配合北伐军,在银田寺、狮子山一带作战。1927年5月,庞叔侃还参加了湖南工农义勇军围攻长沙的战斗。在战斗中,他带领一支40多人的队伍,夜袭驻扎在湘乡城前铺的一连敌军,缴获了几十支枪。

1927年4月6日,毛泽东在毛福轩的陪同下,来到湘潭(韶山)特别区农协考察。当时,庞叔侃是特别区委的书记、特别区农协委员长,他热情地迎接毛泽东等人的到来。在庞叔侃的协助下,毛泽东召集区农协干部和一部分农协委员召开座谈会,听取特别区农运情况的详细汇报。在庞叔侃的协助下,毛泽东还到附近走家串户,问长问短,了解当地农民的生活情况。1927年9月,庞叔侃被湘潭县委派往安源,但在途经株洲时,被国民党"清乡团"捕获。在狱中,敌人对他威胁利诱,严刑拷打,但都不能动摇他的革命信念。他轻蔑地对湘潭县县长蒋先于说:"共产党的名册我知道,但你想从我口里得到,那是白日做梦!自从落到你们手里,我就没有想活过。我为革命而死,我心甘情愿。"他哥庞伯侃去探监,看到他被打得遍体鳞伤,非常伤心,他安慰哥哥说:"大哥,莫难过,干革命就要流血、死人的!你们要坚持斗争,革命一定会成功!"

1927年10月27日,庞叔侃神色自若、无怨无悔地走向刑场,为革命献出了年仅22岁的生命。

易礼容

新民学会会员。曾积极配合毛泽东领导"驱张运动"……

易礼容,生于1898年,湖南湘乡新研铺人,湖南商业专科学校学生,还曾在武汉明德大学学习过。

1918年4月,新民学会成立后不久,易礼容和他的女友许文煊便成为学会的会员。从此,他经常和毛泽东一起,宣传新思想、新文化,传播马克思主义,讨论中国革命问题,参加革命活动。

在毛泽东的领导下,新民学会发起了一场声势浩大的"驱张运动"。毛泽东率30多人的驱张代表团进京请愿。当时,易礼容是湖南省学生联合会负责人之一,他到武汉,联络武汉学生联合会及旅鄂湘籍学生,揭露张敬尧的种种罪行,联合各界人士共同"驱张",有力地配合了毛泽东等人的请愿活动。

1920年夏,"驱张"成功后,毛泽东从上海回湖南,路过武汉时,他对正在武汉明德大学上学的易礼容说:润生,莫读书了,回去干我们的事业去。要改造社会,先从宣传新文化、传播马克思主义做起。

1920年8月,易礼容、彭璜、毛泽东被推举为长沙文化书社筹备人,易礼容积极协助毛泽东做好文化书社的一切准备工作。1920年9月9日,文化书社正式开张营业了,易礼容任书店经理,毛泽东为特别交涉员。

书社筹建之初,处境艰难。开办经费只有20元,毛泽东费尽周折,奔走于长沙新闻界、教育界,筹措资金,争取进步人士的支持,用米盐公馆的传达室做了文化书社的社址。后来营业一天天发展,房子不够用,便搬到了水风井。

毛泽东为文化书社起草了一系列文件、报告,包括《文化书社缘起》、《文化书社通告好学诸君》、《敬告买这本书的先生》、《读书会的商榷》、《文化书社第一次营业报告》、《文化书社社务报告》等,向读者推介、宣传各种新书报。文化书社曾销售

200多种书,40多种刊物,其中包括许多马克思主义书籍和《向导》、《中国青年》、《先驱》等党、团机关刊物。

这一时期,毛泽东主外,易礼容主内,通力合作,把文化书社办得有声有色。书社不仅是宣传新思想、新文化的重要阵地,还是新民学会留法会员与国内会员的联络站。至1921年春,文化书社先后在平江、浏西、宝庆、衡阳、宁乡、武冈、隆回、溆浦设立了分社,在很多学校设立了贩卖部,与广东、上海、湖北、北京等地的六七十家书社有书报业务往来。例如恽代英主待的武昌利群书社,还派利群书社的姊妹机关毛巾厂的员工,帮助长沙文化书社兴办长沙望麓园织布厂。毛泽东对织布厂的工作予以具体的指导,并推荐易礼容担任织布厂的经理。

1921年4月,毛泽东和易礼容一起去洞庭湖区农村,在岳阳、华容、南县、安乡、常德、湘阴等地做社会调查,易礼容更加深了对社会现状的认识。1921年10月,中国共产党湖南支部成立,毛泽东任书记,在毛泽东的影响下,易礼容成为支部的成员。毛泽东创办湖南自修大学,起草《湖南自修大学创办宣言》、《湖南自修大学组织大纲》,批评了书院和学校的弊病,阐明了办学宗旨,取得了广泛的支持。当年,毛泽东在白报纸上写了"湖南自修大学"6个大字,易礼容将它挂在大门口。后来自修大学附设补习学校,易礼容担任校事务主任。

在革命的洪流中,他们并肩战斗。1923年4月,毛泽东调中共中央工作,作为中共湘区执行委员会委员(后为中共湖南区执行委员会)的易礼容成为湖南党的重要领导人。他执行毛泽东的指示,同其他同志一起领导了湖南的工人运动和农民运动,全省50多个县成立了农民协会,农民运动掀起高潮。

1926年12月1日至27日,湖南全省第一次工人代表大会和第一次农民代表大会在长沙举行,毛泽东应邀到会,他在讲话中强调"国民革命的中心问题,就是农民问题"。这次大会正式成立了湖南省农民协会,易礼容当选为委员长。

"马日事变"发生以后,湖南形势急转直下,6月24日,中央委派毛泽东为湖南省委书记,易礼容任委员、军事部长。在白色恐怖中,他们风雨同舟,协同作战。毛泽东调中央工作以后,易礼容代理中共湖南省委书记,他积极保存革命力量,曾经几次给毛泽东写信,"惟盼润速返驾"。

"八七"会议之后,易礼容协助毛泽东,和湖南省委的其他领导人一起详细研究秋收起义的计划。易礼容赞成毛泽东的主张,认为若发动暴动,单靠农民的力量是不行的,必有一个军事的帮助,应以60%精力注意军事行动,实行枪杆子里夺取政权。

秋收起义失败以后,长沙陷入白色恐怖之中。毛泽东多次派人与易礼容联系,但未果。1936年8月14日,毛泽东还给易礼容写了一封信,信中说:

> 还是五年之前,从文亮口中得知吾兄尚未忘记故人,那时我就写了一封信给你,不知寄到你手否?近有人来,知兄从事群众工作并露合作之意,我听了非常欢喜。现在局势,非抗日无以图存,非合作无以抗日,统一战线之能得全国拥护,可知趋势所在了。兄之苦衷,弟所尽知。然今非昔比,救国自救只有真诚地转向抗日革命工作,这个意见不知能得兄之完全赞成否?上海工人运动,国共两党宜建立统一战线,共同对付帝国主义与汉奸,深望吾兄努力促成之。……闻兄之周围有许多从前老同事,甚为怀念他们,希并致意。希望你们能发展一个有益于国有益于民的集体力量。

1949年,易礼容和朱学范代表中国劳动协会参加了人民政协,他历任政协第一至第五届全国委员会委员,中华全国总工会第六届至第九届执行委员会委员等职务。

毛泽东与师长学友的交往

易昌陶

> 毛泽东在湖南第一师范的同班同学。他去世时,毛泽东曾为他写过许多挽诗和挽联……

毛泽东在湖南第一师范学校读书时,和易昌陶是同班。在众多良师的启发和帮助下,他们经常一起交流读书心得,探讨个人前途和国家的命运,相互之间结下了深厚的友谊。

课余时间,毛泽东和易昌陶等同学一起外出锻炼身体,游泳、郊游、在野外夜宿等都是他们所喜欢的锻炼方法。但不幸的是,1915年,易昌陶去世了。黑暗的社会现实还没有改变,帝国主义的压迫并没有减轻,人民仍然生活于水深火热之中,但年轻的生命就这样离自己而去,一位学业上共同追求进步的好朋友、未来革命生涯中的战友,就这样从自己的生活中消失了,毛泽东的心情十分沉痛。他多次写挽联表达自己的心情。

5月23日,学友会为易昌陶举行了追悼会,毛泽东在挽诗中写到:"我怀郁如焚,放歌倚列嶂。列嶂青且蒨,愿言试长剑。东海有岛夷,北山尽仇怨。荡涤谁氏子,安得辞浮贱。""胡虏多反复,千里度龙山,腥秽待前,独令我来何济世;生死安足论,白年会有没,奇花初苗,特因君去尚非时。"

这是一首长达40行的五言古风,也是迄今发现的毛泽东留有手迹的最早诗作。

1915年6月25日,毛泽东在致湘生的信中,抄录了一份为悼念亡友易昌陶而写的一首挽诗,诗中写到:"去去思君深,思君君不来。愁杀芳年友,悲叹有馀哀。衡阳雁声彻,湘滨春溜回。感物念所欢,踯躅南城隈。城隈草萋萋,涔泪浸双题。采采馀孤景,日落衡云西","子期竟早亡,牙琴从此绝。琴绝最伤情,朱华春不荣。后来有千日,谁与共平生?望灵荐杯酒,惨淡看铭旌。惆怅中何寄,江天水一泓。"

这些诗作真切地表达了青年毛泽东对好友的深切怀念,对民族危艰的沉重忧虑和以雪耻救亡为己任的学子抱负。

易培基

毛泽东在湖南第一师范读书时的国文老师。他担任"一师"校长时，曾聘请毛泽东为"一师"附小主事。

易培基（1880—1937），教育家。字寅村，号鹿山，湖南省长沙人。为学渊博，通经史、小学，旁及金石文字。早年毕业于武昌方言学堂（即外国语学校），后赴日本留学。是同盟会员，曾参加过武昌起义。

1913年至1920年，易培基在湖南长沙从事教育工作。在1919年至1920年湖南的"驱张运动"中，任绅商学界总代表。1920年任湖南教育委员会委员长、省立第一师范学校校长。积极推行教育改革，广泛吸收进步教员，提倡男女同校。1921年，任湖南省立图书馆馆长及省长公署秘书长。1922年辞职赴广州，被孙中山任命为大元帅顾问。不久，又被派驻浙江全权代表，做军阀卢永祥的策反工作。1924年春任广东大学教授。

1924年夏，易培基以孙中山先生的代表身份北上北京，同苏联公使加拉罕谈判庚子赔款的分配事宜。1924年10月任黄郛内阁署理教育总长，11月又担任了清室善后委员会委员。1925年10月故宫博物院成立，他任临时院理事会理事兼古物馆馆长。1925年年底至1926年3月，出任许世英内阁教育总长。1926年2月至7月任北京女子师范大学校长。"三一八"惨案后，因段祺瑞政府通缉，转赴上海，于1927年9月任劳动大学校长。1928年后，曾任国民党政府中央政治会议委员、农矿部长、故宫博物院院长兼古物馆馆长等职。1934年7月，因"故宫盗宝案"辞去院长职务。1937年9月，因病在上海逝世。

毛泽东与易培基的交往是从他在湖南第一师范读书时开始的。毛泽东在湖南第一师范读预科和本科一、二年级时，由袁仲谦担任国文老师。这时他与易培基并不是太熟悉。但是袁仲谦与易培基的私交不错，曾向易培基介绍过毛泽东的一些情况，对毛泽东的文笔多有称赞。从那以后，易培基便开始留意毛泽东那些被老师张贴在"揭示栏"里的诗文。

1916年春天,毛泽东升入本科一部三年级,易培基担任他所在班的国文课。在此后两年半的时间内,毛泽东给易培基的印象是:酷爱读书,但不喜欢读死书。他的图画课常常不及格,英语成绩较差,算术也不太好,但国文成绩却出类拔萃。他对中国历史和古典文学以及西洋哲学特别感兴趣,一部《史记》不知阅读了多少遍,《离骚》也能出口成诵。他精心研读蔡元培翻译的德国哲学家泡尔生的《伦理学原理》,还写下了12000余字的批注。自对毛泽东有了了解后,易培基对他欣赏器重、爱护有加。

1918年夏,毛泽东从湖南第一师范毕业。从这年秋天到第二年春天,毛泽东在北京组织湖南赴法勤工俭学。1919年4月,毛泽东返回长沙,到修业小学担任历史教员,每周上6节课。

在此之后不久湖南开展的"驱张运动"中,毛泽东与易培基并肩战斗,积极进行组织和宣传工作。这是毛泽东独当一面地发动起来的第一次有广泛影响的政治运动。他以小学教师的身份成为这场"驱张运动"的主要领导人。12月3日,毛泽东、方维夏、徐特立、朱剑凡等聚集到长沙白沙井枫树亭易培基家中,讨论全面展开"驱张运动",决定派代表到北京、衡阳、常德、郴州、广州、上海等城市请愿联络。1919年12月18日,毛泽东和易培基作为赴京请愿团的负责人到达北京,住在北长街一个叫福佑寺的喇嘛庙里。这是毛泽东的第二次北京之行。

到京后,经与各方协商,组成了"旅京湖南各界联合会"及"旅京湘人驱张各界委员会"。毛泽东还成立了平民通讯社,自任社长,起草发出大量"驱张"的稿件、呈文、通电、宣言,分送京、津、沪、汉各报发表。"驱张"代表团在北京先后进行过7次请愿活动。毛泽东还作为请愿代表,义正词严地向北洋政府国务总理靳云鹏提出了"驱张"要求。

"驱张运动"产生了明显的效果,张敬尧的罪行逐渐大白于天下。在各方一致声讨下,他的日子越来越不好过。1920年6月11日,湘人痛恨的张敬尧被逐出长沙,谭延闿率湘军进驻,宣布湖南自治。此后,易培基受聘担任湖南省长公署秘书长兼教育委员会委员长。当年9月,他又出任湖南"一师"第22任校长。

易培基任校长后,从教职员队伍、教学内容和方法、招生制度等方面对"一师"进行了全面整顿和改革。李达、李维汉、陈章甫、周谷城、夏丏尊等,都在这一时期受聘到"一师"任教。易培基还聘任毛泽东担任"一师"附属小学主事(校长),全面主持附小的工作。在易培基的支持下,毛泽东也从教师队伍、招生制度、教学内容和教学方法等方面对"一师"附小进行了调整和改革。经过易培基批准,毛泽东聘请了何叔衡、谢觉哉这样一批德才兼备的教师到附小任教。附小学生任弼时、毛泽民、毛泽覃等,后来都成为著名的革命家。

1921年下学期开始,易培基又聘请毛泽东为第一师范的国文教员兼一个班的级任(班主任)。毛泽东随即辞掉"一师"附小主事职务,推荐何叔衡接任。

毛泽东在"一师"工作期间,除了执教以外,还用了相当多的时间和精力从事建党活动。对于他的进步活动,易培基不仅给予了大力支持,还积极参与到其中。正如毛泽东在20世纪50年代对周世钊所说的那样:"我那时能在一师范搞教育,还能在军阀恶势力下宣传马列、组建党团,多亏易培基先生这个后台老板硬哟!"

在此期间,为了在湖南传播马克思主义、开展新文化运动,毛泽东和易礼容等决定创办一个以推销新书报、介绍新思想为主要任务的文化书社。他们的这一设想,首先得到易培基的赞同,他自愿充当书社发起人,还出面邀长沙教育、新闻、工商等各界有声望的人士参加创办工作,为书社捐资。1920年9月9日,文化书社正式开业,易培基还为书社题写了社名。文化书社社址,后来事实上成了湖南共产主义小组对内对外的秘密联络机关。

创办文化书社后,毛泽东又和方维夏、彭璜、何叔衡等于9月15日筹组了湖南俄罗斯研究会。易培基也积极参与了组织工作,他亲自出面联络长沙政界、教育界知名人士作为研究会的发起人,以此吸引广大青年的参与。

1921年6月底,毛泽东和何叔衡为参加在上海召开的中国共产党成立大会,向易培基请假并得到准许。6月29日下午6时许,毛泽东和何叔衡一道离开湖南,代表湖南共产主义小组前往上海。"一大"闭幕以后,毛泽东于8月中旬回到湖南,仍在"一师"任教,并继续从事建党工作。1922年5月,中共湘区委员会正式成立后,毛泽东担任书记。此后,他辞去教职,走上了职业革命家的道路。

1923年4月,毛泽东秘密前往上海,参加中共"三大"的筹备工作。6月中旬,毛泽东以湘区党的代表身份出席了在广州召开的中共"三大"。10月,从上海回到长沙后,毛泽东立即拜访了易培基,对他开展了统战工作。这次谈话,使易培基产生投身国民革命的想法。

1923年11月底,毛泽东从长沙到广州,应孙中山之邀,参与了中国国民党第一次代表大会筹备工作。1924年1月,毛泽东参加了国民党一大,并当选为中央候补执行委员。在此前后,易培基在"一师"的校长职务被赵恒惕撤销,他愤然辞去省府一切职务,于旧历腊月举家南迁广州,通过谭延闿、毛泽东的举荐,在孙中山大元帅府担任高级顾问。不久,易培基又兼任时称"革命摇篮"的广东大学教授。1928年,易培基被谭延闿委以故宫博物院院长兼古物馆馆长重任,以后又担任国民党政府农矿部部长等要职,成了国民党的官僚。1937年病逝于上海。

  毛泽东在延安得知易培基去世的消息后,极为悲痛。他在与斯诺的谈话中表达了对这位老师的深切怀念。后来,他还曾多次深情地对当年"一师"的师友谈起易培基,说:"易先生是个好人啊,他帮过我毛泽东好多的忙。"

林 蔚

在长沙明德中学求学期间,结识了毛泽东,并成为毛泽东组织的湖南第一批赴法勤工俭学的学生之一。

林蔚(1898—1928),名家沂,字乔生,湘潭人。1916年,他以全优的成绩考入长沙明德中学。

在长沙求学期间,经同学介绍,他结识了当时在湖南第一师范求学的毛泽东、蔡和森等进步青年。在与毛泽东的接触过程中,他受到的影响很深。毛泽东胸怀大志,常说:"若人生仅以衣食住等生活条件为满足,而不为世界大多数人谋利益,那人生是太无价值的表现。"这种观点给林蔚很大的震动,他开始摸索救国救民的真理,并确立了以天下兴亡为己任的抱负。当时的北洋军阀政府出卖国家主权,向日本借款购买军火,激起全国人民的义愤。湖南学生也掀起了反帝反军阀的怒潮,林蔚积极地投入到这场轰轰烈烈的学生运动之中。

1918年4月,以毛泽东为首的进步青年发起成立了新民学会,为扩展会务、向外发展,新民学会组织了湖南学生赴法勤工俭学活动。1918年8月,林蔚到达北京,在北京大学留法预备班补习法语。1919年,他成为湖南第一批赴法勤工俭学的学生之一。留法期间,他积极参加反帝反封建的斗争,曾经两次被军警拘捕,但他以雄辩的口才,驳倒了警方的审问,被无罪释放。他后来还由党组织派往苏联莫斯科军事学院学习。

1926年,林蔚回到祖国,立刻投入到火热的斗争实践中。他担任中共湘区委员会秘书长兼军委书记。1927年"马日事变"后,他担任湖南省委代理书记,并和王泽鸣、柳直荀等人组织湖南农民自卫军,攻打长沙。

1927年"八七"会议之后,党中央委派毛泽东回湖南改组湖南省委,毛泽东支持林蔚出任省委秘书长一职。

长沙"灰日"暴动失败以后,林蔚与滕代远等人于1928年1月到醴陵从事地下工作,他还担任过中共醴陵县委书记。当时的斗争环境十分恶劣,他总是身先士卒,战斗在最前面。在一次抗击敌人"清乡"的战斗中,为了掩护其他同志突围,他不幸被捕了。面对敌人的严刑拷打,他大义凛然,毫无惧色。最后被杀害于醴陵状元洲,年仅30岁。

对于林蔚的牺牲,毛泽东十分痛心。1950年5月7日,他在给林蔚的哥哥林谷生的信中,表达了自己对烈士的无限怀念和对烈士家属的亲切慰问。信中写到:林蔚同志死得极为可惜,将来自应与全国各地死难同志一样同有纪念。

罗元鲲

毛泽东在湖南第一师范读书时的历史老师。新中国成立后,毛泽东曾给他题写了"力食居"三个字,并允其作为家宅的匾额。

罗元鲲(1882—1953),号翰溟,湖南省新化洋溪寨边人。1896年考入湖南新化县实业学堂,1898年因病肄业回乡任教。1903年考入湖南省立第一师范的前身——湖南全省师范学堂(次年改为湖南中路师范学堂),1906年以优异的成绩从该校毕业。当时该校的监督谭延闿想让他留校,他没有接受谭的挽留。此后,他先后在新化速成中学堂、新化公立中学堂、新化县立中等学校任教。

辛亥革命后,罗元鲲应同窗好友、湖南游学预备科教务长罗仪陆的邀请,到长沙执教。1913年至1937年间,他先后在复初、明德、妙高峰、育才、长郡、省立一中、五中,以及稻田女子师范学校、长沙师范、省立第一师范、湖南大学、国学馆等大中专学校任教。

抗日战争爆发后,罗元鲲返回新化老家避难。1945年,他参与筹办妙高峰中学二部。抗战胜利后,他曾参与《湖南省志》的筹备工作,与人共同制定《湖南省志舆图编制计划》。后与原湖南第一师范校长张干一道在妙高峰中学任教,直至湖南和平解放。

罗元鲲博学多才,擅长文笔,工于辞赋,对历史、国文等都有很深的造诣,著述甚丰。他的学术著作有《史学研究》、《高中本国史》、《中国近百年史》、《本国史表解》、《通鉴讲话》、《本国史谈》、《初中本国史》、《中学简易识字法》等。此外,他还写成《颜李学说》、《读史与作史》、《中学生读书法》、《景颜文存》等10余种文稿。

1914年春,罗元鲲到湖南第一师范担任历史课教员,毛泽东此时已由湖南第四师范转到第一师范一年级八班,直接师承于罗元鲲。罗元鲲教学极为认真,奉行"不备讲义不上讲台"的信条,给学生上课时没有套话和废话,而是按照精心准备的讲义授课,往往是下课铃一响他的课也就结束。他的这种教学风格,深受学生们的欢迎,他们评价说:"罗先生讲课不是以课时计算,而是以一分一秒来计算";"听罗先生宣讲讲义,如同品味一篇篇内容精到的史学宏文"。

罗元鲲十分注重身教,始终恪守"两不、三戒主义",即不请假,不缺课;戒嫖娼吃花酒,戒打牌押宝赌博,戒抽纸烟大烟。他曾作自寿联以明心志:"平生不赌不嫖不烟,可无恨矣;太上立言立功立德,诚难能哉。"

毛泽东无论是在私塾还是在中学里,都十分喜欢学习历史,在湖南第一师范读书时更是如此。自师从罗元鲲后,他经常到罗家拜访求教,在学业上经常得到罗元鲲的指点。罗元鲲知道毛泽东对历史非常感兴趣,就把自己珍藏的二十四史破例分期分批借给他阅读。另外,他还经常激励毛泽东奋发向上,去积极谋求国家振兴之路。

罗元鲲不仅在学业上给毛泽东以教导,在其他方面对毛泽东也极为关心。在湖南第一师范1915年的学潮中,当校长张干要开除毛泽东等17名学生时,罗元鲲会同杨昌济、徐特立、袁仲谦、王季范、方维夏等教员出面为学生说话,向校方施加压力,最终迫使张干收回成命,对毛泽东等的处分由开除改为记大过,使毛泽东得以完成学业。

秋收起义后,毛泽东率领工农武装到井冈山开辟革命根据地,自此与罗元鲲失去了联系,但他一直惦念着罗先生。

罗元鲲对毛泽东领导的革命事业极为赞同。新中国建立后,在长沙妙高峰任教的罗元鲲从报纸上得知毛泽东的消息,甚为高兴。他给毛泽东写了一封信,述说了自己和原湖南"一师"校长张干的近况。毛泽东接信后,知道了昔日老师的情况,一方面感到高兴,另一方面又为他们的清贫感到同情。他于1950年10月10日写信给湖南省政府主席王首道,请省政府对罗元鲲等予以接济。信中说:

> 张次崙、罗元鲲两先生,湖南教育界老人,现年均七十多岁,一生教书未做坏事。我在湖南第一师范读书时张为校长,罗为历史老师。现闻两先生家口甚多,生活极苦,拟请湖南省政府每月每人酌给津贴米若干,借资养老。

王首道接信后,很快派人到罗元鲲和张干处进行慰问,对他们的工作和生活做了妥善安排。1952年9月21日,应毛泽东的邀请,罗元鲲、张干一起来到北京。几天后,毛泽东派专人看望了他们,并为他们各做了一套呢子衣服、一件大衣和一双皮鞋,另有50万元(旧币)零用钱。第二天,毛泽东派车把他们和从湖南来的李漱清、邹普勋一道接进中南海丰泽园叙旧,并设宴招待他们。叙谈中,毛泽东对张干和罗元鲲作了高度评价:"次岙先生和元鲲先生,都没有加入蒋匪帮,是好的。没有听人讲过你们的坏话。"随即,毛泽东又详细地询问了罗元鲲的生活和工作情况。当他听说罗元鲲因小有家资,当地有人主张将他的成分划为地主时,毛泽东说:"你解放前一直是靠知识、靠教书吃饭的,还受了不少苦,属劳动人民,给你把成分定那么高不公道,您是自食其力嘛!"后来当罗元鲲返乡时,毛泽东专门给他题写了"力食居"三个字,并允其作为家宅的匾额。

罗元鲲和张干这次在北京逗留了近一个半月,政务院派专人陪同他们游览了故宫、颐和园等京城名胜,还邀请他们观看了国庆阅兵和节日焰火,安排他们乘飞机俯瞰首都风光。在这期间,毛泽东还委派卫生部副部长傅连暲为他们检查了身体。他们在湖南第一师范工作时的同事徐特立也专程探望了他们,并请他们吃了饭。

10月19日,李漱清和邹普勋要去见毛泽东,罗元鲲写了一封信,连同自己的自传和他著的《第一师范时代的毛泽东》一文,一并托李漱清代交给毛泽东。几天后,毛泽东给罗元鲲写了回信。信中说:

翰溟先生:

十月十九日赐示敬悉。李先生交来两件,均已拜读,极为感谢!自传兴会飙举,评论深刻,可为后生楷模。另件所述'特色'诸点,得之传闻,诸多不实,请勿公表为荷。两件奉还。袁先生墓文遵嘱书就,烦为转致。新化古寺有所毁损,极为不当,此类各地多有,正由政务院统筹保护之法,故不单独写字,尚祈谅之。僧尼老者守寺,少壮从事劳动,此论公允,已转政府有关机关酌处。此复。

敬颂

旅安

毛泽东
一九五二年十月二十二日

11月3日,毛泽东派车接罗元鲲及张干、李漱清、邹普勋等到中南海瀛台,设宴为他们送行。宴毕,毛泽东与这几位师友合影留念。毛泽东站在中间,李漱清、邹普勋站在右边,罗元鲲和张干站在左边,留下了一张难得的纪念照。

1953年,罗元鲲因病去世,享年71岁。毛泽东得知此讯,托湖南"一师"的老同学周世钊带去现金500元,以示哀悼。

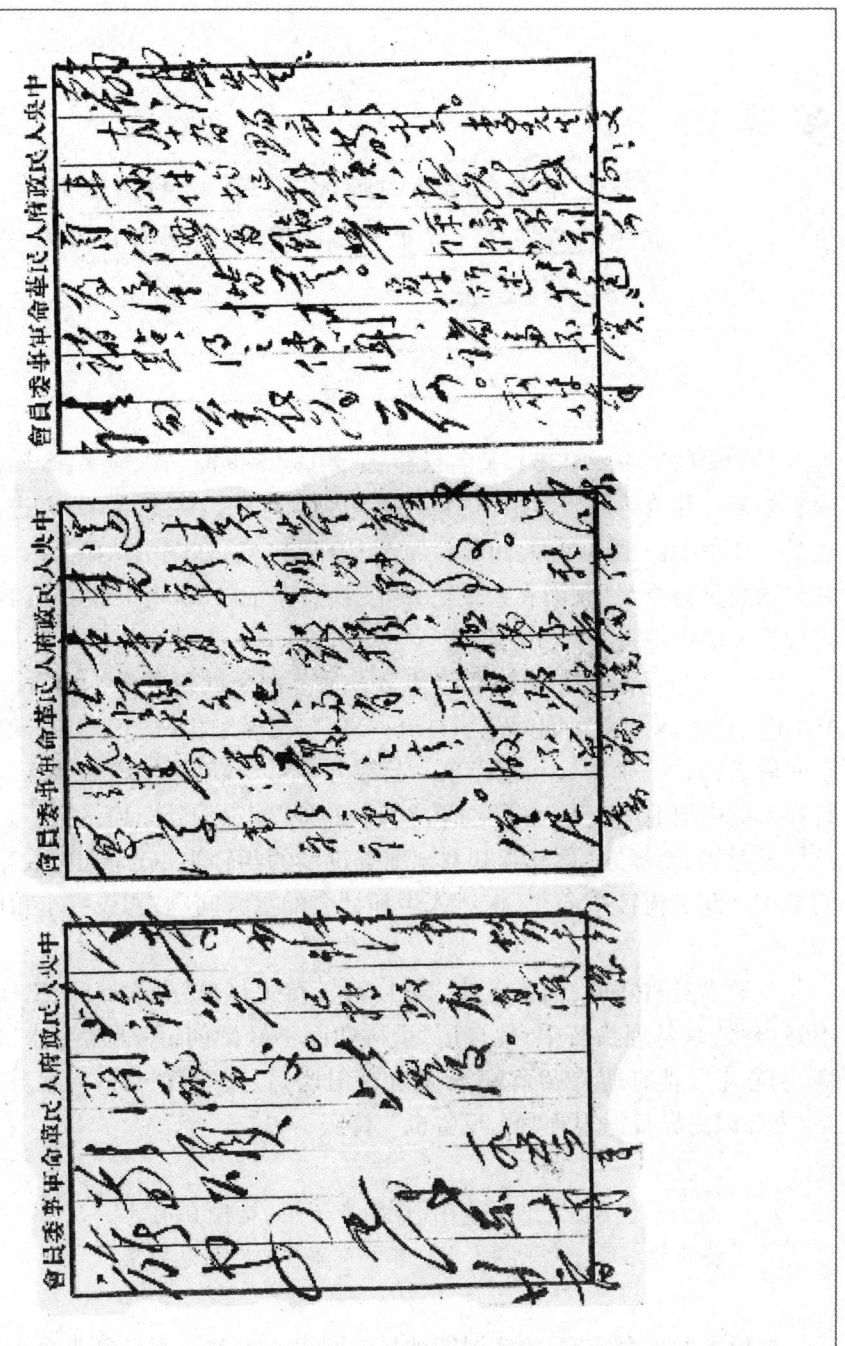

罗学瓒

> 毛泽东在湖南四师和"一师"时的同班同学，新民学会最早的成员之一，并和毛泽东同在湖南自修大学附设补习学校和湘江中学任教。

罗学瓒（1894—1930），又名云熙、荣熙，湖南湘潭马家河人（今属株洲县）。湖南省立第一师范第八班学生。1919年赴法勤工俭学，1921年10月在进占里昂中法大学的斗争中被驱逐回国。回国后加入中国共产党，在湖南从事工人运动。曾任中共湘区委员会委员、湖南省委委员、醴陵县委书记。1930年任浙江省委书记时，被国民党反动派杀害，时年36岁。

罗学瓒与毛泽东在第四师范和第一师范都是同班同学，前后长达五年半。1913年，他考入湖南第四师范预科班一班，与毛泽东相识；1914年，四师和"一师"合并后，转入"一师"，又和毛泽东一起被分在第八班。罗学瓒非常钦佩毛泽东，他曾在家信中说毛泽东是"敦品励学之人"，和他"朝夕相处，时有受益"。

那时候，毛泽东、蔡和森和罗学瓒等进步的年轻学生志同道合、交情笃厚，他们常在一起交流读书心得，探讨人生和社会的重大问题，积极寻求救国救民的真理。

罗学瓒身材矮胖，语言重浊，秉性淳朴，待人诚恳，勤学好问，工作积极踏实，不好声张，总是埋头苦干。他自谓"重科学而不好诗词，然偶然吟咏，亦足以述情怀，明心志"。他有遗诗20余首，多为在校时所写。其中有一首《自勉》，写作的目的是"书此以为异日遇艰难时之反省也"。诗云：

> 不患不能柔，惟患不能刚。惟刚斯不惧，惟刚斯有为。
> 将肩挑日月，天地等尘埃。何言乎富贵，赤胆为将来。

他后来的革命实践，确实说明他是赤胆忠心为共产主义事业而奋斗不息的。

罗学瓒和毛泽东同为湘潭人士。1917年秋，他为毛泽东发起成立第一师范湘潭校友会做了大量的协助工作。1917年9月25日，他在日记中记叙了从事这一工作的目的：

> 毛君泽东发起第一师范湘潭校友会，余甚赞成，盖有数利：谋发展湘潭教育，宜有团体；二、吾人能联络感情，可以质疑问难，以文会友；三、有团体，不致特立独行，为世所遗；四、异日为小学教师，应兴应革，互策进行，不致孤陋寡闻。此事于人于己都有利。

1917年12月14日，湘潭校友会正式成立，罗学瓒被推为文牍，负责事务工作。1918年4月，新民学会成立，罗学瓒成为新民学会的最早会员之一。加入新民学会后，他曾写信告诉祖父说：

> 孙近几年来，颇研究世界各国之事，晓得外国人打我中国的主意，推测将来中国难免不为外国所分割，百姓难免不为外国所杀害。故近日青年多为此惧，思组合同志，结成团体，为中国做一些有益的事，以谋中国之富强，为中国百姓开一条谋生之路，以图异日之起死回生。孙窃思此事，既是为国，又是为家，又是为自己，不觉心动，已经加入。此孙出身的志愿也。

1918年6月，新民学会讨论会友向外发展问题，决定响应北京教育界人士发起的留法勤工俭学。这年夏天，他从"一师"毕业后，决定赴法勤工俭学。

8月15日，毛泽东、李维汉、罗章龙与罗学瓒等24人从长沙出发前往北京。罗学瓒在北京大学留法预备班学习近一年后，于1919年7月13日和同乡包光溢等58人启程，9月2日到达巴黎。他曾在法国一家钢铁厂学习装修电机、电灯，一边坚持劳动，一边坚持学习法语，阅读书报、杂志，心情非常愉快。期间，他给毛泽东写信说：觉得近数年来的生活，以在此地为最好。托尔斯泰说，人由劳动所得的生活，为最快乐，信不诬也。

在法国，他虽然生活处境比较困难，但能勤勤恳恳地读书，和有品行、有学识、有能力的同学互相勉励，有疑问时互相询问，求学生涯十分充实。

罗学瓒在给毛泽东的信中，还建议毛泽东出国，他说："惟弟甚愿兄求大成就，即此刻宜出洋求学。若稍迟延，时光既过，人事日多，恐难有多时日求学矣。"对此建议，毛泽东非常感动，认为罗学瓒"奋勉的志气很可敬"，还建议他"从事周密的观察和深湛的思考"。

1919年11月26日，在给罗学瓒的信中，毛泽东说自己"已经决定了一种求学的办法"，放弃了出国求学的愿望。毛泽东后来解释道：我觉得我们这些青年，要有人到国外去，看些新东西，学些新道理，研究些有用的学问，拿回来改造我们的国家；同时，也要有人留在国内，研究本国的问题。关于自己国家的事，我还知道得太少，我决心在本国花费我的时间。

罗学瓒和国内的朋友们经常通信联系，交流自己的所见所闻。他在法国广泛接触社会，经过对施乃德钢铁厂详细的调查，他写出了《法兰西工人》的调查报告。

1920年2月，罗学瓒和李富春、李维汉等人在法国组织了勤工俭学励进会，后来改名为"工学世界社"，还成立了"工学世界通讯社"，由罗学瓒负责，经常向国内发稿，报道留法勤工俭学和华工运动情况。工学世界社有社员30余人，大部分信仰马克思主义，赞成以实行俄国式的社会革命为宗旨。罗学瓒经常将工学世界社的详细活动写信告诉毛泽东。

1920年7月6日至10日，留法的新民学会会员蔡和森、张昆弟、李维汉、蔡畅、罗学瓒等13人在法国蒙达尼举行集会，罗学瓒赞成以"改造中国和世界"为新民学会的新方针，并同意蔡和森提出的在中国进行激烈的革命，组织共产党，实行无产阶级专政的主张。毛泽东得知消息后极为高兴，他说："以'改造中国与世界'为学会宗旨，正与我平日的主张相合，并且我料到是与多数会友的主张相合的。"在国内的新民学会集会上，毛泽东力斥改良论，主张对中国进行大规模改造。

1921年10月，由于参加进占里昂中法大学的斗争，罗学瓒被驱逐回国。同年底罗学瓒回到上海，于12月在上海加入中国共产党。之后，他在北京中法大学学习了半年多。1922年秋，被党组织派回长沙从事工人运动。当时，担任中共湘区执行委员会书记的是毛泽东，毛泽东将领导长沙人力车夫的工作交给了罗学瓒，从此，他们并肩战斗，罗学瓒成为毛泽东在湖南领导工人运动和创办自修大学的有力助手。

当时，罗学瓒通过举办工人夜校的办法，对分散在长沙城里的3000多人力车工人进行政治、文化教育，启发他们的思想觉悟，培养和发展了一批工人党员，成立了中共的支部。1922年10月8日,长沙人力车工会成立,罗学瓒任工会秘书。在他的组织下,长沙人力车工人举行了罢工,改善、提高了生活待遇和社会地位,工会组织也得到了很大的发展。到1923年底,入会的人数已达2700余人。

1921年8月,毛泽东创办湖南自修大学,罗学瓒也是湖南自修大学学生,他们都很重视党的干部教育和培养。

1923年,毛泽东离开湖南。次年,罗学瓒则被派到醴陵,担任地方执委会书记。

1927年1月27日至2月4日,毛泽东从衡山到醴陵考察农民运动,与老朋友罗学瓒久别重逢,格外欣喜。罗学瓒召开全县党的负责人和农工青年妇女等团体负责人会议,向毛泽东汇报当地的农民运动情况。当时,毛泽东就住在县城罗学瓒的住处,并在住地连续3晚召开座谈会,广泛听取全县农会的汇报。在随后的5天里,罗学瓒陪同毛泽东在全县考察,他还组织全县工农群众大会,请毛泽东就北伐战争的形势、农民运动的任务作报告。毛泽东的考察,极大地推动了醴陵的农民运动。到1927年4月,醴陵县的农会会员增加到20多万人。

1927年9月,罗学瓒来到湘潭,重建党的组织,并担任湖南省行动委员会委员兼中共湘潭县委书记。在他的努力下,中共湘潭县委得以恢复,还建立了一些党的支部。

1928年3月,罗学瓒到上海寻找党组织。不久被派往山东齐鲁大学工作。1929年2月,他到浙江任中共浙江省委宣传部长、中共特派员;4月,任中共浙江省委书记。由于叛徒出卖,罗学瓒于1930年4月30日被捕,被关押在杭州陆军监狱,8月在杭州英勇就义。

罗 哲

大革命时期,他曾任全国农协筹委秘书,是毛泽东的得力助手……

罗哲(1902—1928),字子恒,湘潭人。他10岁时入私塾学习,1918年至1922年就读于湖南高等工业学校。当时,以毛泽东为代表的新民学会和中共湘区委员会,在长沙开展了轰轰烈烈的反帝反封建运动。罗哲以满腔热情投入了这场运动,每次罢课,他都被推选为学生联合会的代表,成为学生运动中的积极分子。

1922年,罗哲考入北京中俄大学。此后,他多次参加学生运动,非常关注国家大事。

1926年4月,得知毛泽东在广州举办农民运动讲习所后,罗哲兴奋极了。他毅然离开学校,来到广州。毛泽东热烈地欢迎罗哲的到来,他欣赏罗哲的革命热情和才华,并聘请罗哲担任农运讲习所教员,还介绍他加入了中国共产党。同年8月,罗哲被派回湖南从事农民运动,他协助毛泽东筹备召开了湖南省第一次农民代表大会和工人代表大会。在工作中,他们相处十分融洽。

1927年初,毛泽东在湖南考察完农民运动后,前往武汉筹备全国农民运动。罗哲奉中央委派,与妻子曹云芳一起随同毛泽东到武昌,任全国农协筹委秘书。当时,毛泽东任全国农协筹委书记,罗哲协助他工作。每天从户外活动回来,罗哲总要到毛泽东那里汇报并请示有关工作。在为革命奋斗的共同目标中,他和毛泽东建立了深厚的友谊,成为毛泽东的得力助手。

"四一二"政变后,局势日益恶化,罗哲和妻子曹云芳搬到毛泽东的寓所。他们经常一起分析局势的变化,决定斗争策略。罗哲夫妇深为毛泽东渊博的学识和敏锐的洞察力所折服。毛泽东指示罗哲等人回到湖南恢复农会,准备武装斗争。于是,罗哲回到长沙准备秋收起义,在秘密活动了一个时期之后,他写信向毛泽东汇报了敌我斗争的情况。毛泽东在回到湖南领导秋收起义之前,将杨开慧和儿子毛岸英、毛岸青及曹云芳送回长沙,让他们疏散活动。

1927年8月,湖南省委机关设在长沙北门沈家大屋,罗哲夫妇和毛泽东夫妇都住在这里。罗哲时任军事委员,他时常外出,与敌人打交道,风险很大。毛泽东和罗哲都非常关注对方的安全。每当罗哲外出或者深夜未归时,毛泽东总是念叨着:"罗哲为什么还不回来?"而罗哲每次出门前,都会嘱咐妻子曹云芳:"要小心防范,不能让机关出了乱子。润之同志来问时,只说我晚点回来,不要使他挂念。"

毛泽东后来到浏阳组织秋收起义,而罗哲夫妇则奉命到湘潭重建湘潭县工委,罗哲任组织部长。他奔走于易俗河、株洲等地,很快在全县恢复、建立了30多个支部。敌人到处悬赏缉拿他,由于叛徒告密,1928年9月8日,罗哲不幸被捕入狱。在狱中,面对敌人的严刑拷打,他坚贞不屈,视死如归。10月23日,他被杀害于长沙浏阳门外,年仅26岁。

噩耗传来,毛泽东异常悲痛,他曾经多次打听烈士遗属的下落。新中国建立以后,毛泽东曾经指示民政部门对烈士遗属给予抚恤和照顾。

1956年7月8日,曹云芳给毛泽东写信。毛泽东收到信后,非常高兴。8月11日,他给曹云芳回信说:

云芳女士:

七月八日的信收到,甚慰。罗哲同志英勇牺牲,早就听到一些消息。一九四五年在重庆的时候,见到张维兄,曾打听你们的下落,他只告知你姐姐王夫人已故,你的情形他不知道。现在你仍健在,并有两个女儿继承罗哲遗志,我很高兴。罗哲为党艰苦工作,我可作证,当时没有别的证件。恤金由谁领的问题,应由当地政府去做决定,如果决定给继子,不给女儿,也就算了,不必为此去争论。坟墓可由家属修理。现寄上三百元,请你酌量处理。今后如果还有困难,可以告我设法。……你们在贵阳工作有成绩,向你们祝贺。

罗哲的坟墓修好后,毛泽东亲自题写了"罗哲烈士之墓"的墓碑。

1957年,毛泽东在中南海亲切接见了罗哲的遗孀曹云芳及其两个女儿,并合影留念。1960年10月,他在中南海再次接见了曹云芳及其继子梅昆生,表达了对烈士深深的怀念。

罗教铎

> 毛泽东在湖南第一师范读书时的物理老师。在驱逐军阀张敬尧的运动中,他和毛泽东一道赴北京请愿。

罗教铎(1886—1951),字湘遒,号和善,湖南省新化县洋溪麻罗村人。1898年参加院试,获生员。1905年从湖南高等优级师范学堂理科第一班毕业,人称"洋举人"。1906年赴洪江担任电报局长及税务局长。

辛亥革命后,罗教铎改业从教,先后在长沙省立一中、湖南第一师范、长郡、明德、妙高峰等校讲授数学、物理、化学等课程。1921年,他与葛健豪、郭亮等一道创办湖南基本平民学校(即湖南民范女校前身)。

毛泽东与罗教铎的交往始于他在湖南"一师"求学时期。当时罗教铎在"一师"任教,是毛泽东的物理老师,师生两人情笃谊深。1915年上半年,湖南"一师"发生驱赶校长张干的风潮,张干对此极为恼火,他决定要开除毛泽东等17名学生。罗教铎与杨昌济、徐特立、王季范、袁仲谦等老师一道出面为毛泽东辩护,在他们的压力下,张干不得不收回成命,改为给毛泽东等记大过处分,使毛泽东得以继续学业。

1919年12月至1920年6月,湖南开展了驱赶军阀张敬尧的"驱张运动",毛泽东和罗教铎都积极参加了进去,他们是长沙各校"倒张"联合会的组织者和支持者,多次组织各校师生和社会进步人士进行罢课、示威游行等。1919年底,罗教铎和毛泽东均被推选为湖南公民驱张代表团代表,同赴北京请愿。他们与长沙教育界的杨树达、朱剑凡、罗宗翰、张怀等人一道于1920年1月19日上书北京政府总统徐世昌和国务院教育部,请求撤惩张敬尧。"驱张运动"产生了明显的效果,张敬尧的罪行逐渐大白于天下。在各方一致声讨下,他的日子越来越不好过。1920年6月11日,湘人痛恨的张敬尧被逐出长沙。

军阀赵恒惕督湘期间,把毛泽东在湖南从事的进步活动视为眼中钉,曾多次密令围捕毛泽东。有一次,罗教铎通过内线得知赵恒惕将于某天夜晚捉拿毛泽东等,他连夜派罗干秋(毛泽东的同学)给毛泽东通风报信,使其得以脱险。

此后,毛泽东与罗教铎再未谋面,但罗教铎对毛泽东从事的革命事业极为关切。1935年8月,中国共产党向全国人民发出《八一宣言》,提出抗日救国十大纲领。为响应中共的号召,罗教铎与湖南教育界爱国人士一道组织了"湖南人民国防建设协进会",他还领衔致电毛泽东,表示坚决拥护《八一宣言》和《抗日救国十大纲领》,主张对日宣战。

新化解放前夕,罗教铎身患重病。1951年,毛泽东得知罗教铎病居新化,曾亲自写信慰问。在毛泽东的关照下,当地政府每月拨给罗教铎大米500斤作为生活补贴,罗先生以生活还过得去而未领受。同年7月,罗教铎在新化病逝。

罗章龙

当年积极响应"二十八画生"的征友启事,与毛泽东结成好友。后来,他淡出政治,长期在高校从事教学科研工作。

1915年夏秋之间,长沙的数所学校门前出现了一则以"二十八画生"为名的征友启事:"愿嘤鸣以求友,敢步将伯之呼。""二十八画生",是毛泽东的化名,因为繁体的"毛泽东"三字正好是二十八画。当时的毛泽东,进入湖南省立"一师"已经两年,他成绩优良,以天下为己任,求友之心甚迫切,于是出此求友之法。

不久,毛泽东就收到了数封回信,其中一封署名为"纵宇一郎",文辞特有风度,署名不凡,毛泽东很高兴,当即写信约见这位"纵宇一郎"。所谓"纵宇一郎",就是当时颇有名气的长郡第一联合中学高班学生罗章龙。他是一位品学兼优、以治国平天下为己任、力求上进的年轻人。

毛泽东和罗章龙约定某个星期日会面。对于未曾会面的征友人,罗章龙心中有一丝不安,他特邀同乡陈圣皋一同前往。这天,雨后初晴,风和日丽,罗章龙来到了定王台湖南省立图书馆,在走廊里,罗章龙一眼就看见一位身材魁梧的少年,他正是毛泽东。随后,陈圣皋到阅览室看书,毛泽东和罗章龙则在一处僻静的长石条上,比肩而坐,促膝谈心。两位少年,第一次见面,便一见如故,相见恨晚。他们从屈原谈到诗词,从宇宙缘起谈到人生曲折,不知不觉已经近3个小时了。临分手时,毛泽东脱口而出:"愿结管鲍之谊。"春秋时,管仲和鲍叔牙结为莫逆之交,遂有管鲍佳话,千古流传。毛泽东一向不流俗,择友甚严,一句愿结管鲍之谊,表白了他对罗章龙的看法,道出了心底的呼声。纵观毛泽东的一生,所结管鲍之谊者,仅罗章龙一人而已。

自定王台一见,毛泽东和罗章龙友谊日深,每逢周末,他们常一起出游。最令他们难忘的一次,要算1915年冬天的岳麓之行了。那天,毛泽东邀请罗章龙共攀岳麓,罗愉快地接受了邀请。当时正值大雪封山,两人在凛冽的寒风中,踏雪而行。罗章龙远远地走在了前面,从树丛间隙看见毛泽东还在艰难地向上攀登,尽管累,毛泽东一点也不准备放弃,罗章龙深为他的精神所感动。

此后,与毛泽东、罗章龙交往的人渐渐地多了起来。1918年4月,他们成立了新民学会,在发起人和首批会员中,毛泽东、萧子升、蔡和森、何叔衡等人都是"一师"学生,只有罗章龙是外校学生。

新民学会成立后,决定派罗章龙等三人作为先行者,到日本去寻求报国之路。毛泽东作为新民学会的主持人,对于罗章龙寄予厚望,一连几个晚上都没有睡着,心头似有万语千言。后来到码头送行时,他将一首七言古风送到了罗章龙的手中:

云开衡岳积阴止,天马凤凰春树里。
年少峥嵘屈贾才,山川奇气曾钟此。
君行吾为发浩歌,鲲鹏击浪从兹始。
洞庭湘水涨连天,舟艨巨舰直东指。
无端散出一天愁,幸被东风吹万里。
丈夫何事足萦怀,要将宇宙看稊米。
沧海横流安足虑,世事纷纭从君理。
管却自家身与心,胸中日月常新美。
名世于今五百年,诸公碌碌皆馀子。
平浪官前友谊多,崇明对马衣带水。
东瀛濯剑有书还,我返自崖君去矣。

——《送纵宇一郎东行》

毛泽东的诗词大义凛然,视野开阔,认为罗章龙到日本是探索身国大事中的一条捷径。他深信纵宇一郎绝非等闲之辈,一定能够不辱使命。

罗章龙受新民学会的重托,在上海正整装待发,但听说日本发生迫害华侨和中国留学生事件,留日学生纷纷罢课并回国请愿。得知这样的情况后,罗章龙即刻改变行程,回到湖南,还带回了《新青年》杂志,让大家了解到了北京学界正在酝酿的新思潮和赴法勤工俭学的情况等,促成了新民学会以后的北上和赴法。

不久,毛泽东、罗章龙等10多名新民学会会员来到了北京。后来,罗章龙考取了北京大学,毛泽东则到北大图书馆工作。他们都参加了北大的许多学术活动以及青年活动,还参与建立了新闻学会、哲学会等学术团体。

新民学会后期,除蔡和森等人在巴黎外,国内则有南北两大阵地:毛泽东留守湖南,罗章龙北征京师,他们商定以3年为期,天南海北共谋改造中国之路。在毛泽东从一介书生到职业革命家的早年生涯中,罗章龙与他或左右并肩携手,或南北遥相呼应,身影始终与之并驾齐驱。二人的舞台都演绎得有声有色。

在北大,罗章龙组织了一个以湖南学生为中坚的小组。五四运动的当天,罗章龙攀梯子入墙,直接参与点燃了赵家楼的一把火;毛泽东则发起"驱张运动",并率"驱张"代表团来京请愿。他和罗章龙一起发起组织"湖南旅京学生联合会",南北响应,声威大震。据说,毛泽东当年首次读到的《共产党宣言》,就是由罗章龙翻译的。罗章龙参与组建了北京的第一个共产主义小组,毛泽东则创建了湖南共产主义小组。

中共"一大"后,两人分别主持了北方和湖南地区的劳动组合书记部。罗章龙直接领导了1921年的陇海铁路大罢工、1923年的开滦五矿罢工以及著名的京汉铁路二七大罢工,成为中共早期工人运动的著名领导人。而在长沙、安源等地,也有毛泽东领导工人运动的身影。毛泽东1925年主持全国农民运动讲习所,而罗章龙则主持几乎同时开办的工人运动讲习所。他们相互呼应,建树相当。

中共"三大"后,中央设在上海闸北火车站附近三曾里的一处二层楼里,毛泽东、杨开慧、蔡和森、向警予、罗章龙以及他们各自的孩子都住在这里,对外说是一家人,实际负责处理中央的日常工作。当时,党中央的主要领导人陈独秀、共产国际代表马林,都多次出入此"三户楼"。

毛泽东和罗章龙以中共代表的身份参加国民党中央上海执行部的工作,来往于三户楼和执行部之间。三户楼的日子,不仅是他们政治生涯里辉煌的一页,更留下了他们情往神交的美好记忆。毛泽东和罗章龙作为这一时期中共领导人物的核心,运筹帷幄,调兵遣将。

1927年7月至8月间,在大革命失败后的白色恐怖之中,他们回到了湖南,力图开辟一片新的局面。罗章龙坐镇长沙,负责湖南省委,组织市内和邻郊的工农武装;毛泽东在湘赣边界调动主力部队,里应外合发动秋收起义。之后,毛泽东率领部队上了井冈山,罗章龙则返回上海,重组全国工人运动领导班子。谁也不曾料到,这对挚友,战乱中匆匆一别,竟然从此没有再见面。

后来,罗章龙结束了他作为职业革命家的政治生涯,淡出政治,隐姓埋名,化名罗仲言,进入高校从事教学科研工作。

新中国成立后,毛泽东非常关心罗章龙,并通过湖南省委负责人询问过罗章龙的近况。1952年全国高等院校院系调整后,罗章龙去了湖北,毛泽东几次经过武汉,都曾向当地负责人谈起过罗章龙。有一次,他还认真地对当地负责人说:要为罗章龙盖楼度晚年。而罗章龙,虽然很想与毛泽东联系,但是他不愿意因此给毛泽东增添麻烦,所以始终把他们之间的管鲍之情深埋于心,多年来守口如瓶,从不向外人提起。他周围的许多老师、学生,都不知道眼前的罗仲言教授,就是当年风云一时的罗章龙。

罗章龙在高校里,长期从事经济学的教学和研究。他曾把自己关于国民经济原理的著述印本送给了毛泽东审阅。有一次,罗章龙讲学经过北京,毛泽东知道后,让杨尚昆将自己的文集送给罗章龙,作为回报。罗非常感动,曾写《寄远》诗一首,遥赠毛泽东:

> 汝我忘年友,结交争上游。
> 同心若金石,攻错赋同仇。
> 湘北齐征战,春申赠吴沟。
> 群星半陨落,一半卧沧州。

之后,双方再无具体交往。忘形之交淡而无痕,管鲍之情弦而无音,直至1976年,毛泽东撒手人寰,罗章龙悲痛不已。

独立寒秋，湘江北去，橘子洲头。看万山红遍，层林尽染；漫江碧透，百舸争流。鹰击长空，鱼翔浅底，万类霜天竞自由。怅寥廓，问苍茫大地，谁主沉浮？

携来百侣曾游，忆往昔峥嵘岁月稠。恰同学少年，风华正茂；书生意气，挥斥方遒。指点江山，激扬文字，粪土当年万户侯。曾记否，到中流击水，浪遏飞舟？

恽代英

中国青年运动的领袖。当年他组织领导的利群书社和毛泽东的文化书社有密切的业务往来……

恽代英(1895—1931),字子毅,笔名代英、英、但一、天逸、稚宜等,出生于湖北武昌一个书香世家。1913年至1918年间,恽代英就读于中华大学。毕业时,受中华大学校长陈时的聘请,担任中华大学中学部主任。五四运动时期,他以互助社为核心,以武汉学生联合会为基础,成为武汉地区各阶层人民反帝反封建革命斗争的主要领导人之一。

中国共产党成立后不久,恽代英加入了中国共产党。他还主编团中央机关刊物《中国青年》。国共合作时期,他曾任黄埔军校政治总教官和黄埔军校中的中共党团书记。大革命失败以后,他曾组织领导南昌起义、参加广州起义。1928年到1929年底,他先后担任中共中央宣传部秘书长、中央组织部秘书长。1930年初,他最早觉察出中共中央的"左"倾盲动主义错误,并在实际工作中予以抵制。在党的会议上,他批评了李立三"左"的错误,但被扣上"调和主义"、"机会主义"等帽子,先后调任沪中区、沪东区行动委员会书记。1930年5月6日被捕,于1931年4月29日在南京被杀害。

毛泽东与恽代英的交往开始于1918年。1917年10月,恽代英和挚友黄负生、梁绍文等人发起成立以"群策群力,自助助人"为宗旨的互助社。这是当时武汉地区成立最早、影响最大的进步团体,也是全国最早的进步团体之一。1918年4月,毛泽东在长沙组织新民学会。他们开始有了书信往来。反帝反封建共同的斗争目标,把他们紧紧地联系在一起。

1919年,伟大的五四运动爆发了。年轻的毛泽东和恽代英全身心地投入到这火热的斗争中,他们互相鼓励,互相学习。毛泽东将《湘江评论》寄给恽代英,请他通过互助社举办的书报贩卖部,在武昌代售。而毛泽东写的《创刊宣言》和《民众大联合》等文章则在武昌进步青年中广为传播,得到恽代英等人的一致好评。

1920年秋,恽代英受《新青年》的委托,翻译了考茨基的中期著作《阶级斗争》,由新青年社1921年1月出版。这本书正确地阐述了马克思的阶级斗争学说,对毛泽东、周恩来、董必武等都产生过深刻的影响。这本书对毛泽东世界观的转变起过积极的推动作用,毛泽东曾回忆说:"有三本书特别深地铭刻在我的心中,建立起我对马克思主义的信仰。我一旦接受了马克思主义对历史的正确解释以后,我对马克思主义的信仰就没有动摇过。这三本书是:《共产党宣言》,陈望道译,这是用中文出版的第一本马克思的书;《阶级斗争》,考茨基著;《社会主义史》,柯卡普著。"

1921年7月,恽代英、林育南等在湖北黄冈八斗湾浚新小学召开利群书社及其有联系的各团体代表大会,成立具有共产主义小组性质的共存社,长沙文化书社的易礼容参加了大会。当时,毛泽东正在参加中共"一大"。恽代英闻讯,激动不已,不久,他也加入了中国共产党。从此,为了共产主义事业,他和毛泽东并肩战斗。

国民党"一大"之后,毛泽东、恽代英、邓中夏、向警予都参加了国民党上海执行部的领导工作。1924年2月25日,国民党上海执行部举行第一次执行委员会议,决定毛泽东担任组织秘书兼文书科代理主任,恽代英担任宣传部秘书,负责编辑《新建设》月刊。他们与其他共产党人,联合国民党"左派",与国民党老右派、戴季陶主义作斗争。

1926年1月,毛泽东和恽代英参加了国民党"二大",恽代英当选为国民党中央执行委员,毛泽东为候补委员。其后,毛泽东主持了中央第六届农民运动讲习所,恽代英担任黄埔军校政治教官。在毛泽东的邀请下,恽代英到农讲所主讲《中国民族革命史》,总结了50余年来中国人民反帝反封建的斗争,给学员留下了深刻的印象。

1927年,恽代英主持中央军事政治学校武汉分校的工作,他邀请毛泽东去讲授《中国农民问题》;同时,毛泽东也邀请他到武昌中央农民运动讲习所任教。1927年3月,他们都参加了在汉口举行的国民党二届三中全会,并与邓演达等人一起参加了《对农民宣言》和《农民问题决议》的修改和审查工作。1927年蒋介石发动"四一二"政变,恽代英、毛泽东、邓演达等40名国民党中央执行委员、候补委员、国民政府委员和军事委员会委员联名发表讨蒋通电,痛斥蒋介石的罪恶阴谋。

在中共"五大"上,恽代英当选为中央委员,他和毛泽东、瞿秋白等站在一起,批评陈独秀的右倾机会主义,迫使陈独秀进行检讨。

大革命失败以后,恽代英参与组织领导南昌、广州武装起义,毛泽东则在湘赣边界发动秋收起义,开创了中国共产党独立领导武装斗争的新时期。毛泽东很敬佩和信任恽代英,1929年4月5日,他在瑞金代表前委给中央的信中,向中央建议请恽代英担任红四军前委书记,刘伯承担任军长,后来因为蒋桂战争爆发,这个建议便没有付诸实施。

毛泽东当时开辟农村包围城市的道路,曾经遭到众多的反对和责难,而恽代英对此则十分支持。1930年春天,他视察了闽西苏区,"闽西十万工农群众从斗争中建立的苏维埃政权,获得朱毛红军长期游击战争经验的帮助与指导,在政治上确实已获得了巨大的成绩。他们驱逐了地主豪绅和国民党军阀,分配了土地,改良了工人的生活"。这一切,使他大开眼界,认识到在农村建立苏维埃政权的重要性,他饱含激情地写了《请看闽西农民造反的成绩》、《闽西苏维埃的过去与将来》两篇文章,发表在《红旗》第83期和第87期上。

1930年5月,恽代英不幸被捕。他化名王作林,被关在南京的监狱中。周恩来、瞿秋白从苏联归国后,积极设法营救,事情有了一定的眉目。正在这时,当时担任中共中央政治局委员、中央情报保卫机关(即特科)负责人的顾顺章在汉口被捕了,他出卖了恽代英。

1931年4月29日,恽代英在南京英勇就义。消息传来,毛泽东十分吃惊。12月10日,他以苏维埃临时中央政府人民委员会主席的身份签署了《苏维埃临时中央政府人民委员会通令——为通缉革命叛徒顾顺章事》,通令号召革命人民捉拿顾顺章,为恽代英等死难烈士报仇。

1943年,恽代英的四弟恽子强携带全家和恽代英的遗孤恽希仲辗转来到延安,毛泽东深情地回忆了挚友恽代英,他说:"代英是个好同志。"表达了对亡友真挚的怀念和高度的评价。

柳 潜

毛泽东在湖南省立第一中学读书时的国文老师兼班主任。称赞毛泽东"才气过人，前途不可限量"……

柳潜(1878—1930)，字钧湄，号涤庵，湖南湘阴人，是清朝末年的一名秀才。他少时读书相当刻苦，并且颇有才华。青壮年以后目睹国运衰竭，官场腐败，遂放弃仕途，乃以教书为业，教学经验相当丰富，是毛泽东在湖南省立第一中学读书时的国文老师兼班主任。

1911年至1912年期间，毛泽东在湖南新军二十五混成协五十标第一营左队当了半年列兵，后来决定退出军队继续求学，以便将来成为一名教育家，或者是一名商业专家。他开始关注报纸上的招生广告，在专业的选择上举棋不定。他在先后报考警察学堂、肥皂制造学校、法政学堂、公立高级学校等几个专门学校均不满意的情况下，报考了湖南全省公立高等中学(即后来的湖南省立第一中学)，并以第一名的优异成绩被录取。

当时，柳潜在湖南全省公立高等中学任教，是毛泽东的国文老师兼班主任。毛泽东出色的文笔深得柳潜赏识。毛泽东在这里学习的半年中，不仅一直保持着"文章魁首"的地位，还在1912年6月间学校举行的一次作文比赛中，一举夺得了比赛的第一名。毛泽东这次参赛的文章，题目叫做《商鞅徙木立信论》，其指导老师便是柳潜。这是毛泽东当年留下的第一篇完整的文章。

毛泽东在这篇作文中，就商鞅徙木立信一事，联系当时的社会现实大发感慨，直抒胸臆。文章劈头就说："吾读史至商鞅徙木立信一事，而叹吾国国民之愚也，而叹执政者之煞费苦心也，而叹数千年来民智之不开、国几蹈于沦亡之惨也。"可以看出，在关于救国之道的探讨上，他继续沿着梁启超开启民智、塑造新民的路子在思考。接下来毛泽东论述了人民与法令之间的关系，认为只有能保障人民幸福的法令才是好的法令，人民也乐于拥护它，否则就会遭到人民的反对。他还对商鞅的历史功绩和"徙木立信"之事做了评论,称颂商鞅是中国历史上首屈一指的"利国福民伟大之政治家"。

毛泽东的这篇参赛作文的第一个"读者"是柳潜先生,他是这次作文比赛的阅卷者之一。毛泽东平常的国文水平在全校就是数一数二的,尤其是写得一手好文章,这一点深得柳潜的欣赏,经常将毛泽东的作文张贴到学校的范文栏里供同学们传阅。在这次作文比赛中,柳潜更是把夺冠的希望寄托在毛泽东的身上。因此,当阅卷开始后,柳潜头一个评阅的便是毛泽东的这份作文卷子。毛泽东的这篇作文只有600字,柳潜的批语却有150字,认为毛泽东的这篇文章"实切社会立论,目光如炬,落墨大方,恰如报笔,而文法亦骎骎入古"。他称赞该文"笔力挺拔"、"积理宏富"、"力能扛鼎";说作者"才气过人,前途不可限量","练成一色文字,自是伟大之器,再加功候,吾不知其所至"。

在湖南省立第一中学读了半年书后,毛泽东觉得学校中刻板的校规和有限的课程远不能使他满足。不久,胡汝霖老师借给他一套《御批历代通鉴辑览》,共116卷。他对该书进行了认真地阅读,读完后有很大收获,这使他愈发觉得在学校里读书还不如自学。毛泽东对他认定了的事,是敢于采取哪怕惊世骇俗的行动的。于是,他毅然决然地从湖南全省高等中学退学,寄居在长沙新安巷的湘乡会馆,每天步行3里路到浏阳门外定王台的湖南省立图书馆自学。此后,他与柳潜等老师中断了联系。

胡 适

在一段时间内曾被毛泽东视做"楷模"。毛泽东在北大图书馆工作期间,加入了胡适等发起的哲学研究会……

胡适(1891—1962),原名洪骍,字适之,安徽绩溪县上庄村人。现代著名学者和社会活动家。

胡适出生于官宦兼茶商之家,父亲胡传曾担任过台湾的知州和统领。1904年,他到上海求学,先后就读于梅溪学堂和中国公学。1910年,他以"庚款留学生"资格赴美国康乃尔大学留学,学习农业。1915年,他转入哥伦比亚大学研究院学习哲学,成为实用主义哲学大师杜威的学生。1917年毕业后回国,任北京大学教授。同年,胡适在《新青年》杂志上发表《文学改良刍议》一文,提倡白话文和文学革命。1918年,他参加编辑《新青年》,成为新文化运动的著名人物。此外,他创办或编辑过的杂志有:《每周评论》、《努力周报》、《国学季刊》、《新月》月刊、《独立评论》等。1927年到上海,就任中国公学校长。1930年返回北京,任北大教授,第二年升任文学院长。1932年加入中国民权保障同盟,不久因违背同盟宗旨而被开除。1938年至1942年期间,任国民党政府驻美大使、行政院最高政治顾问。1946年,任北京大学校长和国民大会主席。1949年4月去美国。1958年返台任"中央研究院"院长。1962年2月24日因病在台北去世。胡适的著作主要有:《中国哲学史大纲》、《戴东原的哲学》、《先秦名学史》、《白话文学史》、《尝试集》、《中国章回小说考证》、《胡适留学日记》、《胡适文存》、《胡适的自传》等。

毛泽东最早知道胡适的名字是1915年在湖南第一师范读书时期。陈独秀主编的《新青年》在当年创刊后,毛泽东很快就成了该杂志的热心读者,并对胡适的文章相当推崇。他后来在同斯诺的谈话中曾这样说:"当我在师范学校做学生的时候,我就开始读这一本杂志(《新青年》)。我特别爱好胡适、陈独秀的文章。他们代替了梁启超和康有为,一时成了我的楷模。"这一时期,毛泽东对只比自己大两岁的胡适十分钦佩。

1918年秋,为组织湖南的留法勤工俭学活动,毛泽东来到了北京。经杨昌济介绍,他在北京大学图书馆谋得一份工作,并得以经常去旁听胡适等知名学者的课。据萧三回忆,毛泽东与他初到北京,对胡适等人十分仰慕,在杨昌济的介绍下,他们曾一起去拜访过胡适。据胡适1959年的谈话,毛泽东等五人当时还曾给他写过信。另外,毛泽东在北大工作期间,还加入了胡适等发起的哲学研究会,去旁听过胡适关于实用主义的讲演,后来他曾把实用主义列为近代思想变革的标志之一。这期间,他与在京的新民学会会员还曾邀请胡适在北大文科大楼举办学术座谈,由毛泽东等提出问题,胡适作答。台湾有人据此称毛泽东是胡适的学生,也有一定的道理。

1919年7月,毛泽东在长沙创办了《湘江评论》杂志,胡适看到这个杂志后十分重视,他通过《新青年》、《每周评论》等刊物向全国的读者加以介绍和推荐,认为"《湘江评论》的长处是在议论的一方面"。对于毛泽东在《湘江评论》第二至第四期上发表《民众的大联合》一文,胡适十分赞赏,称赞该文眼光远大、议论痛快,"确是现今的重要文字","武人统治之下,能产生出这样的一个好兄弟,真是我们意外的欢喜"。

1919年12月,为争取全国各界对湖南驱逐军阀张敬尧运动的支持,毛泽东作为湖南"驱张"请愿带团团长和新民学会的代表第二次来到北京。在京期间,他又去拜访过胡适。他还就自己是否有必要去国外留学征求过胡适的意见,胡适对于他决定留下研究国内问题的做法表示赞同。另外,他将自己筹备成立湖南工读互助团的打算告诉了胡适,胡适认为这个设想很好,还建议他把"工读互助团"的名字改为"自修大学"。关于这两件事,毛泽东在1920年3月14日给周世钊的信中均有所提及:"我觉得求学实在没有'必要在什么地方'的理,'出洋'两字,在好些人只是一种'迷'。……我曾以此问过胡适之和黎邵西两位,他们都以我的意见为然,胡适之并且作过一篇《非留学篇》。……我想我们在长沙要创造一种新的生活,可以邀合同志,租一所房子,办一个自修大学(这个名字是胡适之先生造的)。我们在这个大学里实行共产的生活。"

为了与新民学会会员商讨湖南建设问题和给即将从上海启程的第二批赴法勤工俭学的新民学会会员送行,毛泽东于1920年5月5日赶到上海。到上海后,他曾给胡适写过一封信。7月7日,毛泽东经武汉返回湖南,应聘担任湖南第一师范附属小学的主事。在此期间,他对于湖南的建设问题非常关心。为了争取胡适等文化

名人对此事的支持,他在返回长沙的第二天就写信给胡适,信中这样说道:

适之先生:

在沪上一信,达到了么?我前天返湘。湘自张去,气象一新,教育界颇有蓬勃之象。将来湖南有多点须借重先生,俟时机到,当详细奉商,暂不多赘。此颂

教安

后来,五四新文化运动阵营内部出现分裂,毛泽东逐渐疏远了主张改良主义的胡适,而日渐接近李大钊、陈独秀等主张社会主义这一派,并成为中共的创始人之一。毛泽东在1923年撰写的《外力、军阀与革命》一文中,把胡适列入"新兴的知识阶级派"、"非革命的民主派"一类。

此后,毛泽东与胡适的直接交往很少。直到抗战胜利后,当傅斯年于1945年7月到延安访问时,毛泽东曾特意委托他代为转达自己对胡适的问候。同年8月24日,当胡适得知毛泽东即将赴重庆参加国共和平谈判时,曾给毛泽东发了一份电报,建议中共放弃武力,在中国建立一个不靠武装的第二大党,"万不可以小不忍而自致毁灭"。胡适的这一建议,遭到了毛泽东的当然拒绝。

新中国成立前夕,胡适离开大陆去了美国。对于友人陈垣劝他回大陆的建议,他在1950年1月曾写了一篇文章予以回绝。1958年,他到台湾任"中央研究院"院长。毛泽东对于胡适一直也有看法,1954年10月,他在全国文化界发起了批判胡适思想的运动。

对于胡适的学术研究,毛泽东并不是全盘否定。他认为胡适提倡白话文有功,在"新红学"与"旧红学"的争论上,"胡适的看法比较对一点"。据唐德刚回忆,胡适晚年对毛泽东提出的"文字必须改革"的主张和大陆推行汉字简化方案的做法十分赞赏,但对毛泽东的一些旧体诗词却颇多挑剔。

画之先生：

在保定一信谅已到了罢？我前天到南阳，啪啪自张之、新乡、一新乡界领前导。动上象郡将来啪南，布多监须备重，先生必需，俟时机到，当详细奉商，费不多费。此乞教安。

胡适之先生 北京 钤池子 缎库后同

毛泽东寄 寓长沙储英源楚怡小学校内

胡汝霖

毛泽东在湖南省立第一中学和湖南第一师范读书时的老师。曾将自己珍藏的《御批历代通鉴辑览》借给毛泽东阅读。

胡汝霖(1864—1949),字孝谦,号鞠生,湖南长沙人。清末甲午恩科进士,国学功底相当不错,点过中书,当过候补道台,出任过合肥、阜阳、桐城等县知事。胡汝霖为人耿直,为官清正廉洁,由于看不惯封建官场的腐败,后来遂弃官回乡从教,晚年曾任湖南大学教授。毛泽东在湖南省立第一中学读书时,胡汝霖也在该校任教。

毛泽东在省立一中学习期间,经常到学校图书馆阅览室广泛涉猎课外书籍,这引起了同样酷爱读书的胡汝霖的注意,他便主动与毛泽东交谈。通过接触,胡汝霖发现毛泽东的文史知识功底相当厚实,读书兴趣极为浓厚,这令胡先生颇感惊奇,于是对毛泽东特别看重和喜爱。

胡汝霖见毛泽东求知欲极强,非常喜欢课外书籍,尤其是酷爱读文史类书籍,于是他常常把自己这方面的藏书借给毛泽东阅读。其中,便有他珍藏多年的一部史书《御批历代通鉴辑览》。

《御批历代通鉴辑览》在《四库全书》中又叫《御制通鉴阐要》,是清朝乾隆皇帝钦定出版的一部史书,它是司马光所著的《资治通鉴》的删节本,因此通称《通鉴辑览》。大臣们还将乾隆皇帝阅读《资治通鉴》一书时用朱笔写下的批语800多条,也汇集到该书之中,故定名为《御批历代通鉴辑览》。乾隆皇帝还在这部书的卷首写了序言。它实际上是一部代表清朝官方观点的史论集,编纂的意义在于"用定千古是非之准,而破儒生迂谬之论"。全书共116卷,采用编年体辑录了上自黄帝、下至明朝的基本史实,是一部极为难得的史书。

毛泽东从胡汝霖老师那里借到《御批历代通鉴辑览》后,花了几个月的课余时间通读了这部长篇史论集,感觉收获颇多。1936年,毛泽东在向斯诺追忆早年在湖南省立第一中学读书的往事时,曾经说过这样的一段话:"这是一所很大学校(湖南省立一中),有许多学生,毕业生更是难以计数。那里的一个国文教员对我帮助很大;我的文学爱好引起了他对我的注意。这位教员借给我一部《御批历代通鉴辑览》,里面有乾隆皇帝的谕旨和御批。"

在湖南省立一中读了半年书后,毛泽东觉得学校中刻板的校规和有限的课程远不能使他满足。特别是在认真看了《御批历代通鉴辑览》后,他有很大收获,便愈发觉得在学校里读书还不如自学。毛泽东对他认定了的事,是敢于采取哪怕是惊世骇俗的行动的。他从湖南全省高等中学退学后,寄居在长沙新安巷的湘乡会馆,每天步行三里路到浏阳门外定王台的湖南省立图书馆看书自修。他订了一个庞大的自修计划,学习十分勤奋,用他自己的话说是"像牛闯进了人家的菜园,尝到了菜的味道,就拼命地吃一样"。他在那里阅读了大量中外书籍,尤其是集中精力阅读了大量反映西方十八、十九世纪资产阶级民主主义和以进化论为核心的近代自然科学方面的著作,比如卢梭的《民约论》、达尔文的《物种起源》,以及严复翻译的亚当·斯密的《原富》、孟德斯鸠的《法意》、赫胥黎的《天演论》、斯宾塞的《群学肄言》等,可以说相当集中地接受了一次较为系统的西方近代思想文化的启蒙教育。他在这个图书馆第一次看到一张世界地图,通过这张地图,他才知道世界原来是那么大,而中国只是其中的一小部分,湘潭县在地图上根本没有。这个发现,对走出乡关才一年多的毛泽东来说,感受该是何等的新鲜和强烈!

关于在湖南省立图书馆的这段经历,毛泽东1936年对斯诺这样说道:

我读了《御批历代通鉴辑览》以后,得出结论,还不如自学更好。我在校六个月就退学了,订了一个自修计划,每天到湖南省立图书馆去看书。我非常认真地执行,持之以恒。我这样度过的半年时间,我认为对我很有价值。每天早晨图书馆一开门我就进去。中午只停下来买两块米糕吃。这就是我每天的午饭。我天天在图书馆读到关门才出来。

毛泽东在湖南省立图书馆的半年自修生活虽然"极有价值",但已难以为继:父亲毛顺生不支持他这种似乎是漫无目的的读书,拒绝继续供给费用。同时,他寄居的湘乡会馆也被一些遣散的湘乡籍士兵占了,不能再住下去。于是,他决定重新回到学校读书,还接受了胡汝霖报考师范学校的建议。

1913年春,毛泽东考入湖南第四师范。1914年春,第四师范合并到第一师范,胡汝霖先生刚好也到该校任教,毛泽东和胡汝霖得以在"一师"重聚。在此期间,毛泽东与蔡和森、周世钊等经常到胡汝霖家拜访求教。

胡汝霖在"一师"工作不长一段时间后,辗转到了安徽,后又到湖南大学教书,并从此与毛泽东失去了联系。据说毛泽东曾给胡先生写过一封信,可惜胡先生没看到。后来,毛泽东曾多次和同窗好友周世钊提到胡汝霖,称赞他"一生淡泊,难能可贵"。

贺尔康

湖南农民运动的领袖之一,被衡山群众亲切地称为"湖南的彭湃"。曾在韶山协助毛泽东开展农民运动。

贺尔康(1905—1928),字承贵,号过吉,又名跨龙,化名何志成,湘潭县韶山人。自幼家贫,读过私塾。他十分向往新式学堂的学习,在父亲不同意的情况下,1922年夏,他和庞叔侃来到了长沙。

1922年秋天,经同乡毛泽东介绍,贺尔康就读于中共湘区执行委员会主办的湖南自修大学附设补习学校。在入学前的资格考察中,贺尔康说:我的志愿,是要振兴中华,把帝国主义赶出去,把人民解放出来。入学后,在校长何叔衡、老师夏明翰、罗宗翰等人的支持下,他半工半读,学习刻苦努力,广泛地接触群众,深入社会,关心时政,凡是团省委、省学联主办的游行、集会、讲演、宣传,他都积极参加。

1923年1月,经夏曦介绍,贺尔康加入了中国社会主义青年团。1923年11月20日,他又进入湘江学校农村师范部学习,湘江学校以储备农运人才著称。1925年春夏之交,他加入了中国共产党。

1925年6月,受中共湘区执行委员会及共产主义青年团的派遣,贺尔康回到韶山协助毛泽东开展农民运动。毛泽东分配他参加农民夜校的领导工作。贺尔康与杨开慧、柳季刚、庞叔侃、李耿侯等人办了20多所夜校,还协助毛泽东建立共产主义青年团和国民党的基层组织,创办韶山雪耻会。为了教育和组织农民,他和毛泽东、毛福轩、庞叔侃等人常常彻夜忙碌。在他们的努力下,韶山各乡建立了20多个秘密农协,创建了韶山党团组织。他还积极参加了毛泽东领导的韶山农民夺取教育权、阻禁平粜的农民运动。

1925年8月,贺尔康收到了毛泽东转交的中共湘区执行委员会调他赴广州农民运动讲习所的信件,他在日记中写到:"虎元(湘区委代号)决定要我赴粤入农民运动讲习所。接此信,非常欢喜,筹足旅费,一定去。"过了几天,贺尔康、毛泽东、庞叔侃等结伴而行,前往广州。毕业后,贺尔康被派回湖南,担任国民党省党部农民运动特派员。

1926年,贺尔康被调往衡山,发动农民运动,配合北伐军的行动。毛泽东来衡山考察农民运动的时候,贺尔康和中共衡山县地方委员会的同志向他作了详细汇报,并陪同毛泽东视察衡山农民运动讲习所和石湾、霞流冲、柴山洲一带的农民运动。对衡山农民运动所取得的成就,毛泽东给予了高度评价。他指出,党应大力加强组织建设,迅速夺取团防武装。贺尔康深有同感,他说:"毛委员说出了我的心里话。"在实践中,他很注意贯彻毛泽东的指示,注意培养农协干部,重视工农武装的建设。

1926年6月下旬,毛泽东回到湖南任临时省委书记,贺尔康等人前往长沙从事秘密工作。他还当选为湖南省省委委员、农委书记。他支持毛泽东的用60%的精力,注意军事运动,"实行在枪杆子上夺取政权,建设政权"的意见,全力以赴地投入到秋收起义的准备工作中。10月,中共湖南省委又准备发动第二次起义,贺尔康被派往浏阳发动农民,攻打浏阳县城。但由于浏阳的工农武装骨干随毛泽东上了井冈山,暴动未能实现。

长沙"灰日暴动"以后,湖南反动派疯狂残杀革命势力,中共党的地下机关几乎全部遭到破坏。1928年4月,贺尔康被衡山军警逮捕,4月14日,惨遭杀害。韶山人民冒着生命危险,将他的遗体用银圆赎回,安葬在韶峰山麓。

贺岚岗

毛泽东在湘乡东山学堂读书时的老师。后来他到湘乡驻省中学任教,又把毛泽东带到那里。

1910年秋,经亲友们的帮助和自己的争取,毛泽东得以到湘乡东山高等小学堂求学,临行前他抄录了一首诗留给父亲,"孩儿立志出乡关,学不成名誓不还。埋骨何须桑梓地,人生无处不青山",表达了自己一心向学和志在四方的决心。

湘乡东山高等小学堂是由原东山书院改建而成的一所新式学校,离毛泽东的家乡韶山冲有50多里,是专为湘乡地主豪绅培养自己子弟的地方。这所学校除教经书外,还教授被称为"新学"的算术、历史、地理、物理、音乐、体操、图画等自然科学和其他新学科。毛泽东到该校求学时,贺岚岗先生在那里任史地教员。

毛泽东初到东山小学,校方在了解了他的一些基本情况后,出了一道《言志》的题目对他进行考试。毛泽东凝神思考后,提笔一气呵成,写就了一篇出色的文章,受到主考老师的一致称赞。但随后在是否录取毛泽东的问题上,老师们的意见并不一致。一些老师以毛泽东不是湘乡人为由,不同意录取毛泽东。贺岚岗与李元甫、谭咏春等老师则坚决主张录取,他们还一道批驳了不同意录取的老师们的意见。

毛泽东在东山学堂读书期间,贺岚岗为他讲授史地课(一说是国文课,见萧三著《毛泽东同志的青少年时代和初期革命活动》,中国青年出版社,1980年,第26页),对毛泽东的学习和生活极为关心。在交往中,贺岚岗得知毛泽东在东茅塘读私塾时,塾师毛麓钟为他点读过《了凡纲鉴》,毛泽东还表示很喜欢这本史书。后来,毛泽东写了一篇题为《救国图存论》的作文,贺岚岗读后十分赞赏,特地把自己的一套丝绸布面装订的《了凡纲鉴》送给毛泽东。老师送礼物给学生,这在当时的东山学堂还是头一遭,消息很快传遍全校,引起了轰动。毛泽东在东山学堂读了半年书后,贺岚岗见他成绩优异又胸怀大志,为了他能得到更好的发展,就和校长李元甫及另一位老师谭咏春商量,决定送他到湘乡驻省中学学习。恰好这时,湘乡驻省中学给贺岚岗寄来了聘书,邀请他前去任教。于是,1911年春天,毛泽东和贺岚岗一道第一次坐轮船到长沙,并顺利地考入了湘乡驻省中学,到了一个更为广阔的天地。

和贺岚岗先生一起来到长沙后,毛泽东的眼界顿时开阔起来,感受到一种与乡下完全不同的社会气氛。虽然他在这所学校只待了几个月的时间,但思想却发生了很大的变化。这时的中国已经处于辛亥革命爆发的前夜,长沙是湖南的省会,而湖南又是革命党人活动十分活跃的地方,反对清政府的宣传特别激烈。

贺岚岗到湘乡驻省中学后,受聘担任时事政治课老师。在他的引导下,毛泽东开始关注社会政治动态。毛泽东在这里第一次看到革命派办的《民立报》,并成为它的热心读者,接触到许多革命言论。当他从该报上看到黄兴领导广州黄花岗起义的消息时,思想受到巨大的冲击。他后来说:"宣统三年三月十九日(即1911年4月27日)黄兴在广州起事,全国震动。消息到湘,学生界中之抱革命主义者,已跃跃欲试。"

毛泽东就是这"跃跃欲试"者当中的一个。一天,他在学校墙壁上贴了一篇题为《打倒清王朝》的文章,表示支持革命党推翻清朝、建立民国的纲领,还主张把孙中山从日本请回来当大总统,让康有为当内阁总理,梁启超当外交部长。这是毛泽东第一次公开表达他的政见。从这篇文章中也可以看出,他当时的构想还很幼稚,也不太清楚孙中山和康梁之间政治主张的分歧。后来,为了表示与反动卖国的清政府彻底决裂,毛泽东在学校倡议并带头剪掉了辫子,还和一些积极分子采取突然袭击的方式,把十几个答应剪辫子、却迟疑不肯动手的同学的辫子给强行剪掉了。对于毛泽东等学生们的剪辫行动,贺岚岗明确地表示赞同,他还把自己的辫子也剪掉,用实际行动来支持毛泽东的革命行为。

1911年10月武昌起义爆发后,毛泽东决定投笔从戎,他于当月月底告别贺岚岗先生,到湖南新军二十五混成协五十标第一营左队当了一名列兵。

关于上述这段经历,毛泽东在1936年与斯诺的谈话中曾这样回忆道:在东山学堂读书时,"我开始向往到长沙去。长沙是一个大城市,是湖南省的省会,离我家120里。听说这个城市很大,有许许多多的人,不少的学堂、抚台衙门也在那里。总之,那是个很繁华的地方。那时我非常想到那里去,进一所专为湘乡人办的中学。那年冬天,我请我的一位高小教员介绍我去,他同意了。……我几乎不敢希望真能进这所有名的学堂。出乎意料,我居然没有遇到困难就入学了"。

毛泽东一直对贺岚岗等东山学堂老师对自己的帮助心存感激。1955年,他曾特意邀请东山学堂的同班同学、谭咏春老师的儿子谭世瑛到北京做客。在谈到自己在东山学堂的读书经历时,他对谭世瑛说:"李元甫先生,贺岚岗先生,还有你父亲,都是热心的教育家,他们是爱惜人才的!……没有他们,我进不了东山学堂,也到不了长沙,只怕还出不了韶山冲呢!……在当时,他们能够这样关心一个学生,真是不容易呢!

1958年夏,应东山小学党支部的请求,毛泽东为该校题写了横竖两种式样的校名,并在9月10日给该校写了一封回信,他说:"你们的大字报早已收到,甚谢。现遵嘱写了校名二纸,请选用"。

贺 果

毛泽东在湖南第四师范和第一师范读书时的同班密友，共同求学的时间长达5年半之久。而他们之间的友谊，则延续了50多年。

贺果，号培真，湖南邵东县江乡马王塘人，生于1896年。1913年春，贺果考入湖南公立第四师范，与毛泽东一起被分在新生第一班。1914年2月，随着四师并入湖南省立第一师范学校，他们又恰好一同被编入第八班，由此开始了他们长达5年半之久的同窗生涯和长达50多年的友谊。在同窗共读的岁月里，毛泽东和贺果朝夕相处，由于意气相投，他们很快结成亲密的朋友。

毛泽东和贺果都是运动场上的健将，在"文明其精神，野蛮其体魄"的思想指导下，他们都喜欢体育运动。毛泽东、罗学瓒、张昆弟等人，对冷水浴、日光浴、游泳、登山、踏雪、泛舟、体操等花样繁多的体育运动，样样喜欢；而贺果则只偏向于其中的个别项目。对此，毛泽东深感遗憾，当他进行贺果不喜欢的体育项目时，他总是极力邀请贺果参加，他还常规劝贺果：你有锻炼的热情，这是难能可贵的，但是不应该只偏重于一两项，畸形发展。运动的目的，在于增强体质，以便精力充沛地投入学习当中去，将来担负起改造社会和国家的重任，这一点是我们年轻人应该明白的。

不过，贺果在体育上是有专长的。他跑得快，动作灵活，是第一师范最出色的足球运动员。1916年前后，贺果还参加了在上海举行的远东运动会全国预备会。当时，湖南选派了7名代表参加，湖南第一师范的贺果、陈绍休（赞周）、彭道良（则厚）等3人便是其中的代表。

1918年秋，贺果从第一师范毕业了。由于家庭经济拮据，无力继续升学。这时，毛泽东、蔡和森等正在组织赴法勤工俭学活动，他们把这个消息告诉了贺果。贺果设法向一位老乡借了60元钱，和李维汉等人一起来到了北京。毛泽东帮助他们到保定育德中学赴法预备班学习。在保定学习的1年时间里,贺果每个月3元钱的伙食费都是毛泽东、蔡和森从华法教育会为他弄来的。毛泽东特地从北京来保定商量处理赴法的具体事宜,看望同学、朋友们,畅谈理想、人生、革命道路问题,给处于艰难境地中的贺果等人以鼓励。期间,他还和贺果保持着频繁的书信往来。

在毛泽东的协助下,1919年冬,贺果终于实现了赴法勤工俭学的梦想。身处异国他乡、与祖国相距千山万水的贺果,通过毛泽东寄来的报纸,了解到祖国发生的事情,并以此保持友人之间的联系。

贺果十分珍惜在法国的机会,他努力学习马克思主义,主动积极地接受新事物,投身革命运动。他与李维汉、李富春等人共同组织了工学世界通讯社(前身是工学励进会),成为其中的一员。他从工学主义思想出发,注重讨论实际问题。在国内的毛泽东,知道工学世界通讯社的情况后,十分高兴,他说:"我们总要有主义的进行,在法同学组织的工学世界通讯社——革命团体——那办法很好。"

经过五四运动的洗礼,国内的革命形势更加高涨。毛泽东在湖南进行革命活动,任务繁忙,但他没有忘记昔日的同窗好友,应罗学瓒的要求,他把刊登湖南革命运动情况的湖南大公报等进步报刊,寄给在法国的同学们,使他们能够经常了解到家乡的革命形势。对此,贺果在日记中时有记载。如他在1921年1月13日的日记中写道:"晚上看湖南寄来的大公报附张,专记此次杜威、罗素及蔡吴诸名人讲演。"1月17日的日记写到:"晚上看湖南通俗报,是去年十二月初十一月尾的,说谭延闿辞职,由省议会选林支宇为省长;又军政事宜由赵恒惕署理,称总司令。"

毛泽东还非常关注在法同学们的思想动向,他利用《湘江评论》刊登在法同学写的通讯稿件,向湖南《大公报》等报刊推荐留法同学的文章。1919年10月29日,贺果在法国哈佛尔工厂写了一篇《我作工的感想》,经罗学瓒转寄给当时在长沙文化书社的毛泽东,毛泽东收到后,热情地向湖南大公报推荐发表。虽然相距万里,但共同的追求把他们的心紧紧地连在了一起。1924年,贺果加入了中国共产党。

此后,在恶劣的战争环境中,毛泽东和贺果的联系时断时续,但即使在中断联系的日子里,他们之间的友谊仍然保存在心间。

岁月流逝,弹指一挥间,几十年过去了。中华人民共和国成立后,毛泽东担任党和国家的领袖,贺果则在自己的工作岗位上,默默地辛勤耕耘,他担任贵阳市教育局长,与毛泽东恢复了交往,同窗情谊一如往昔。

在北京开会时,毛泽东多次单独接见他,共同回忆他们年轻时的梦想和友谊,展望未来。在第一次接见贺果时,毛泽东曾风趣地说:"你还在,我以为你向阎王报到去了!"贺果向毛泽东汇报了在革命征途中受到的挫折,诉说了在李立三路线时期被开除党籍的苦恼。毛泽东安慰他说:"开除了倒好,不然,你一定完了!"1953年,在党组织的关怀下,贺果终于恢复了党籍,重新回到了党组织的怀抱。

两位老朋友还保持着密切的书信联系。贺果在信中如实地向毛泽东汇报了贵阳市中小学教育情况,毛泽东虽然日理万机,但依然亲笔回信。1951年12月5日,他在回信中说:"惠书敬悉,告我以中小学形情,极为有益。我暂时不会出国,请放心。"毛泽东还十分关注贺果的各方面情况,1956年4月27日,他又给贺果回信说:"给我的信收到了,感谢你的好意。我情况还好,盼你保养身体,便时望将你的情况告诉我为盼。"言语之间,充满殷殷关切的深情。

"文化大革命"时期,贺果的胞弟、著名音乐家贺绿汀受到"四人帮"的迫害。万般无奈之下,1973年1月,贺果写信将这些情形一一告知了毛泽东。毛泽东对此十分关心,有一次,毛泽东当面责问张春桥:"贺绿汀怎么样了?不要整了吧!"在周恩来的具体过问下,贺绿汀终于从上海"四人帮"的监狱里被解救出来。

当时,贺果正在北京等待毛泽东的接见,他听说弟弟贺绿汀出狱了,顿时热泪纵横,无法自已。他想亲自向毛泽东表达感激之情,又急于见到在监狱中待了几年而且备受摧残的弟弟贺绿汀。他以为以后还有机会见到毛泽东,于是未等毛泽东接见就匆匆赶回上海了。遗憾的是,一代伟人毛泽东竟然于1976年与世长辞,老朋友再也没有相聚的机会。

毛泽东逝世后,贺果曾两次进京瞻仰毛泽东的遗容。伟人长眠于此,留给朋友的是绵绵无期的思念。

钟志申

> 他和毛泽东曾经一同在韶山南岸私塾诵读经书,一同在池塘游泳欢悦,一同在课堂接受私塾先生的体罚……

钟志申是毛泽东在韶山南岸私塾读书时的同学。这所私塾是当地邹姓的族学,钟志申和毛泽东都是外姓,为了避免邹姓同学的欺负,他们两人互相照应,结下了深厚的友谊。

1910年,毛泽东辞别家人、学友,"立志出乡关",去寻求"改造中国与世界"的道路。他先后在东山高等小学堂、湘乡驻省中学、湖南省立第一师范等学校求学,并积极地组建湖南的中共党组织,大革命时期领导了湖南的农民运动。

而此时,钟志申也辞别校门,在家乡务农。数年的艰辛劳作,他始终不能富裕起来,而且家乡的父老乡亲,终年劳累,却难得温饱,切身的体验使他深刻地感到租税的繁重,于是萌发了仿效梁山好汉、反抗土豪劣绅的思想。1918年,钟志申带领家乡的几十个农民,公然闹起了抗捐、抗税、减租的斗争。但最后,斗争失败了,最为"闹事领头"的钟志申,无奈之下,只好隐姓埋名,流落他乡。

两位儿时的好友,就这样一别10多年。

1925年春,毛泽东回到了故乡韶山。钟志申闻讯后,马上风尘仆仆地从外乡回到了南岸上屋场。

1925年2月至8月,毛泽东利用回故乡韶山养病的机会,开展了轰轰烈烈的农民运动:创办农民夜校,建立农民协会,成立雪耻会。韶山的农民运动如火如荼、蓬勃发展,出现了"一切权力归农会","农协会员漫山遍野,梭标短棍一呼百应"的局面。正如毛泽东后来对斯诺所说的那样:"那年冬天(指1924年),我在上海抱病,回湖南休养,可是回到湖南以后,我把本省伟大的农民运动的核心组织了起来。"在革命的洪流中,毛泽东在故乡韶山创建了中国农村最早、最坚强的党支部之一——中共韶山特别支部,亲手培养和发展了一批忠诚的无产阶级先锋战士。

在毛泽东的指引下，钟志申渐渐懂得了"穷人为什么穷，富人为什么富"的道理，坚定了跟着党闹革命的信念。1925年6月的一个夜晚，钟志申和其他三位农协的骨干庞叔侃、李耿侯、毛新梅在上屋场毛泽东的卧室，面对鲜红的党旗，庄严地跟着毛泽东宣誓，光荣地加入了中国共产党，并用非凡的事迹实践着闪光的誓言，成为当地人们称颂的"韶山五杰"之一。大革命失败以后，钟志申遵从上级党组织的决定，在长沙府正街以开京货铺为名，担任党的交通员，从事地下斗争。

1928年2月12日，由于叛徒的出卖，钟志申不幸被捕。在监狱中，敌人对他进行严刑拷打，百般折磨，但一无所获。3月12日，钟志申被惨杀于长沙浏阳门外识字岭。在英勇就义的前两天，他给哥哥钟志炎、钟志刚留下了一封遗书，表达了视死如归的英雄气概和对革命必胜的坚定信念。他说："我的案子突然变得严重，可能无出狱希望，这并不可怕。当我入党之时，就抱定视死如归的意志。我认定：共产党一定会胜利，革命一定会成功。我牺牲生命，把一切贡献于革命，是为了寻找自由，为了全国人民求得解放。我知道我的牺牲，不会白牺牲，我的血不会白流。因为血债需用血来还。党会给我报仇，你们会给我报仇。要记住：共产党是杀不绝的啊！"

毛泽东得知钟志申牺牲的消息后，心里十分悲痛。新中国成立后，他对钟志申的亲属多有照顾。1959年回故乡韶山时，还接见了烈士的亲属，给他们许多的勉励。

唐自刚

早年在文化书社当营业员,与毛泽东算是同事,毛泽东亲切地称他为"我的小同乡"。

唐自刚(1902—1990),湖南省湘潭县古城乡莲花村人。

五四运动爆发后不久,唐自刚走出封闭的乡村,投身于革命的洪流之中。由于易礼容的表兄韩宜家住湘潭县良湖乡史家坳,离唐自刚家只有几里路,易礼容常到表兄家串门,也由此认识了唐自刚。

1920年10月,经易礼容介绍,唐自刚进入文化书社当了营业员,并与毛泽东相识。他们由此相处、往来了近6年时间。第一次见面时,毛泽东亲切地说:"自刚,你是我的小同乡哟!"而唐自刚则尊称毛泽东为"毛先生",他很兴奋地告诉毛泽东:"我家在银田寺附近的莲花坳,到毛先生家韶山冲只有30多里路。"当时,毛泽东任湖南第一师范附小主事兼第一师范的国文教员,他和易礼容主持文化书社的内外事务,将文化书社办得有声有色。他经常来书社,每次都会阅读当天的报纸及新到的书刊。一有空闲,便与唐自刚叙叙家常。

1922年5月,易礼容任安源路矿工人消费合作社经理,唐自刚暂时代理文化书社经理一职。中共"一大"召开之后,毛泽东很注重加强党的建设,他为发展党员付出了相当大的精力。唐自刚工作努力,积极追求进步,毛泽东便发展他加入了中国共产党,并让他担任湖南支部交通员。

毛泽东为革命忙碌奔波,没有时间和精力照顾自己。一年冬天,天寒地冻,唐自刚发现毛泽东脚上的棉鞋破旧不堪,他说:"毛先生,买双新鞋吧,您脚上的这双实在不能再穿了。您肩负的工作很重要,冻坏了脚要影响身体、影响工作啊!"毛泽东笑了笑说:"谢谢小同乡的关心,我的这双鞋嘛,暂时还能穿,实在不能穿的时候,拿去缝缝补补,还可以穿。家乡有句话说得好:新三年,旧三年,缝缝补补又三年。"毛泽东艰苦朴素、为革命忘我工作的精神深为唐自刚所敬佩。

1926年2月,为了培养军事政治干部,国民党中央在广州举办政治讲习班,唐自刚作为中共湖南省区选派的学员之一,参加了讲习班的学习。毛泽东是讲习班的7个理事之一,在开学典礼上,他以"革命分子团结起来"为中心,发表演说,他说:

这次从湖南来此地的同志,我相信都是彻底的革命者。其录取标准,绝对不是重文字的好差,完全看他的思想是否是革命的。我们的敌人对革命采取了联合行动,我们非团结起来为之奋斗不行!诸位都是来此做革命工作的,绝对不是抱升官发财的希望来的。望诸位吃苦耐劳,大家联合起来,努力进行国民革命。

毛泽东的演说给唐自刚以深深的启发和鼓舞,他暗下决心:一定不辜负毛先生多年来的教育和鼓励,为完成国民革命多作贡献。

毛泽东当时讲授《农民运动》,这是唐自刚最喜欢听的课。一天,唐自刚在过道里等候上完课的毛泽东,毛泽东愉快地和他打招呼:"我的小同乡,我在学员名单里知道你来了。好啊!好好学习吧,要做一名优秀学员啊。"唐自刚表示,一定按照毛泽东的要求去做。

1926年6月,唐自刚从政治讲习班毕业了。7月,由中共湖南区委派任耒阳地方执行委员会书记。他积极领导耒阳广大群众开展革命运动,发展党的组织,还举办了耒阳县农运讲习所,为农民运动培养了大批的农运干部。

"马日事变"以后,湖南全省笼罩在白色恐怖之中。唐自刚遭到通缉,四处躲藏。1930年,他辗转流离,回到故乡湘潭,以教书为生,从此失去了与党组织、毛泽东的联系。

时光飞逝,转眼到了1950年上半年,唐自刚给毛泽东写信,述说自广州分别后的情形。收到信后,毛泽东立即给他回了信,他赞扬这位小同乡长期从事教育工作,还请他有机会到北京见面。

1951年,唐自刚来到北京,和易礼容、萧三一起去见毛泽东。两位早期的同事、分别四分之一个世纪的朋友又见面了。毛泽东很高兴,他握住唐自刚的手,热情地说:"我的小同乡,欢迎!欢迎!"他们共同回忆起文化书社,回忆起广州讲习班。如烟往事,历历在目,让人难以忘怀。

毛泽东的鼓励曾经长久地在唐自刚的心头回荡,他说:"主席,我一直没有忘记您的教诲与期望,即使是在与党组织失去联系后,也没做过任何一点有违革命利益的事。"他谈了自己的打算,还请毛泽东予以帮助。毛泽东说:"你长期生活在敌占区,对新的知识还有个重新学习、吸收、消化的过程,建议你先入校系统学习,毕业后再安排合适的工作。"

1951年秋,唐自刚进入华北革命大学政研院学习。毕业后,毛泽东授意新疆军区司令员王震选调唐自刚去新疆工作。新疆地处边陲,条件非常艰苦,但唐自刚愉快地接受了这样的派遣,他被安排在新疆军区后勤部工作。在新疆,唐自刚始终没有忘记自己是毛泽东的同乡,他以全部的精力投入到兴厂办教的工作中,为新疆的建设做出了自己的贡献。

1990年9月,唐自刚病逝于石河子市。

夏 曦

早年毕业于湖南第一师范学校，是毛泽东的学弟，也是中共早期参加新民学会的党员之一。

夏曦（1901—1936），又名蔓伯、蔓白，化名劳侠，湖南益阳县桃江镇人，湖南第一师范第十六班学生。在"一师"读书时，参加了新民学会，是省内群众运动中的重要骨干分子。大革命时期，夏曦任中共湖南省委委员、省委书记、国民党湖南省党部常委。参加过南昌起义，后赴苏联学习。曾被选为党的第六届中央委员。回国后任湘鄂西中央分局书记、六军团政治部主任。在洪湖地区曾执行过王明"左"倾机会主义路线，犯了肃反扩大化的错误。1936年2月在长征途中不幸牺牲。

夏曦生于一个知识分子家庭，幼时读过私塾。1915年，14岁的夏曦考入了益阳县立龙州高等小学堂，开始接触到一些新知识，他和同学曾一起参加了反对签订《二十一条》的街头演讲宣传。

1917年8月，夏曦考入湖南省立第一师范，被编入第一部第十六班，从此与毛泽东等学长相识。在这所学术空气浓厚、新思想活跃的高等学府里，聚集着一群风华正茂的有志青年，他们经常聚在一起讨论国家大事。

1918年4月14日，"一师"的毛泽东、蔡和森、何叔衡等人组织的新民学会成立了。在他们的思想影响下，夏曦的思想日趋进步。

当五四运动的消息传到湖南时，夏曦热情勇敢地参加了这场伟大的斗争。他参加了第一师范学生组织的救国10人团，抵制日货；他是1919年7月7日长沙各界焚毁日货游行示威大会的主要组织者之一。毛泽东和新民学会联合社会各界，发动了驱逐张敬尧的群众运动，并组成"驱张"代表团分赴省内各地和北京、上海、武汉等地进行宣传和请愿，夏曦是代表团成员之一，并和柳直荀等人被委派在长沙组织通讯社，主持省内外通讯联系，编印材料，揭露张敬尧的恶行，被张敬尧视为"过激党"分子之一，遭到通缉。

1919年下半年，夏曦加入了新民学会这个朝气蓬勃的团体。他经常参加学会有关政治、社会问题的学习和讨论，往往深夜才回学校。

五四运动促进了马克思主义的广泛传播，湖南以新民学会为核心的一批有志青年，开始探索中国革命的道路，讨论建立中国共产党的有关问题。1921年1月16日，新民学会由何叔衡主持在文化书社召开本年一月常会，在讨论"改造中国与世界"的共同目的之下"会友个人的进行计划"问题时，夏曦认为自己"深信工、学并行与体、脑共用之理。想一方面研究教育，一方面学习工艺"，"拟于年内着手办一个印刷局"。毛泽东非常赞同他的主张，认为"文化书社有此计划"，"还要组织一个印刷局，及一个编译社"。

1921年10月10日，在毛泽东等的努力下，中共湖南支部成立了，夏曦也于同年参加了共产党。从此，他在党的领导下，为无产阶级革命事业而斗争，成为中共早期曾经"参加新民学会的较为知名的共产党人"之一。夏曦在青年团的建设、工人运动、统一战线以及马克思主义的宣传等方面，所起的作用尤其突出。

1921年，共产国际为了对抗即将召开的华盛顿会议争夺远东霸权和宰割中国的阴谋，决定于1922年1月召开远东各国共产党及民族革命团体第一次代表大会，为此，中共中央工作部派人到长沙联系，经毛泽东等选拔，夏曦成为湖南前往参加会议的成员之一。

1922年，毛泽东等人创办的自修大学，举行了几次公开的关于马克思学说演讲大会，比较系统地宣传马列主义和研讨中国革命的理论和实践问题，夏曦是当时的主讲人之一。从1922年9月起，自修大学附设了补习学校，为党训练青年干部，毛泽东是该校的指导主任，而夏曦则担任教员。他们共同为党的建设、团的建设和青年运动做出了重要贡献。

从1922年冬至1923年，夏曦担任湖南学生联合会干事部主任，主持学联的机关刊物《湖南学生联合会周刊》，有力推动了学生界反帝反军阀运动的开展。他还从理论上比较系统地探讨了中国当时的形势、国民革命的方针和目的、中国革命的道路和方法等问题。

夏曦还是北伐战争中湖南党的主要领导者之一。1923年3月，孙中山开始进行改组国民党的工作。当时夏曦正在上海参加全国学生大会，由于林伯渠的关系，他加入了中国国民党，从中开展统一战线及有关工作。1923年，他返回长沙时，被国民党本部总务部委任为湖南筹备处负责人。夏曦又请毛泽东予以协助。1924

年，他担任中共湖南区委员会委员，并和何叔衡等开展筹备国民党省党部，积极推进国共合作。

1926年初，夏曦和毛泽东都出席了中国国民党在广州召开的第二次全国代表大会，并被选为候补中央执行委员。

1927年4月12日，蒋介石发动政变后，夏曦和李维汉等人立即发动群众，声讨反击蒋介石和湖南的反动派。

1927年4月19日，国民党中央执行委员会土地委员会在汉口召开第一次扩大会议，毛泽东和夏曦都出席了会议。夏曦还代表湖南省党部首先向会议报告了湖南的情况，他说："（湖南）有些地方的农民已自动地起来解决土地问题，因为非土地问题解决，无以解决一切农民问题，现在土地问题应马上解决。"他还提出了政治没收的解决办法。4月7日至5月9日，毛泽东和夏曦还参加了在武汉召开的中共"五大"，夏曦当选为中央委员。

大革命失败以后，毛泽东领导秋收起义，率部队开辟了井冈山革命根据地，而夏曦则参加了南昌起义。不久，他受党中央派遣，到苏联莫斯科东方大学学习。

1930年，夏曦回国后，被党中央派往江苏省委任常委兼宣传部长。1931年1月，在党的六届四中全会上，夏曦被增补为中央委员。1932年3月，夏曦被王明"左"倾教条主义统治的中共中央派到洪湖苏区，成立了以他为书记的湘鄂西中央分局，并成为后来湘鄂西省委的主要领导成员之一。但是在贯彻推行王明"左"倾教条主义的过程中，他犯了肃反扩大化的严重错误。

后来在长征途中，夏曦力图在实际行动中改正自己的错误，他说："我一想起来就感到内疚，这是我还不了的账啊！"我们"一定解决好伤员问题。受伤的同志都是有功之人，不能再让我有负于伤员啊！"但不幸的是，1936年2月28日，在长征途中的贵州毕节地区，夏曦光荣牺牲，为革命事业献出了年仅36岁的生命。

徐特立

毛泽东在湖南第四师范和第一师范读书时的老师。他的"不动笔墨不看书"的读书方法,使毛泽东受益终身。

徐特立(1877—1968),原名懋恂,又名立华,字师陶,湖南长沙县五美乡人。无产阶级革命家,教育家。一生从事革命教育,经验丰富,其著作被辑为《徐特立文集》、《徐特立教育文集》等。

徐特立少时读过6年私塾,1905年参加在岳州举办的湘鄂两省考生会试,在5800余名考生中以第19名的成绩取得复试权,但因无钱交纳复试费,只得放弃。此后,他以优异的成绩考入由老同盟会员周震麟创办的宁乡师范,毕业后到长沙城东30里的朗梨镇创办了梨江学校,后来受朱剑凡的邀请,到长沙周南女校任教。1910年春,徐特立到上海入江苏省教育会所办的"单级小学训练班"学习,接着到日本进行了为期两月的小学教育参观考察。回国后他仍到周南女校任教,兼任小学部校长,并创办《周南教育》周刊,以推广先进的教学经验。

1911年辛亥革命爆发后,湖南成立临时议会,徐特立当选为临时议会副议长。后来他到善化高小担任校长,接着于1912年创立长沙师范学校,并任该校第一任校长。在长沙时,徐特立先后创办了两个高小、一个初小、一个男子师范和一个女子师范,还倡办了农村简易师范班,培养了不少小学教师,被誉为教育界的"长沙王"。

1913年秋,徐特立到湖南第四师范任教,此时毛泽东正在该校读书。1914年春,湖南四师并入"一师",徐特立、毛泽东等师生一起转入"一师",直到1919年,他一直在这里任教,是毛泽东任课时间最长的老师之一。

徐特立平时生活俭朴,为人严谨,执教认真,给毛泽东留下了极为深刻的印象。毛泽东后来多次对人说:"我在湖南师范求学时,最敬佩的两位老师,一位是杨怀中先生,一位是徐老。"他还赞扬徐特立不仅是他在湖南"一师"时的老师,而且还是他革命的老师。

徐特立不仅品德和学识堪称一流,还具有严谨的治学态度和一套良好的学习方法。当时"一师"学生课外自学已成风气,但在读书中存在贪多图快、不求甚解的毛病,效果欠佳。针对这种情况,徐特立结合自己长期积累的"读书以少为主,以彻底消化为主"的经验,提出了"不动笔墨不看书"和"学以致用"的读书原则。毛泽东谨遵老师的教导,勤做笔记。他在"一师"读书求学的几年里,写的读书笔记就装满了好几网篮。

在湖南第一师范1915年的学潮中,校长张干要开除毛泽东等17名学生,徐特立会同杨昌济、袁仲谦、王季范、方维夏等教员出面为学生说话,向校方施加压力,最终迫使张干收回成命,对毛泽东等的处分由开除改为记大过,使他得以完成学业。

五四运动中,在毛泽东、蔡和森、何叔衡、李维汉等新民学会会员的帮助下,徐特立联络长沙的一部分思想开明的校长和知名教师组织"健学会"。在1919年6月15日召开的健学会成立大会上,徐特立宣读了健学会的宗旨为:"输入世界新思潮,共同研究,择要传播。"他还宣读了传播学术新思潮的方法:"一是凡最近出版的图书,由本会收集,随时供会员阅读。二是函托海内外同志,随时调查新学术思潮,通信报告。三是邀请、介绍名学者讲话。研究的范围从哲学、政治经济学到文学艺术。凡入会会员必须分析研究一个课题。传播的方法,主要是讲演。讲演定于每星期天上午举行,有重大演讲,临时通知。"当时,毛泽东曾在《湘江评论》上发表《健学会的成立及进行》一文,对其进行称赞,认为这是"空谷的足音,我们正应拍掌欢迎,希望他可以做'改造湖南'的张本"。在五四运动中,徐特立等领导的健学会与毛泽东领导的新民学会相互呼应,推动了五四运动在湖南的深入发展。

此后,徐特立投身到1919—1920年的湖南"驱张运动"中。他通过在健学会的演讲,揭露军阀张敬尧强占学校、扣发教育经费和教师工资等破坏教育的行径,呼吁将张敬尧驱逐出湖南。为了广泛发动群众参加"驱张运动",徐特立天天来往于长沙城乡之间,向学生和群众揭露张敬尧兄弟的罪行,启发他们的觉悟,号召大家起来斗争。他还到家乡做调查,收集了许多关于张敬尧在长沙所犯罪行的资料,写成了一篇致张敬尧的公开信,发表在《北平晨报》上。湖南人民经过艰苦卓绝的斗争,最终取得了"驱张运动"的胜利。

1919年9月底,徐特立赴法留学,他曾入巴黎大学专攻物理、数学等自然科学。在此期间，他拒绝了军阀政府"给予年俸一千元，代为考察法国教育"的笼络，在游历了比利时、德国之后于1924年回国。归国后，徐特立在长沙创办了一所女子师范学校，后又受聘为湖南第一女子学校校长。

1925年春，毛泽东因病从上海回到湖南，一边养病，一边从事农民运动。他在长沙拜会了徐特立，向徐特立介绍了共产党进行革命的目的以及自己对中国农民运动的主张和看法，并恳请老师参加和支持湖南农民运动。毛泽东的谈话，对徐特立产生了很大影响，是他思想观点转变的起点，也是他整个人生转折的开始。

1927年春，徐特立回到家乡长沙县五美乡小住。在那里，他看到农民运动兴起以后引起的农村变动，感受到了农民运动的巨大力量以及共产党人的伟大作用。于是他放弃了自己奉行将近30年的"教育救国论"，投身到革命的洪流之中。他参加了湖南省农民协会，并担任教育科长，兼任湖南农村师范和农村讲习所主任。

大革命失败之后，经李维汉介绍，徐特立加入了中国共产党。当毛泽东后来知道这一情况后，由衷地赞扬道："真是疾风知劲草，岁寒知松柏啊！"徐特立随后参加了南昌起义，被任命为革命委员会委员，并担任革命委员会所属党务委员会的领导工作。起义部队整编后，徐特立担任二十军第三师党代表兼政治部主任。

1928年，党中央派徐特立赴苏联莫斯科大学特别班学习，1930年回国。当年12月30日，他辗转来到了赣南根据地，在那里见到了毛泽东、朱德等领导人。从此，毛泽东得以与徐特立朝夕相处。1931年11月，中华苏维埃共和国在江西瑞金成立，毛泽东当选为中央政府主席，徐特立当选为中央执行委员，任教育部副部长。徐特立主要负责苏区的教育工作，他提出了"老公教老婆，儿子教父亲，秘书教主席，马夫教马夫，伙夫教伙夫，识字的教不识字的"等一整套扫盲教育方法，并取得了相当大的成效。

1934年10月，57岁的徐特立参加了长征，他是长征队伍中年纪最大的一个。到达陕北后，毛泽东提议徐特立担任中华苏维埃中央政府教育部长。陕甘宁边区政府成立后，毛泽东又任命徐特立担任边区教育厅厅长。

1937年2月1日，是徐特立60岁的生日，中共中央为了表示对他的敬重，特地在1月30日那天为他举行了60寿辰庆祝大会。会前，毛泽东给徐特立写了一封感情真挚的贺信，对徐特立为革命所作的贡献给予了高度评价，信中说："你是我二十年前的先生，你现在仍是我的先生，你将来必定还是我的先生。"

1947年2月1日，是徐特立70岁的生日，中央办公厅提前派人把他从绥德接回延安。在他生日的头天晚上,毛泽东等中央领导来到他住的窑洞祝贺,按照当地的风俗习惯为他"暖寿",在一起吃"长寿面"。毛泽东还给徐特立送了一盒寿糕,并在盒子上写下了"坚强的老战士"几个字。生日那天,中共中央在延安中央大礼堂为徐特立举办了祝寿大会,朱德主持了大会并致祝词,毛泽东等中央领导到会祝贺,《解放日报》在当天还出版了庆祝徐特立70大寿的特刊,重庆《新华日报》和晋察冀边区的《晋绥日报》也都发表了祝贺的文章。

1949年3月,徐特立参加了在河北平山县西柏坡举行的党的七届二中全会,之后随党中央迁入北京。

中华人民共和国成立后,徐特立任中央人民政府委员、中共中央宣传部副部长,并当选为全国人大常委会委员,是中国共产党第七届、八届中央委员,他为了新中国的建设事业更加勤奋地工作着。

1950年11月5日,毛泽东应邀为湖南第一师范题写了"要做人民的先生,先做人民的学生"的题词,他还请徐特立为该校题词。后来徐特立给湖南"一师"校长周世钊写了一封信,在信中阐述了毛泽东的作风——实事求是,不自以为是,提出第一师范要以毛泽东的作风为学风。1967年,徐特立在其90岁时又一次给湖南第一师范学校题词:发扬革命光荣传统,做毛主席的好学生。他还用大字抄写了毛泽东的《为人民服务》的全文,送给湖南第一师范。

1968年11月28日,徐特立在北京溘然辞世,享年91岁。毛泽东在其追悼会上送了花圈。

绍光同志：

你是我们的新同学，你现在
可能还不是我们的老兵，但将来一定是
我们的老兵。去年入学的时候，许多
青年来都闹了些毛病，有些甚至跑
到私人那边去了，等你一九七年秋天
加入共产党，而且取得了规定足够
积极性的那时至今长期刊报艰苦
斗争了。你此刻青年批判还要些模
糊一点不难固然，还要虚心学习
许多东西。什么，笔？什么，是非精零？
什么，思路陷落？在你面前

都陷入那了。而在有些人面前就
却陷入了混乱不利于前进。你还想
很多的时候你以为不是，而在有些人
本意上有建摘心，却偏要满嘴说
你是对。心意忽的那是"宽说"什么都是
你是对。而在有些人他们心之某一
角落，却不免藏着一些朦朦胧胧
腌臜的东西。你是我们时候都是
同学在一块的，而在有些人却把
辛苦服务群众为快事。你先家当吃
饭，而他就是服丧家问与聚合停这样
"花"，而在有些人却似乎饭里像处

剥削人家的，那是完全不对的。你是革命第一、工作第一、他人第一，而是有些人则以己为先，革命在后，他人在后，自己在先。你每遇见某些事做，尽量地了解难责任，而表扬些人则以表扬其难责做，遇到犯考责任的问题，就解困了。所有这些，我都佩服你们，颇喜继续此方努力们，也颇喜全党同志学习你，在你六十岁生日的时候，写这封信代祝贺你，颇你健康，颇你长寿，颇你成为一个革命人与全党人民的模范。此致

革命的敬礼！

毛泽东

一九六三年十一月九写。

袁仲谦

毛泽东在湖南第四师范和第一师范时的国文老师。在他的引导下,毛泽东掌握了古文写作技巧。

袁仲谦(1868—1932),号吉六、士策,字仲谦,湖南新化人。他自幼苦读诗书,20余岁时投身科举考试并中了举人。此后他一直在私塾、书院教书授徒,一生热心教育事业,先后培育弟子数以千计。陈天华、陈润霖等,就是他在新化教书时的学生。辛亥革命后,袁仲谦先后在湖南第四师范、第一师范、明德中学、省立第三女师、湖南大学等校任教。因他常留有大胡子,故学生们背后多称他为"袁大胡子"。他对中国古典文学颇有研究,尤其精通韩愈的文章。著作有《文字源流》、《分类文法要略》、《文学史》、《书法必览》、《国文讲义》等。

1913年春,袁仲谦到新建的湖南第四师范任教,毛泽东是他所教的预科第一班的学生。袁仲谦秉性耿直,教学态度特别严厉,常用教鞭体罚学生,但教课却很生动。有一次,毛泽东在作文后面写了一句"民国二年二月二十五日第一次作文",袁仲谦看后不太满意,他要毛泽东把文章重抄一遍。后来他两次催问,毛泽东都没照办。袁仲谦非常生气,便将毛泽东的作文本撕了。毛泽东起立质问,并要同袁仲谦一道到校长那里理论。袁先生气得无言以对。最后,毛泽东把作文又抄了一遍,但仍在后面加上了那一句。袁先生对倔强的毛泽东无可奈何,只好不了了之。

还有一次,一位工友打破了学校院里的一只大花盆,袁仲谦将他大骂了一通,刚好毛泽东从旁经过,深为不平,他大声说道:"哪里这样恶,要这样骂人?有事可以好好说嘛!"袁仲谦觉得他的话不无道理,只好住口了。这一时期,他们之间的关系比较紧张。

1914年春,毛泽东所在的湖南四师并入第一师范,毛泽东被编入一年级第八班。袁仲谦也转到湖南"一师"任教,担任毛泽东的国文课教师,一直教到1916年,是毛泽东在湖南一师读书时任课时间最长的老师之一。在"一师",通过长时间的接触,毛泽东和袁仲谦都加深了对对方的了解,关系趋于融洽。

毛泽东在东山学堂读书时,受梁启超"新闻体"的影响,喜欢写半文半白的文章,袁仲谦对此很不以为然,他说毛泽东的文章尽是报馆味,要他熟读韩愈的文章,学做古文。为了激发毛泽东学习古文的兴趣,袁仲谦除了在课堂讲授古文外,还经常在课余时间对毛泽东进行指导。他教导毛泽东学习要坚持"四多",即多读、多写、多想、多问,在写作方面要记住"文章妙来无过熟"。毛泽东对袁仲谦传授的读书方法极为赞同,他将其付诸实践,取得了很好的效果。

1936年,毛泽东在延安与斯诺谈话时,曾提及袁仲谦对自己的影响,他说:"他(袁仲谦)揶揄我的文章,称之为新闻记者的手笔。他看不起我奉为楷模的梁启超,认为他是半通不通。我不得不改变我的文风,我研读了韩愈的作品,掌握了古文的写作技巧。所以,这该感谢袁大胡子,至今,我还能写出过得去的古文。"

袁仲谦不仅在学业上对毛泽东加以引导,在其他方面对毛泽东也极为关心。在湖南第一师范1915年的学潮中,校长张干要开除毛泽东等17名学生,袁仲谦会同杨昌济、徐特立、王季范、方维夏等教员出面为学生说话,向校方施加压力,最终迫使张干收回成命,对毛泽东等的处分由开除改为记大过,使他得以完成学业。

1918年夏,毛泽东从湖南"一师"毕业,袁仲谦也离开"一师"到别的地方任教。他们之间仍保持着联系,直到20世纪20年代末。

新中国成立后,毛泽东曾派人打听袁仲谦的下落,得知他已于1932年去世,其妻子戴常珍年迈体弱,无依无靠,生活相当困难。1950年五一劳动节时,毛泽东特邀戴常珍赴京参加观礼。当年10月11日,毛泽东给当时的湖南省政府主席王首道写信,提出要对袁仲谦的妻子进行接济。他在信中说:"据罗元鲲先生(毛泽东在湖南"一师"时的另一位老师)来函说,曾任我的国文教师之袁仲谦先生已死,其妻70岁饿饭等语,亦请省府酌予接济。"此后,毛泽东几次回湖南,每次都要亲自或派人去看望戴常珍。

1952年,袁仲谦家乡的有关部门和他的亲友为他重修坟墓,毛泽东应邀为袁仲谦书写了碑文。1963年,戴常珍患病住院,毛泽东从周世钊那里得知此讯后,托他带去现金400元,让戴治病调养。在毛泽东的关照下,戴常珍晚年生活得很幸福。1970年,她去世后,毛泽东又让周世钊转交了300元的安葬费。

郭伯勋

毛泽东在韶山井湾里私塾读书时的塾师。据说他"能掐会算",当年曾断言毛泽东日后必成大器。

1906年秋,13岁的毛泽东从韶山冲桥头湾私塾结业后,被父亲送到离家约5里的韶山井湾里私塾拜师求学,那里的塾师是郭伯勋和毛宇居。

井湾里本是屋场名,当时郭伯勋家的房屋比较宽绰,于是就在家里开了一个私塾。在这里就学的学生大多是本族子弟。

郭伯勋饱读诗书,对易学也很有研究,在当地颇有些名声。据说他"能掐会算",当时凭看相便断言毛泽东日后必成大器。另外,当时韶山唯一的秀才毛宇居也在井湾里私塾执教,所以毛泽东的父母很愿意把他送到这里读书。毛泽东在这里读书时的同学中有郭伯勋的两个侄子——郭梓材、郭梓阁兄弟,他们不仅是毛泽东少年时代要好的朋友,而且在日后还曾给予毛泽东极大地帮助,数度救毛泽东于危难之中。

毛泽东在井湾里私塾学习期间,郭伯勋对他极为看重,在生活上给予了悉心照顾。毛泽东家住在韶山上屋场,离井湾里比较远,每天上学要往返10多里地。于是,郭伯勋就让毛泽东免费寄宿在自己家,还让家人帮助料理他的生活起居。关于这些,郭梓材后来回忆道:"泽东同志有远大的抱负,……我们全家人都喜爱他,尤其是我二姐,照料泽东最为细致。泽东的那条长辫子是二姐帮他梳,还帮他洗衣服,补这补那,一点好菜也要留给泽东一份,比对自己的亲弟弟还要亲十分。新中国成立后,泽东主席还向乡亲打听二姐的消息。"

在学习上,郭伯勋更是注意对毛泽东善加引导。少年毛泽东思想活跃、聪慧好学,求知欲很强。在这所私塾里,他的学习任务是继续读"四书"、"五经"。但是他不很喜欢读经书,而对中国古代传奇小说比较感兴趣,特别是对反抗统治阶级压迫和斗争的故事非常着迷。在这期间,他先后读了《精忠岳传》、《水浒传》、《三国演义》、《西游记》、《隋唐演义》等书籍。当时私塾里的老师将这些小说视为杂书、邪书,不准学生阅读。为了躲过老师的耳目,毛泽东将经书竖起来作掩护,借以挡住老师的视线。不过这些"小动作"最终还是被郭伯勋发现了。他有时搞点突然袭击,将看小说入迷的毛泽东叫起来背书,没想到毛泽东竟能应对自如。另外,毛泽东还经常违反课堂规矩。郭梓材曾经这样回忆道:他不愿读"四书"、"五经",就和小同学串通起来,反对背书;让他好好在教室温课,可等先生一离开,他便组织小朋友排队打仗,由他当"元帅",让大家冲锋,把个教室弄得乱糟糟的。

  为了端正学生们的学习态度,郭伯勋就引用古代名人名言对毛泽东等加以启发引导,鼓励他们树立远大抱负,立志成才。听了郭伯勋的这些深入浅出、具体生动的说教后,毛泽东深受启发,自此他的学习态度端正了许多,读书的自觉性也大大增强。可以说,郭伯勋对毛泽东的褒奖,对他立大志向、求大作为有着不可忽视的影响。

  1907年夏,毛泽东离开了井湾里私塾,停学在家务农,闲时读一些杂书度日。不过,他对自己的塾师郭伯勋并没有忘怀,后来还经常与郭梓材兄弟谈起这位"能掐会算"的老先生。

郭 亮

> 在毛泽东的影响下,加入了新民学会,并成为湖南最早的党员之一……

郭亮,号靖茄,长沙铜官区(今望城县12区)西华乡射山冲人,生于1900年。

1911年,郭亮进入铜官东山寺小学,后来转学到靖港第四高小。1916年,他考入长郡中学(即今长沙市立第一中学)。由于家庭经济困难,1918年后,他休学在家帮助哥哥种地。

五四运动期间,毛泽东在长沙创办《湘江评论》。从《湘江评论》上,郭亮知道了中国的衰弱和黑暗都是由于帝国主义和军阀统治的结果,他更加仇恨丑恶的社会制度,开始有了明确的革命思想。他也由此而深深地记住了毛泽东的名字。

1920年,郭亮考入湖南第一师范第二部,这是专为小学教员进修而设的,两年毕业。当时毛泽东正在"一师"附小当主事,并且以"一师"为他从事革命活动的依托。对毛泽东敬仰已久的郭亮,很快就认识了毛泽东,并且加入了毛泽东所组织的新民学会。从毛泽东那里,他读到了各种宣传新思想的刊物、报纸以及有关社会主义的书籍,其中包括上海共产主义小组出版的《共产党》期刊。

1920年末至1921年初,郭亮加入了毛泽东领导的社会主义青年团。

在"一师"时,郭亮和夏曦住在一个宿舍,他们用大量的时间参加校外的革命活动,经常深夜不归。在毛泽东的领导下,他们从1921年起就参加了工人运动,最初在长沙人力车工人的罢工中崭露头角。郭亮也表现出了自己极善于接近和鼓动群众的才能。

中国共产党成立以后,经过毛泽东的介绍,郭亮于1921年加入了共产党,成为湖南最早入党的党员之一。

1922年,郭亮从第一师范毕业了,他全心全意地投入到沸腾的工人运动中。当时,全国包括湖南的工人罢工正掀起高潮。1922年,他被党组织派到粤汉铁路的新河和岳州(即岳阴站),做铁路工人的工作。最初他做得比较多的是宣传工作,他创办工人夜校,出版"工人之路"周刊。到8月~9月间,粤汉铁路的长沙、新河、岳州和徐家棚四地,先后成立了工人俱乐部,他担任了新河和岳州工人俱乐部的秘书。

1922年9月,为了反击路局对工人俱乐部的破坏,增加工资、改良待遇,郭亮领导粤汉路工人在以上四个地方发动了罢工。9月10日,当一列火车由武昌开往岳州时,郭亮率领工人进行了一次卧轨行动,他自己卧在距火车最近的地方,阻止火车开行。但罢工遭到镇压,郭亮和其他20多个工人被捕,被关押在武汉的"陆军监狱"。

这期间,毛泽东多方活动,积极营救郭亮出狱。郭亮为工人的利益而斗争,得到了工人们的尊敬和爱戴,当他出狱回到长沙后,许多铁路工人和他们的家属都来慰问他。妇女和老人都真诚地说:"你抓去了后,我们天天都为你求神拜佛。"

从此,郭亮和毛泽东的关系更加亲密起来。1922年,在毛泽东的大力领导下,湖南有组织的工人达到3万多人,仅长沙就成立了粤汉铁路、泥木、理发、人力车等十几个工会。1922年11月6日,湖南全省工团联合会成立了,这是湖南工人统一的战斗组织,毛泽东任该组织的总干事,而郭亮则成为毛泽东的得力助手之一。

1923年,毛泽东离开湖南后,郭亮接任工团联合会的总干事。在中共湖南省委,他任省委委员兼工农部长,工农分为两部以后,他专做工人运动。

1927年二七惨案发生后,全国的工人运动转入低潮。在湖南,赵恒惕政府对工人和群众革命斗争的镇压、摧残也越发严重起来。湖南陷入白色恐怖之中。

关于从二七惨案到北伐军进入湖南这一时期郭亮所领导的工人运动的情况,在郭亮1927年1月所写的《湖南工人运动之过去与将来》一文中,是这样记载的:

> 湖南工人同遭厄运,集会结社,概被禁止,水口山工会及长沙各工会多次被封闭,工人遭残杀,工人运动饱受巨创。但革命的湖南工人运动,却并未因此而低落,公开的争斗,秘密的组合,从不松懈。五卅运动突起,全国工人阶级与帝国主义肉搏血战,湖南工人一致奋斗,工人组织数量增至七万余人。五卅运动被帝国主义、中国军阀打击下,湖南未获幸免,如安源、水口山工人之遭残杀,工会被解散;第一纱厂工会工人之被拘囚;长沙铅印工人罢工受压迫等等。但在此情形下尚能扩大秘密组织,工会人数增至11万人。在全国工人阶级反对军阀的争斗中,驱逐赵恒惕的运动再度严厉。三日,被革命群众力量赶出湖南;至北伐军入湘,安源、株萍、粤汉、长沙、醴陵、湘潭等地工人均努力参战,并竭力巩卫地方,成绩

卓著。北伐军胜利,开国民革命发展之新局面,湖南工人组织也日益强大,至今日已达40万人了。

当时,郭亮以主要精力从事工人运动,但并不限于此。比如:当1923年长沙发生"六一"惨案时,各群众团体反对日本帝国主义,联合组成外交后援会,由郭亮担任主席。他还参加了党员训练班的工作,选派了许多优秀的干部到广州去接受培训。

由于自己努力工作,郭亮当时在群众中享有极高的威信,他的名字妇孺皆知。根据当年和他一起工作过的同志回忆,他有许多让人难以忘怀的特点:

他平易近人,从无疾言厉色,讲话时总是诚恳地看着对方,让人不敢对他讲假话,如果有不正确的地方,马上会被他几句话戳穿;

他的讲话具有极大的煽动性,非常吸引人,在群众大会上讲话能使不愿动的人动起来;

他在总工会时,每天都有很多人找他谈问题,每一件事他都亲自处理,他做事情很敏捷、细心,从不拖拉,总给对方一个明确的答复;

他精明强干、勇敢多谋,工人运动中许多宣言和文件都是他起草的。

由于出色的工作能力和组织才能,郭亮成为湖南工人和广大革命群众所拥戴的领袖。1926年12月在湖南省工人代表大会上,工团联合会发展为全省总工会,郭亮被全体出席代表一致选举为全省总工会的委员长。他领导全省总工会与反动派作了坚决的斗争。

"马日事变"以后,郭亮在长沙郊外和铜官一带组织工农自卫军,和湘东湘南的农民武装一起围攻长沙,反击白色恐怖。后来迫于形势的艰难,他才转到武汉,参加贺龙的部队做政治工作。

1927年4月,郭亮出席中共"五大",当选为中央委员。1927年6月,他出席第四次全国劳动大会,当选为中华全国总工会执行委员。

1927年,郭亮参加了八一南昌起义。失败后,随贺龙、叶挺的部队进入广东。潮汕战役失败以后,他与一些同志又前赴上海,和党中央取得了联系。

1928年1月,党决定恢复湘鄂赣边平江、晋阳、湘阴、修水、蒲圻等十几个县的工作,长江局派郭亮担任湘鄂赣边特委书记,在岳阳建立特委机关。

但由于叛徒告密,郭亮于1928年3月27日深夜在岳阳被捕了。28日,他被押到长沙。29日黎明之前,被杀害于长沙司门口,为革命献出了年仅28岁的生命。

郭梓材

> 在韶山井湾里私塾上学时,他和毛泽东形影不离,情同手足。他和家人曾两次掩护毛泽东躲过军阀的追捕。

1906年秋,12岁的毛泽东来到了离家五六里的井湾里私塾,学习了近1年的时间,塾师是郭伯勋。

1906年秋至1907年冬,郭伯勋先生的两个侄子郭梓材和郭梓阁兄弟俩也同时在蒙馆里上学,师从伯父郭伯勋和秀才毛宇居。毛泽东家住上屋场,离井湾里比较远,每天往返要走10多里山路。郭家与毛家是世交,因此郭先生对毛泽东关怀备至、悉心指导,倾注了比普通学生更多的心血。

毛泽东所表现出来的惊人记忆力和对古文的纯熟,令郭伯勋暗自称奇、高兴不已。而郭伯勋熟读古书,精通世故,又善于联系实际,引用古人名言,来启发和鼓励学生。

有一次,他对毛泽东和侄儿们讲:古人说得好,"将相本无种,男儿当自强",读书求功名,图的是入阁拜相封侯,流芳百世。可是,要做到这一步谈何容易!勇达仕途的路是学文习武。古往今来,学则智,不学则愚;学则治,不学则乱。自古圣贤,盛德大业,未有不由学而成的。《贞观政要》上说:人臣若无学业,不能识前言往行,岂勘大任?这是对士大夫而言的。晋人王嘉说,人好学,虽死犹存;不学者,虽存,谓之行尸走肉。这是一般读书人需谨记的。他还特别讲到"状貌若妇人好女"的留侯张良年轻时虚心求学的故事。

几位少年听了先生的教诲,大受启发,学习态度比以前更端正了,读书的自觉性也大大提高,做文章做学问有很大的进步。

为了毛泽东的安全和学习着想,郭伯勋先生安排侄子郭梓材陪伴毛泽东,两个少年形影不离,他们白天一起学习,空余时间在一起玩耍,夜晚还同睡一张床,亲密无间,情同手足。

1910年，郭梓材和毛泽东一起步行到湘潭县城，投考"昭潭高等小学"，郭梓材考取了，而毛泽东因为年龄超过两岁落榜了。

1912年，毛泽东和郭梓材一起去投湖南新军，在军队中待了半年时间，后来又一同退伍。

其后，毛泽东进入湖南第四师范、第一师范，从事革命活动，而郭梓材1919年就业于湘潭电灯公司。毛泽东极度信任郭梓材，他把这里作为革命活动的据点，在电灯公司建立了党支部，在公司的地下室里召开了党内许多重要会议。受毛泽东的委托，郭梓材经常帮助守门放哨、保管文件以及做会议记录等。

此后，郭梓材及其家人还曾两次在危急之中救过毛泽东。

1925年8月，当时毛泽东正在韶山，军阀赵恒惕准备围捕他，郭梓材的爱人刘天民事先得知消息，想办法提前通知毛泽东，使他逃过一劫。

还有一次，毛泽东被湖南军阀追到郭家的南货店，在这危急的时刻，郭梓材冒着极大的危险，把毛泽东藏在店铺的夹壁里躲了两天，亲自给他送饭送水，直到追兵撤离，才使毛泽东脱离险境。

1927年，毛泽东亲自介绍郭梓材加入中国共产党，为了便于他从事革命活动，给他起了一个化名"郭栩"。

1927年"马日事变"后，因叛徒出卖，军阀许克祥曾派人到湘潭电力公司，搜查郭梓材的住宅。郭梓材机智地将所有秘密文件和名册烧毁，还借来了一些衣服，筹集部分路费，营救被捕同志。郭梓材为革命活动的开展，默默无私地奉献着。

大革命失败后，郭梓材被迫脱党，一直在湘潭电灯公司担任营业员和会计。

新中国成立后，郭梓材、刘天民在湘潭城闲居无业。后来，郭梓材到一家私营合作企业——建中合作猪鬃厂当会计，但是该厂严重亏损，发不出工资，郭梓材生活困难，便写信给毛泽东，请求帮助解决工作，并要求进京。

1950年8月29日，毛泽东写信给郭梓材，表示收到他的来信后"极为欣慰"，向他表示"敬意"，"刘天民先生同此致候"。但劝他不要来京，"北京人浮于事，吾兄工作问题，还以就当地熟习（悉）吾兄情况的友人筹谋解决，较为适宜"。毛泽东还给郭家寄来300元钱，接济他们的生活。毛泽东曾在给郭梓材的信中表示：先生生活困难，深表同情，我可接济若干，但仍然希望你向当地政府申请解决。后来，郭梓材持此信去找当时的统战部门解决了难题。

此后，毛泽东对郭梓材、刘天民两位故友，仍然念念不忘，曾多次写信问候他们,给他们汇款寄东西,关怀备至。

  1954年,毛泽东在北京先后接见了郭梓材的表兄张四维、堂兄郭僖生等,毛泽东热情而亲切地与他们拉家常,满含深情地向他们询问郭梓材一家的生活状况和郭梓材的身体状况。

  1955年,郭梓材因患视神经萎缩而失明,丧失了工作能力,不得不离开猪鬃厂。没有了工作,经济来源无着落,郭梓材一家生活陷于窘境。郭梓材夫妇只好再次向毛泽东反映自己的困难,并要求进京。毛泽东指示中央办公厅秘书室给郭梓材夫妇回信说:

郭梓材、刘天民先生:

  一月十七日写给毛主席的信收到了,主席已看过。根据主席指示,寄去人民币三百元,请收作补助家庭之用。关于你们要来京的问题,主席希望你们现在不要来,等过了一两年再说。

                      此致

 敬礼

                   中共中央办公厅秘书室
                    一九五六年二月九日

  1961年8月17日,中央办公厅又根据毛泽东的指示给他们回信说:

郭梓材先生:

  上月写给毛主席的信,主席已经看过,主席送给你三百元,作为医疗费用。此款已交邮局汇去,请查收。

  另外,主席要我们转告你们:如果以后还有困难,仍可函告他。

                      此致

 敬礼

                   中共中央办公厅秘书室
                    一九六一年八月十六日

  郭梓材曾多次想进京面见毛主席,但苦于身体一直不佳,再加上1957年双目失明，只好打消了这样的念头。毛泽东最后一次汇款给他是在1962年，当时，郭梓材病重，毛泽东获悉后，特地寄去200元，供他治病和改善一家人的生活。

在毛泽东的关怀下，郭梓材夫妇幸福地度过了晚年。1967年，郭梓材病逝于湘潭，享年67岁。他们的儿女在党和国家的培养下，健康地成长，先后参加了工作，成为有用之才。

郭梓阁

> 毛泽东在井湾里私塾念书时的同窗好友，曾经救过毛泽东。新中国成立后，他被划为地主，但毛泽东却说他"是个好人"。

郭梓阁（1889—1965），又名郭承奎，他是郭伯勋的侄子，郭梓材的二哥。1906年，当毛泽东来到井湾里私塾师从郭伯勋学习时，郭梓阁和弟弟郭梓材也在蒙馆里学习。郭、毛两家是世交，毛泽东和郭梓阁弟兄两人很快成为同窗密友。他们一起接受郭先生的悉心指导，课余时间，一起玩耍。郭梓阁比毛泽东大4岁，对毛泽东特别友善。毛泽东当时住在郭家，他把毛泽东当成自己的弟弟一样，在生活上很照顾毛泽东。

后来，毛泽东到长沙上学，每逢假期，他常到井湾里去拜访郭梓阁和郭梓材兄弟俩，向他们讲述自己在长沙的见闻和感受，一起讨论一些时政问题。经济比较拮据的时候，毛泽东还向郭家借钱，每次，郭家都慷慨地资助他。

郭梓阁还曾经救过毛泽东。那是1925年，毛泽东回到韶山开展农民运动。一天，他遭到反动官兵的追捕，东躲西藏，最后跑到郭家的"福寿全"南货店，躲在房间里，情况十分危急。郭梓阁冒着极大的风险，与官兵周旋，将他们连吼带哄地撵走了。

1927年，当毛泽东回韶山经过井湾里时，他特地去找郭梓阁商量要办农会以及如何办农会的问题，他耐心地劝说郭出任农会的司务长，要郭为农会发动募捐、筹措经费。郭梓阁虽然一再谦让，表示不出任司务长一职，但他还是积极参加了有关活动，并将家里的"福寿全"货物拿出来，供农会使用，将祠堂土门取下搭上戏台，布置会场，公审并当场镇压保产党头子、大恶霸张茂卿。

大革命失败以后，韶山的农会解散了，郭梓阁万般无奈之下，只得隐姓埋名，远走他乡，过着躲藏漂泊的日子，与毛泽东也从此断了联系。待风声过去后，郭梓阁回到家乡,继承父亲的事业,继续经营"福寿全"南货店。他善于做生意,勤俭持家,故而略有积蓄,并购置了一点田产,新中国成立后被划为地主。

1952年,毛泽东邀请早年的"过激派"老师李漱清和儿时的好友邹普勋到北京。临走之前,他们邀请郭梓阁一同去,郭因故未能成行。

在北京的日子里,毛泽东接见了李、邹两人。毛泽东依然记得郭梓阁,他问道:"井湾里的郭梓阁先生还在吗?"李漱清回答说:"还在。只是划了地主,家里搞绿了(韶山方言,家里穷了的意思)。"毛泽东听了,心里十分难过,又问道:"他为什么不一起来呢?"李漱清有一点惊讶,便反问道:"他被划为地主,成为被管制的对象,还能来吗?"毛泽东解释道:"他过去富裕,现在绿了,这也是必然的。穷富总会有变化的。"他沉思了一会儿,又接着说:"郭梓阁是个好人。"

从北京回去之后,李漱清向郭梓阁讲起这件事情,特别是"郭梓阁是个好人"这样的评论,使郭梓阁非常感动,毛主席并没有忘记自己,也没有嫌弃自己的表示。李建议他给毛泽东写一封信,但想到自己的成分,郭梓阁犹豫了起来。李漱清见状,便代他写了一封。

凑巧的是,毛泽东恰恰在自己的生日那一天——1952年12月26日收到了这封信,他很高兴。由于国事繁忙,毛泽东过了几个月才回信,还给郭梓阁寄了200元钱。信中写道:

梓阁先生台鉴:
　　来信收悉,情况不佳,对革命有所贡献,我很了解。兹寄上人民币二百元,以作生活弥补。望心安勿躁。此复。

毛泽东

在随后的几年里,郭梓阁贫病交加,一家人未能摆脱困境。得知情况后,毛泽东又指示中共中央办公厅给郭梓阁写信予以慰问,又寄上生活费200元。这封信的内容如下:

梓阁先生:
　　来信收悉。遵照主席指示,兹寄上人民币二百元。请查收见复。

此致

敬礼

中共中央办公厅秘书室
一九五八年九月三十日

  1959年6月,毛泽东回到了阔别已久的韶山,接见了故乡的许多父老乡亲。毛泽东还嘱咐当地负责的同志请乡亲们到松山赴宴叙旧,并特地点了郭梓阁的名。得知毛泽东回到韶山的消息时,郭正重病缠身,在家人的搀扶下,他挣扎着赶往韶山冲,但此时毛泽东已经离开了。

  过了10多天,韶山公社派人送来了请柬,请郭梓阁到韶山宾馆吃饭。原来是主席临走时交代的:让韶山公社代自己请那些因病或有事情未能赴宴的乡亲们。毛泽东想得如此周到,令郭梓阁非常佩服。

  在20世纪60年代初,国家经济陷入困难时期,人民生活也极为困难,郭梓阁生活无着。得知这样的情况后,毛泽东又嘱托中共中央办公厅秘书室给他写信,同时寄上200元。

  1965年,郭梓阁病逝,享年76岁。得知这一消息,毛泽东又从北京寄来300元人民币,作为家用。

黄 爱

他和庞人铨是毛泽东在湖南开展工人运动时首先团结的湖南劳工会领袖。

黄爱，字正品，湖南常德人，1919年在天津读书时，因为参加五四运动，两次坐牢，1920年初回到湖南。

黄爱和庞人铨都是纯洁、正直、勇敢和具有一定反帝反封建革命思想的青年。他们在湖南甲种工业学校毕业后，都在长沙的工厂里做事，了解工人的疾苦，同情工人的遭遇。五四运动的时候，他们受了欧文空想社会主义和无政府工团主义等思潮的影响，力图提高工人的物质和文化生活，联络了一些同学、工厂技师和工人，组织了"湖南劳工会"，成为湖南工人运动的领袖。

最初，长沙的甲种工业、楚怡工业和第一职业学校等工业学校的学生是劳工会举行群众集会时的基本队伍，后来逐渐在长沙第一纱厂、造币厂和泥木、缝纫、理发等工人中发展了一些会员。

正是由于劳工会有一定的群众基础，黄爱和庞人铨在工人中有相当高的威信，因此毛泽东开始领导湖南工人运动时，首先就是要团结劳工会领袖他们。但是，这不是一件容易的事情。当时，劳工会深受无政府主义思潮的影响，劳工会的会员常骂马克思主义是长尾巴的，就是说，马克思主义者是主张要政府的，同军阀差不多。毛泽东仔细分析了劳工会内部的情况，区分不同群体。在上层人物中，将黄爱和庞人铨这样的革命青年同那些反动的领导分子区别开来，将真正进步和落后的工人会员区别开来。毛泽东还向参加劳工会的工人进行耐心的教育和说服，争取其中的先进分子抛弃无政府主义思想，转而信仰马克思主义。

在这之前，毛泽东和庞人铨就认识，他们是湘潭同乡，两家相距只有三四十里。庞人铨曾经参加"驱张运动"，那时，他对毛泽东就极为佩服。1921年，毛泽东曾经和黄爱、庞人铨一同到安源考察工人运动。毛泽东鼓励他们从事工人运动，反抗资本家，反抗军阀赵恒惕，但批评他们只作经济斗争，没有严密组织、没有远大政治目的的工运方针，批评他们想用炸弹、手枪干掉政府的无政府主义思想。毛泽东曾回忆说，在无政府主义者反对马克思主义者的情况下，"在许多斗争中，我们是支持他们的。我们同无政府主义者达成妥协，并且通过协商，防止了他们许多轻率和无益的行动"。毛泽东还对劳工会提出了三点希望：劳动组合的目的更在于养成阶级的自觉，以全阶级的大团结，谋全阶级的根本利益；工会组织要有民主产生的全权办事机构；工人应该养活自己的工会，以加强工人对工会的组织观念。

根据毛泽东的建议，劳工会进行了改组，集中成立书记、组织、宣传三部，并请毛泽东助理会务。黄爱等人完全赞成毛泽东"小组织大联合"的主张。劳工会后来成立了土木、机械等十多个工会，会员也交会费了。

除了自己亲自帮助、教育黄爱和庞人铨以外，毛泽东还指定专人与黄、庞保持经常的联系。他们进步很快，大约1921年底，加入了社会主义青年团，1922年1月，第一纱厂工人为要求年终奖金，全体罢工。公司勾结、贿赂赵恒惕，要他加害黄、庞二人。16日深夜，他们跟华实公司在劳工会协商调停罢工问题以后，被赵恒惕的军队捕走，因为害怕工人群众抗议，所以，没有审讯，就在17日凌晨被偷偷押往浏阳门外斩首。

英雄的鲜血染红了雪地。

黄、庞被杀的消息传来，毛泽东愤怒不已，他不顾劝阻，不顾个人安危，从乡村来到长沙市，召开会议，布置对赵恒惕的斗争和稳定工人的情绪。

后来，在毛泽东的主持下，工人群众在船山学社召开了两次黄、庞追悼会，还发行了纪念特刊。赵恒惕则严密封锁湖南的报纸，不准刊登与此事有关的任何报道。为此，毛泽东将李立三从安源调来，指示他到常德去动员黄爱60多岁的父亲，一起到上海，控诉赵恒惕的暴行。毛泽东到上海后，还主持了上海的黄、庞追悼会，沉痛悼念这两位为中国工人运动最早牺牲的英雄。

符定一

毛泽东在湖南省立第一中学读书时的校长。解放战争时期,他曾向中共中央进言解决平津问题的方案……

符定一(1878—1958),字宇澄,号悔庵,出生于湖南衡山县瓦铺子罗家塘(今属湘潭县),后迁居湘潭县晓南乡新铺子下新屋。他是中国近现代文学史上著名的语言文字学家,同时又是著名的教育家。

符定一少时就勤奋好学,先考入衡阳府师范学堂,毕业后考入京师大学堂学习英语。1908年回湘执教,先后任湖南省立第一中学校长、湖南师范校长、衡阳中学校长等职。在汤芗铭督湘期间,他以"硕学通儒"的身份被选任为湖南教育会副会长,后任筹安会湖南分会副会长,不久又当选为国会议员,遂迁至北京定居。

1926年后,符定一任过财政部次长、盐务总署署长等职。抗日战争时期,他曾一度回乡隐居,捐款办学,并资助有志青年出国留学。

新中国成立后,经毛泽东提名,年逾古稀的符定一担任了首任中央文史研究馆馆长,还担任过政务院文化委员会委员。第一届全国人大代表、第二届全国政协委员。符定一终身致力于文化教育,为发展中国的文化教育事业做出了积极的贡献。

毛泽东同符定一的交往,是从他考入全省高等中学开始的。当时,符定一在湖南全省高等中学担任校长,在毛泽东入学之初,他亲自对毛泽东进行了考核。毛泽东出色的文笔深得符定一赏识。

在省立一中时期,符定一主要给毛泽东讲授古文、历史等课程。毛泽东的求知欲极强,他常到图书馆借阅书刊,符定一也把自己的藏书借给他阅读。但毛泽东并不满足于现状,他觉得按部就班地在学校读书不如自修。于是,半年后便从省立一中退学,到省立图书馆自修。

1915年,符定一离开湖南到北平谋职,举家北迁。1918年秋,毛泽东从湖南第一师范学校毕业,为组织湖南青年赴法勤工俭学,也到了北平。毛泽东常到符定一家做客,经常在一起研究学问、讨论时局。此时,毛泽东表现出要改造中国和世界的强烈愿望。符定一对这位"身无分文,心忧天下"的年轻人给予了热情的支持和鼓励,并在经济上予以资助。

1925年,毛泽东由上海回湖南养病,遭到军阀赵恒惕的通缉。符定一此时正在长沙省亲,他凭借自己的身份和关系从中疏通,使毛泽东得以脱险。

1943年,符定一拒绝国民党高官厚禄的诱惑,从北平假道重庆回到湖南隐居。1946年6月,毛泽东邀请符定一赴延安共商大计,符定一欣然前往。他到达延安后,毛泽东亲自主持了欢迎会。在延安,符定一发表讲话,揭露蒋介石政府的腐败和反动,对解放区给予热情洋溢的赞颂,并号召全国同胞同共产党一道,打倒蒋介石,解放全中国。9月,符定一辞别毛泽东,回到北平。随后,毛泽东托符定一的女儿符德芳带信一封,向老师表示感谢和尊敬,信中写到:

宇澄先生夫子道席:

既接光仪,又获手示,诲谕勤勤,感且不尽。德芳返平,托致微物,尚祈哂纳。世局多故,至希为国自珍。肃此。敬颂

教安不具。

受业　毛泽东
九月三十日

1947年,符定一在北平被国民党逮捕,毛泽东闻讯指示要积极营救。北平各大学约80余名教授也联名表示抗议,迫于各方面压力,国民党政府只得将符定一无罪释放。

1948年,符定一响应中国共产党的号召,积极参加新政协的工作。经地下党组织安排,他来到党中央所在地河北平山西柏坡,受到毛泽东、周恩来等中央领导的亲切接见。当时,符定一还就解决平津问题,向中共中央领导人提出"先攻克天津,然后夺取北平"的建议,并得到采纳。

北平和平解放后,毛泽东非常高兴,立即赶到符定一当时的住地一起分享胜利的喜悦。临分手时,毛泽东注意到符定一的住所条件不太好,关切地说:"这里条件差,连一个软座椅也没有,我回去让他们给你送一个来。你的年纪大了,坐这些

硬木家具会腰痛的。"回到西柏坡，毛泽东亲自挑选了一件沙发，让卫士给符定一送去。

新中国成立后，符定一和毛泽东仍保持着密切联系，他们之间常有书信来往。1949年的一个冬日，毛泽东在中南海寓所宴请符定一、章士钊等湖南籍文化界名人。入席时，毛泽东对符定一说："你是我学生时代的老师，我的好多知识就是跟你学的。"并一定要符定一坐上座。1953年，符定一就自己的著作再版之事写信给毛泽东，并请他题词。毛泽东回信如下：

宇澄先生：

今日收到惠书，说尊著《联绵字典》再版嘱为题词事。我对尊著未曾研究，因此不可能发表意见。所谓"秦皇汉武之业"，大概是先生听错了。先生是著作家，似不宜与古代封建帝王的事业作类比。方命之处，尚祈鉴谅为荷！

毛泽东
一九五三年七月七日

后来，符定一将自己多年的研究成果《联绵字典》进一步修订后，于1954年由中华书局出版，毛泽东为此书题写了书名。

中央文史馆创建之初，鉴于符定一超群的德行、才学和名望，毛泽东提议由他担任首任文史馆馆长。符定一觉得文史研究馆比较清闲，馆长之职无所谓"官"，不过是"文、老、贫"而已，此职只要"老而贫的文人"当就可以了。毛泽东补充道："还要有才、德、望。"意谓先生是才、德、望俱佳的人。后来，符定一正式就任了中央文史馆第一任馆长。

1951年6月，符定一写信给毛泽东汇报文史馆的筹备情况，催促尽快批准成立，以解决一些旅京老人的生计困难。毛泽东接信后，立即于6月26日给符定一回信，并安排有关人员对此事予以妥善解决。

1958年5月3日，符定一先生病逝于北京，享年80岁。

萧 三

> 毛泽东小学、中学时代的同学,青少年时代的挚友,早年一起参加革命活动。

萧三,又名植藩,1896年10月出生于湖南湘乡县萧家冲。

萧三幼年曾随其父读了7年的家馆,1907年考入湘乡县立东山高等小学堂。1910年秋,毛泽东以其外祖父家作为籍贯,考入本不收外乡人的东山高小,并很快与萧子升、萧三两兄弟结识,成了亲密的朋友。

他是毛泽东小学、中学时代的同学,青少年时代的挚友,早年一起参加革命活动。

萧三是当代中国著名的诗人。他从1928年起就开始从事文学活动,著有《毛泽东同志的青少年时代》、《革命烈士诗抄》及其续集、《和平之路》、《友谊之歌》、《萧三诗选》及他的俄文诗集《湘笛集》、《我们的命运是这样的》,翻译了《子门教授》、《新木马计》等。毛泽东后来在延安同埃德加·斯诺谈话时,曾深情地回忆道:"我在东山高小学习时,平常总是穿一身破旧的衫裤,许多阔学生因此看不起我,可是在他们当中我也有朋友,特别有两个是我的好同志,其中一个现在是作家。"毛泽东所说的作家,就是萧三。

毛泽东在东山高小时,曾从萧三手里借阅过《世界英雄豪杰传》,深为书中人物的杰出成就所打动,并在书上做了密密麻麻的记号。在给萧三还书时,他抱歉地说:"对不起!我把书弄脏了。"并表示:天下兴亡,匹夫有责,真希望中国多出些类似的历史人物,以谋求富国强兵之道。

1911年春,毛泽东随老师贺岚岗到长沙湘乡驻省中学读书。1911年的夏季,萧三也考入了湖南第一师范预科班,两人又可以经常见面了。当时正处于辛亥革命时期,作为武昌首义的邻省,湖南笼罩着一种革命的氛围,毛泽东与萧三等革命青年为这种形势所激励,欢欣鼓舞。

1914年，随着湖南省立第四师范并入"一师"，毛泽东和在1912年就已经成为"一师"正式学生的萧三又成为同校同学，同窗的岁月使他们有了更多的接触机会。

1914年，湖南著名教育家徐特立应聘到"一师"教授教育学、各科教授法、修身等课程，并担任教育实习主任。他思想进步，具有强烈的民主爱国思想，治学严谨，提倡良好的学习方法，讲课注重理论联系实际，富有感染力，对萧三的言传身教影响很大。

萧三除学习文化知识外，还有意识地锻炼自己的意志和体魄。他每天黎明即起，进行体育锻炼，利用假日攀登"一师"后面的妙高峰和湘江对岸的岳麓山。他虽然不善于游泳，但因其好友毛泽东和陈绍休等酷爱游泳，故而他也常去湘江边，躺在沙滩上晒太阳。他和毛泽东等对日本一学者写的《人生二百年》一书宣扬的人可以活200岁的观点十分相信，毛泽东当年就写过诗句"自信人生二百年，会当击水三千里"。

1916年夏，从"一师"毕业的萧三由朋友介绍，到黄氏族学教书，这是离湘潭县城不远的一所乡下族学，他担任初小部的主任兼教员。1917年，他到"一师"附小任教员，兼办童子军。萧三在黄氏族学及"一师"附小执教期间，与毛泽东保持了密切的联系。他们经常在一起学习，商讨社会问题，一起去向杨昌济等教师请教。

在"一师"求学及附小执教期间，目睹国家的内忧外患、军阀割据、人民生活痛苦不堪的惨状，萧三、毛泽东、蔡和森、何叔衡、张昆弟、罗学瓒、陈绍休等人经常聚在一起探讨个人与社会和国家的前途问题。他们感到要有一大批志同道合的朋友，组成一个牢固的团体，才能有所作为。在他们的努力下，1918年4月14日，新民学会成立了，毛泽东被推为总干事，萧三则执意谦辞，任副总干事，后来，他成为新民学会的实际负责人。

不久，毛泽东、萧三、萧子升等人筹备赴法勤工俭学一事来到北京。他们一起到北京大学听邵飘萍等名记者在新闻学会上的演讲，一起到地安门外豆腐胡同杨昌济先生家中去请教。杨昌济又介绍毛泽东、萧三、蔡和森等新民学会会员去拜访蔡元培、胡适、陶孟和等著名学者，大大开阔了他们的眼界，提高了他们的认识。

1919年，五四运动爆发了！萧三积极地投入到这场伟大的反帝爱国运动的洪流中。他参加了示威游行，回到长沙后，又以字章为笔名，在毛泽东主编的《湘江评论》上发表文章。

1920年5月11日,在黄浦江边,毛泽东和萧三等人依依惜别。萧三同126名来自湖南、浙江、四川等省的青年学生一起,搭乘法国远洋轮"阿芒贝依号"赴法勤工俭学。经过一个多月的颠簸,6月16日,他们达到法国马赛。7月6日至10日,留法的全部新民学会会员相聚蒙达尼,并邀请王若飞、李富春等留法勤工俭学学生以及华工领袖袁字贞等,在蒙达尼公学的一间教室里开讨论会。在讨论改造中国与世界的方法时,萧三一时接受不了蔡和森提出的"暴力革命论",而主张"温和革命"。会后,萧三在蒙达尼公学,一面学习法文,一面大量阅读《法国日报》以及其他小册子,如《共产党宣言》、《社会主义从空想到科学的发展》、《无产阶级革命和叛徒考茨基》、《共产主义运动中的"左派"幼稚病》等马列主义著作。他还同留法勤工俭学学生一起参加法国共产党领导的工人运动。通过学习马列主义先进理论,参加实际的革命实践以及在蔡和森等人的影响下,萧三终于接受了马列主义理论,树立了共产主义的信仰,逐步成长为无产阶级革命战士。

1922年冬,怀着对十月革命圣地的向往,萧三只身经柏林去莫斯科。当时,年轻的苏维埃共和国正处于困境之中。萧三在莫斯科共产国际大会代表们的住所"柳克斯"旅馆见到了陈独秀、瞿秋白等人,向他们汇报了在法国的同志们的情况,并被安排在东方大学学习。

1924年,萧三回国了,他出任中共湖南省委委员、社会主义青年团湖南省委书记。1925年2月,萧三专程到韶山会见在那里组织农民运动的毛泽东,畅谈农民运动问题,并认为要加强保密工作,以防赵恒惕狗急跳墙。后来,萧三被组织调往北方区任共青团书记,在上海任共青团中央组织部长和代理书记等职。1927年,萧三参加了上海工人三次武装起义的筹备、组织工作,为武装起义而成立的中央特别委员会和工人起义总指挥部的成员之一。在参加中共中央召开的会议时,曾和来上海参加中央会议的毛泽东、蔡和森会晤。老朋友重聚,格外高兴。他们多次彻夜长谈,毛泽东向他详细介绍了农民运动的情况,还论述了革命政权、农民同盟军等问题。

1927年4月,毛泽东和萧三都参加了中共第五次全国代表大会。会上,萧三坚决抵制陈独秀的右倾机会主义路线。由于会前中央已经决定派他到苏联工作,而且会议期间他突然患病,于是他主动推掉了已被提名的中央委员一职。其后,毛泽东回湖南领导秋收起义,而萧三则长驻莫斯科,两人一别12年。

萧三在20世纪30年代为"左联"驻"国际革命作家联盟"代表,主编中文版《国际文学》，并从事写作，宣传中国革命。

1939年5月，经共产国际批准，萧三由莫斯科秘密回到延安，见到了阔别已久的老战友毛泽东等人。久别重逢，他们仿佛又回到了年少时的岁月，彻夜长谈，新民学会、曾经的好友以及他们共同度过的岁月，都成为美好的回忆。萧三回到延安后，担任延安鲁迅艺术文学院编译部主任、陕甘宁边区和延安文协常委、文化俱乐部主任、中共中央宣传部文委委员，还主编了《大众文艺》、《新诗歌》、《中国导报》等杂志。

喜好写诗作文的萧三在延安时常有新作问世，并时常送给毛泽东阅读，请他提修改意见。1939年6月，萧三将自己的一部诗稿交给毛泽东，请他审阅。毛泽东看过后，非常高兴，立即给他回信说："大作看了，感觉在战斗，现在需要战斗的作品，现在的生活也全部是战斗，盼望你更多做些。"萧三的这本诗稿，其中一部分收入了他后来的诗集《和平之路》和《萧三诗选》。经过几年的实际锻炼，萧三的创作水平大大提高，毛泽东经常写信给他，予以鼓励。

萧三还以中共内部研究毛泽东生平的第一位专家而闻名。1942年，中央直属学习小组组长王若飞要萧三报告毛泽东的生平事迹，萧三接连讲了两个下午。

1943年秋，任弼时曾郑重地嘱咐萧三："写一本毛主席传，以庆祝他的50大寿。"但当时毛泽东坚决不肯做寿，萧三却坚持要写下去。在延安，他采访了一大批老同志，如周恩来、朱德、董必武、林伯渠、徐特立、谢觉哉、贺龙等，搜集了大量的素材，陆续写出了一些关于毛泽东革命活动的文章。

1944年7月1日至2日，《解放日报》发表了萧三的《毛泽东同志的初期革命活动》。1945年，萧三将自己采写的有关毛泽东的传记文章《第一步》送毛泽东审阅。毛泽东看后，于2月22日回信道："你的《第一步》写得很好。你的态度，大不同于初到延安那几年了，文章诚实、恳切、生动有力。当然，从前你的文章也是很好的，但是现在更好了，我读这些文章，很得益处。"

1946年7月1日，在张家口出版的《晋察冀日报》又发表了萧三的《大革命时代的毛泽东同志》。1946年，晋察冀边区的《东方文化》月刊第一号发表了萧三写的《毛泽东同志传略》。1946年至1947年，华北解放区出版的《时代青年》杂志发表了萧三写的《毛泽东同志的儿童时代》、《毛泽东同志的青年时代》。这些文章，当时曾被各解放区印成单行本或辑录成小册子，广为流传。

1948年，萧三跟随毛泽东来到了西柏坡，他们多次边散步边聊天。萧三又搜集各地民歌汇辑成《中国出了个毛泽东》。1949年8月,经中共中央宣传部部长陆定一审查批准,萧三写的《毛泽东同志的青少年时代》,由人民出版社出版。这是中国共产党内写出的第一本毛泽东传记,而且是正式出版物,因而在国际上影响很大,很快被译成日、德、英、捷、匈等版本。

在相当长的时间内,萧三写的宣传毛泽东的文章和传记,使中国和世界人民对毛泽东有了更全面、更深刻的了解。对此,他做出了特殊的贡献。

在新中国成立初期,萧三成为国际著名的文化战士和中国人民的和平使者,为保卫世界和平、促进各国的友谊和文化交流做出了自己的贡献。他是第一、二届全国人民代表大会代表,第一、第五届政协委员,历任文化部对外文化联络事务局局长、中国作协外国文学委员会主任、中国人民对外文化协会常务理事、中国作协书记处书记、中国人民保卫世界和平委员会委员、中苏友好协会副总干事、世界和平理事会常务理事和书记处书记,并在书记处(布拉格)工作两年多时间。

"文化大革命"时期,萧三受到"四人帮"的迫害,被关进监狱达7年之久。"文化大革命"结束后,在胡耀邦的关怀下,萧三及其夫人才得以彻底平反,恢复了名誉和工作。萧三对毛泽东仍然一往情深,他以多病之身,顽强工作,修改了1954年编写的《毛泽东同志的青少年时代和初期革命活动》一书。1980年7月,该书被中国青年出版社出版。1983年2月4日,萧三在北京逝世,享年87岁。

萧子升

他和毛泽东相识于湘乡东山高等小学堂。求学于湖南第一师范，他是毛泽东青少年时代最亲密的伙伴之一。由于思想观念的分歧，他们逐渐由亲密转向疏远……

萧子升（1894—1976），又名瑜，字旭东，湖南湘乡县萧家冲人。1910年在湘乡县东山高等小学堂读书时，因毛泽东也到该校上学，故而结识毛泽东，并很快成为好友。

1911年，萧子升考入湖南省立第一师范，1915年秋毕业后任教于长沙楚怡小学。是新民学会的发起人之一。

1919年1月，萧子升赴法勤工俭学。1924年回国后，先后当过国民党北平市党部指导委员、中法大学教授、国民党和国民革命军《民报》中文版主编、国立北平大学校务委员兼农学院院长、华北大学校长以及国民党政府农矿部次长等职。1934年赴法国、瑞士等国。"二战"后，他随中国代表团出席联合国教科文组织会议，并在该组织驻伦敦和巴黎总办事处任亚洲新闻组组长，曾来往于法国、瑞士之间，主持李石曾、雷托在日内瓦创办的中国国际图书馆。1952年从瑞典迁往南美乌拉圭，继续担任联合国同志会、全球联合协会副会长，他还借乌拉圭法科大学校舍长期从事教育工作，教授中文、中国画、历史、哲学等课程，倡办中国文化之宫，直到1976年11月21日在乌拉圭去世。

毛泽东和萧子升的关系，大致可以分为三个时期：从1910年相识到1919年1月，是他们关系最亲密的时期；从1919年到1921年，由于思想观点的分歧，他们逐渐由亲密转向疏远；从1922年到1976年，是他们的分裂时期。

毛泽东和萧子升相识于湘乡东山高等小学堂。这所学校是废科举制以后办的一所新式学校，教授经书、自然科学、英文、音乐等课程。学生多是富家子弟，而且，一般不招收外县学生。1910年,毛泽东以其外祖父家的籍贯进入该校学习。由于他常穿一身旧衣衫,加上外乡口音,颇受学校一些富家子弟的嘲讽和冷遇。但毛泽东对此并不在乎,他埋头苦读,广泛涉猎中外历史、地理等书籍以及《新民丛报》等进步报刊。毛泽东的才华很快得到老师和同学们的认同,萧子升、萧三兄弟和他志趣相投,很快就结成好友。

1911年,两人都到长沙学习,毛泽东进入长沙湘乡驻省中学,萧子升则考入湖南省立第一师范,直到1915年秋毕业。1913年,毛泽东也考入"一师",他们又同学了两年多,两人在治学、品行修养等方面,坦诚相见,取长补短,来往更加密切,友谊也愈加深厚。

不在一起的时候,毛泽东还常给萧子升写信,告诉他自己的所思所想。1915年9月27日,毛泽东写信给在楚怡小学教书的萧子升,谈到求友的迫切心情:"近以友不博则见不广,少年学问寡成,壮岁事功难立,乃发内宣,所以效嘤鸣而求友声,至今数日,应者尚寡。兹附上一纸,贵校有贤者,可为介绍。"1916年6月24日,毛泽东又致信萧子升,诉说因汤芗铭军队骚扰不能回家探母的心情:"病母在庐,倚望为劳,游子何心,能不感伤!"

这年6月至7月,在往返于韶山与长沙之间时,毛泽东多次给萧子升写信,谈论对湖南局势的看法,告以途中所见陆荣廷的桂军和讨袁的护国军扰民的情形。

据不完全统计,从1915年7月至1916年7月,毛泽东给萧子升写信达11封之多,这在当时毛泽东的朋友中是绝无仅有的。

1917年暑期,毛泽东邀约当时已从"一师"毕业、在楚怡小学教书的萧子升,各带一把雨伞、一个挎包,装着简单的换洗衣服和文房四宝,外出"游学"(湖南俗话,称"游学"为"打秋风"。指穷知识分子靠做点诗、写几个字,送给乡里的土财东,换几个钱糊口,形同乞丐)。他们没带分文,历时1个多月,步行900多华里,游历了长沙、宁乡、安化、益阳、沅江5个县的不少乡镇。途中,结交了农民、船工、财主、县长、老翰林、劝学所所长、寺庙方丈各阶层人士,查阅了各县县志和一些佛经,了解到许多民情、风俗和社会政治、历史、地理等方面的知识,写了许多笔记。

在安化,他们还和劝学所所长夏默庵对诗。夏的上联是:"绿杨之上鸟声声,春到也,春去也。"毛泽东、萧子升商量后,当即对上:"青草池中蛙句句,为公乎?为私乎?"回到"一师",读过毛泽东游学笔记的同学,都说他是"身无分文,心忧天下"。为了纪念这次旅行,毛泽东和萧子升还换上游学时的草鞋短褂,到照相馆里拍了一张照片。

萧子升后来曾写过一本《毛泽东和我曾是乞丐》的英文书,1989年昆仑出版社曾出了该书的中文版本,改名为《我和毛泽东的一段曲折经历》。1936年10月,毛泽东在延安回忆起这段生活时说:"一个名叫萧瑜的学生和我做伴,我们走过5个县,没有花一个铜板。农民既给我们吃的,又给我们地方睡觉,所到之处,我们都受到很友善的欢迎和款待。"

萧子升还和毛泽东一起发起组织新民学会。据他回忆:"1914年间,在不分昼夜的讨论中,萧与毛计划创办新民学会——新型的人民学习团体。"毛泽东、邹彝鼎起草了新民学会的章程,并定名为"新学会",萧子升则主张为"新民会",后来将他们的意见合而为一,定名为"新民学会"。萧子升当时聪明好学,成绩优良,能写诗赋,会做文章,与毛泽东志趣相投。1918年4月14日,新民学会成立时,他被选为总干事,毛泽东、陈书农为干事。

毛泽东和萧子升还积极地倡导、推动、组织和领导湖南的留法勤工俭学活动。1918年8月,毛泽东、萧子升率20余名湖南青年从长沙前往北京,到北京后,他们和蔡和森一起筹集经费,起草勤工俭学计划,办理出国手续,协助华法教育会组织开办和增设留法预备班。与此同时,萧子升还接受了蔡元培和李石曾的邀请,担任华法教育会秘书,从而为新民学会会员出国提供了便利的条件。1919年1月,萧子升赴法。从1919年始到1920年底,湖南赴法的人数达500名之多,这与毛泽东、萧子升的努力是分不开的。

萧子升赴法勤工俭学后,和毛泽东依然保持着联系,而毛泽东则成为国内新民学会的实际负责人,主持学会的全部工作。后来,毛泽东把国内外新民学会会员的通信汇辑成册,刊印为《新民学会会员通信集》,共3集,其中收集了毛泽东和萧子升的来往信件3封。从这些信件的内容来看,他们之间的分歧已越来越明显。

但是,毛泽东和萧子升仍然十分珍惜他们之间的这段友谊。据萧子升回忆:1921年3月至7月,围绕社会主义革命问题,他们经常坦诚相见,甚至彻夜长谈,都希望曾经的好友能够接受自己的观点和自己选择的道路,但每每难以继续下去,以至谈崩,谁也说服不了谁。而每每此时,他们都很伤心,甚至潸然泪下。

1921年底,萧子升再赴法国。1924年回国后,在北京担任国民党执行部机关报《民报》中文版主编。而毛泽东也因为国共合作的关系,担任上海执行部秘书、国民党中央代理宣传部长。虽然不曾见面,但是他们仍保持着通信联系,直至国共合作破裂。

1976年11月21日,萧子升在乌拉圭去世,终年83岁。他留下遗嘱:"死后骨灰和萧夫人骨灰同放一处,如可能,运回湖南祖坟处与原配康宁夫人遗骨同葬一处。"可见,虽然与共产党有着政见的不同,但萧子升至死仍思念着祖国和故乡。

萧佚名

毛泽东在湘乡东山高等小学堂读书时的音乐和英语老师。毛泽东通过他的介绍,开始注意中国以外的事情……

1910年秋,经过亲友们的帮助和自己的争取,毛泽东得以到湘乡东山高等小学堂求学。湘乡东山高等小学堂是由原东山书院改建而成的一所新式学校,离毛泽东的家乡韶山冲有50多里,是专为湘乡地主豪绅培养自己子弟的地方。这所学校除教经书外,还教授被称为"新学"的算术、历史、地理、物理、音乐、体操、图画等自然科学和其他新学科。在这里,毛泽东从一位曾留学日本的年轻老师那里了解到日本通过明治维新强大起来的事情,非常羡慕,自此开始注意中国以外的事情。

毛泽东在1936年同斯诺的谈话中,曾述及他在湘乡东山高等小学堂读书时的这位教师:"在这所新学校里,我能够学到自然科学和西方学问的新科目。另一件值得一提的事是,教师中有一个从日本回来的留学生,他带着一条假辫子,他的假辫子很容易被分辨出来,大家都嘲笑他,称他为'假洋鬼子'。"现在,人们只知道这位当年曾给毛泽东留下深刻印象的老师姓萧,名字已经无从知晓,所以只好称其为"萧佚名"。

这位萧先生当时刚从日本留学回来,被湘乡东山高等小学堂的校长李元甫聘请为该校的英文和音乐老师。萧先生初来乍到,一身洋装十分惹人注意。后来他听取李元甫的建议,换上内地的装束,并在脑袋后接了一条假辫子,没想到这样一来愈发让人觉得好笑,很多学生在背地里叫他"假洋鬼子"。但是,毛泽东后来逐渐改变了对萧先生的看法。他曾经这样回忆当时的情景:

许多学生因为假辫子而讨厌那个"假洋鬼子",可是我喜欢听他谈日本的情况。他教音乐和英文,他教的歌曲中有一首是日本歌,叫做《黄海之战》,我还记得里面的一些迷人的歌词:

> 麻雀歌唱,
> 夜莺跳舞,
> 春天的绿色田野多可爱;
> 石榴花红,
> 杨柳叶绿,
> 展现一幅新画图。

萧先生当时教的这首日本歌曲,唱的是关于日本在1905年的日俄战争中取得了胜利,日俄两国签订《朴次茅斯和约》后,日本在当年春天举行的盛大欢庆活动的情况。毛泽东还谈了他对这首歌的感受:"我当时知道并感到日本的美,并且从这首歌颂日本战胜俄国的歌曲里感觉到一点她的骄傲和强大。我没有想到还有一个野蛮的日本——今天我们所认识的日本。"

正是通过萧先生的介绍,毛泽东了解到日本和其他列强对中国侵略的野心。他听了之后,很为中国的前途忧虑,自此开始注意中国以外的事情。正如他后来所回忆的那样:"这一切,都是我从'假洋鬼子'那里学到的。"一天,他从同学萧植藩(即著名诗人萧三)那里借来一本《世界英雄豪杰传》,被书中描写的华盛顿、林肯、拿破仑、彼得大帝等人的英雄事迹深深地感染,还书时,他对萧三说:"中国也要有这样的人物。我们应该讲究富国强兵之道,才不至蹈安南、朝鲜、印度的覆辙。你知道,中国有句古话:'前车之覆,后车之鉴。'而且,我们每个国民都应该努力。"在这一时期,毛泽东还给自己取了一个"子任"的名字,表达了他对国家前途命运的关心。

毛泽东在湘乡东山高等小学堂读了半年书后,谭咏春、李元甫、贺岚岗等老师见他成绩优异又胸怀大志,为了他能得到更好地发展,就一起商量送他到湘乡驻省中学学习。毛泽东把这件事告诉了萧先生,萧先生对此也非常支持。

1911年春天,毛泽东告别萧先生等诸位老师,和贺岚岗一道第一次坐轮船到长沙,并顺利考入湘乡驻省中学,来到了一个更为广阔的天地。

彭友胜

> 毛泽东在新军里当兵时的副目,常常手把手地教毛泽东擦拭枪支、打靶;毛泽东则教他读书、写字……

彭友胜(1884—1969),湖南衡东人。曾当过铁匠,后来参加新军,属湖南新军步兵第十五标。由于他训练以及行军打仗时,刻苦卖力,不久便升为副目(副班长)。

在部队里,他和战士朱其升的感情最好。1911年,毛泽东请求加入新军,但负责接受新军的长官以无人担保为由加以拒绝。这一幕,恰被朱其升碰到。朱很同情毛泽东,他找到彭友胜说:"这位弟兄愿意参加革命军,无人担保,我们为他担保行吗?"彭友胜听了朱其升对毛泽东的身世和参军想法的介绍后,也很同情毛泽东,尤其赞赏毛"投笔从戎,为革命尽力"的抱负,便答应了朱其升的要求。于是,在朱其升、彭友胜的共同担保下,毛泽东以"毛润之"的名字加入了革命军。

在军队里,彭友胜和朱其升、毛泽东相处得很好,他在生活、军事训练等方面很照顾毛泽东,常常手把手地教毛泽东擦拭枪支、打靶,使毛泽东在军事训练上进步很快。而毛泽东有文化,在军营休息时,便给彭友胜、朱其升讲述《三国演义》等故事,听得彭友胜极为入迷。

毛泽东喜欢读书看报,他在军队里每月领到的7元饷银,大多用于购买书报。有一次,他在宣传革命的《湘江日报》上读到了一篇关于社会主义的文章,就讲给朱其升、彭友胜听,并一起讨论什么是社会主义,但他们谁也说不清楚。

1912年3月,南北议和,战争停止了,彭友胜所在的部队奉命遣散,每个人发给3个月的饷银后被遣散回家。就这样,彭友胜和毛泽东依依不舍地辞别了。从此,他们再也没有见面。

新中国成立后,彭友胜得知当年的战友毛泽东成为新中国的最高领袖,心情极为激动。他想与毛泽东联系,又担心时隔多年,毛泽东已经完全忘掉了自己。最后,他鼓起勇气,给毛泽东写了一封信,向他表示祝贺,并汇报了自己的情况。让他惊喜的是,毛泽东很快就回信了。

毛泽东1951年3月31日的回信,是这样写的:

  3月14日来信收到,甚为高兴。你的信写得太客气了,不要这样客气。你被划为贫农成分,如果是由群众大家同意了的,那是很好的。工作的问题,如果你在乡下还勉强过得去,以待在乡下为好,或者暂时在乡下待住一时期也好,因为出外面怕难于找得适宜的工作位置。如果确实十分困难,则可持此信到长沙找湖南省人民政府副主席程星龄先生,向他请示有无可以助你之处。不一定能有结果,因程先生或其他同志都和你不相熟,不知道你的历史和近来的情况。连我也是如此,不便向他们提出确定的意见。如果你自己愿意走动一下,可以去试一试。去时,可将你在辛亥革命时在湖南军队中工作过并和我同事(你当副目,我当列兵)一点向他作报告,将你的历史向他讲清楚。

毛泽东没有忘记当年在新军时的副目,这封信,给了彭友胜极大的荣光,他非常激动,并把这封信一直保留在身边。

彭泽民

中国农工民主党的创建人之一。和毛泽东在20年代结下了深厚的友谊……

彭泽民（1877—1956），广东新会人。年轻时期的彭泽民为生计所迫，当过苦工，侨居在马来西亚的吉隆坡。孙中山领导的兴中会曾经举办"中和讲堂"，讲授民主革命思想，彭泽民经常去听，他日益倾向于革命，并追随孙中山，成为孙中山的忠实信徒，担任同盟会吉隆坡分会的主要负责人。

1926年，中国国内国民党右派分子破坏孙中山三大政策的恶劣风气愈演愈烈，彭泽民的心情一时之间陷入低谷。恰在此时，他结识了共产党人吴玉章、董必武、毛泽东、周恩来、彭湃、谭平山等人，与他们一见如故，相见恨晚，政见一致，坦诚相见。

这年，在国民党第二次全国代表大会上，彭泽民当选为国民党中央执行委员，并被任命为海外部部长。而当时的毛泽东是国民党中央候补执行委员、代理宣传部长，还主持广州农民运动讲习所的工作。这一时期，彭泽民与毛泽东个人交往比较密切。彭泽民领导创办了华侨运动讲习所，在办学方向和招生条件上，都模仿了毛泽东举办农讲所的经验。

1927年3月，在国民党二届三中全会上，彭泽民当选为中央执委、海外部部长、国民政府委员。他和宋庆龄、邓演达等人，与毛泽东等共产党人联合起来，挫败了蒋介石在南昌另立中央的企图。会后，委员们合影时，他心情十分愉快地和毛泽东并排站在一起。以后，他虽然长期辗转流离，但却始终珍藏着这张照片。新中国成立后，他到北京，特地把这张照片赠送给中国革命博物馆。

"四一二"政变以后，彭泽民坚决反对蒋介石，参加了毛泽东、恽代英、邓演达等40人联名的讨蒋通电，愤怒斥责汪精卫的背叛行为。最后，他被国民党开除党籍，被迫流亡香港。

1935年,日寇的侵略气焰愈发嚣张,民族危机日益加重。流亡香港的彭泽民心急如焚。11月10日,他和张伯钧在香港组织召开了中国国民党临时行动委员会(即中国农工民主党前身)第二次代表会议,积极响应共产党的《八一宣言》,决定以民族解放为己任。在会上,彭泽民当选为中央执行委员、中央监察委员会书记,成为中华民族解放行动委员会主要负责人之一。

1936年9月22日,毛泽东致信蔡元培,指出"当民族危亡之倾,作狂澜逆挽之谋,不但坐言,而且起行;不但同情,而且倡导",期望包括彭泽民在内的民主人士呼吁南京当局立即停止内战,放弃对外退让的政策。

彭泽民在香港率先响应。1937年6月15日,他发表《告全国各界领袖书》,呼吁各政治党派平等合作,共赴国难。他还积极致力于华侨抗日救国运动,创办《抗战华侨》,向海外侨胞宣传抗日救国思想,号召华侨和港澳同胞捐款捐物,支援新四军。在整个抗日战争时期,共产党的号召成为彭泽民奋斗的旗帜,他总是积极地言行一致地按照毛泽东的呼吁去行动,他们之间的信赖、友谊,促进着抗日战争胜利的早日到来。

在解放战争时期,彭泽民经常深夜奋笔疾书。据不完全统计,他通过香港《华商报》公开发表的专论、宣言、声明等有38篇之多,揭露国民党反共内战的罪恶行径,成为毛泽东所提倡的"不但坐言,而且起行"的言行一致、心口如一的革命者。

1948年,当中共在香港的地下组织专程向他传达毛泽东邀请他北上参加筹备新政协的消息时,他毅然放弃了安逸的家庭生活和个人名誉,冲破美国和国民党的重重封锁,乘船回到了祖国。1949年1月15日,他和张伯钧等代表农工民主党领袖发表声明,拥护毛泽东发表的《关于时局的声明》,指出《声明》是"全国人民共同的要求,实行中国永久和平的惟一的办法"。22日,彭泽民又与到达解放区的55名民主人士联名发文,表示拥护《声明》,并宣告接受中国共产党的领导。他还向海外的华侨极力夸赞毛泽东和共产党的伟大及英明,号召他们回国参加祖国的生产和建设。

新中国成立以后,彭泽民在人民政府中担任多种职务,被选为全国政协委员、中央人民政府委员、全国人民代表大会常务委员、中央人民政府政务院政治法律委员会副主任和华侨事务委员会委员、中国红十字总会副会长、中国保卫世界和平反对美帝侵略委员会常委、首都归国华侨联谊会主席、北京市人民政府委员会委员、农工民主党北京市主任委员、全国侨联副主席、中医研究院院长等。此外,他的大部分休息时间都用在义务诊治国家机关干部、解放军伤病员或者邻里街坊身上了。70岁高龄的彭泽民,以自己的实际行动,实践着毛泽东提倡的全心全意为人民服务的宗旨。

1950年夏,淮河流域发生严重洪灾。受毛泽东委派,彭泽民担任中央慰问团团长,率团赴豫皖灾区慰问。回京后,他向党中央和毛泽东详细汇报了灾情和救灾的情况,受到了毛泽东和党中央的高度重视。毛泽东很快发出指示:"一定要把淮河治好。"1951年夏,根治淮河的第一期工程胜利完成。

1951年五一节,彭泽民全家被邀请登上天安门城楼观赏节日烟火,并受到了毛泽东的接见。毛泽东伸出强有力的手,同彭泽民夫妇以及他们的6个子女一一握手、问好,逐个询问孩子们的名字,并且饶有兴趣地问他们"长大了干什么"。孩子们刚从香港回大陆不久,操着不标准的普通话兴高采烈地抢着回答:"要做劳动模范"、"要当人民解放军"、"要争取做共产党员"……毛泽东高兴地拍拍孩子们的肩膀,抚摩着他们的头。这一幸福的时刻成为彭泽民全家的温馨回忆。

1952年7月,彭泽民率中央少数民族访问团赴东北、内蒙古慰问少数民族。这是一个令他特别自豪和荣幸的任务:他深入到林海鄂伦春族、朝鲜族等民族村寨和内蒙古草原的蒙古包,送去政府和毛泽东的深切关怀;又带回了少数民族同胞对党中央和毛泽东的无限敬仰、爱戴之情。

彭泽民在香港时就是著名的中医,他实践经验丰富,尤其精于张仲景的医学理论。毛泽东指示他要注意从事中西医学术交流工作,彭泽民积极响应。1953年11月,他参与筹组的中华医学会中西医学术交流委员会举行了成立大会。1954年9月,他在和毛泽东商谈改进和发展中国医学问题时指出:"中国医学是我国人民几千年来与疾病作斗争的经验积累,有着丰富的内容,如果用科学方法加以研究和整理,一定可以发挥更大的力量。今天中国医药人才还很缺乏,团结广大中医的问题更显得重要。"毛泽东十分赞同彭泽民的见解。

1956年10月18日,彭泽民病危。临终前,他还给毛泽东写了一封感人至深的信。可惜信未写完,他就告别了人世。

彭道良

毕业于湖南省立第一师范学校,是毛泽东的学弟,新民学会会员。

彭道良,原名则厚,湖南浏阳人,生于1893年1月20日。

彭道良幼年时曾随叔父彭霞仁攻读于卓然小学。彭霞仁是同盟会会员,是当地有名的爱国知识分子。在叔父的熏陶下,彭道良少年时代即开始具有民主革命思想。辛亥革命爆发时,17岁的彭道良毅然走出课堂,投入起义军,不久又转至某工兵学校学习。1916年,他考入了湖南省立第一师范学校。

彭道良进入"一师"后,很快结识了毛泽东、蔡和森、陈昌等同学,并与何叔衡、罗学瓒、张昆弟等人结为挚友。他们经常在一起讨论人生和社会的重大问题,偶尔也会结伴游玩。1917年9月30日,毛泽东与罗学瓒、李端纶、张超、彭道良等16人,租两条小船,环游了长沙水陆洲。是夜,皓月当空,碧空如洗,晴光万里,一群年轻人聚在一起,谈笑风生。船行不久,毛泽东提议背诵唐诗,要求每一句都必须含有一个"月"字,看谁背得又快又多。彭道良记起唐代诗人张若虚的《春江花月夜》中含有"月"的诗句不少,便与张昆弟、罗学瓒等人竞相背诵起来,"何处春江无月明","海上明月共潮生"的诗句在这中秋节的夜晚飘荡在湘江上,和着桨声,和着水声,融合在一起,流进了大家的心田。

这一夜,下船后,他们就露宿在沙滩上,大地为床,青天做帐,卧听湘江涛声阵阵,陶然不知时间流逝。

在杨昌济、徐特立等老师的指引下,彭道良以浓厚的兴趣,钻研了历史、哲学等课程。后来,他感慨地说:"我在'一师'能有所长进,全赖良师益友的帮助。"

彭道良爱好体育,积极参加学校篮球、排球、足球和田径的锻炼,是"一师"有名的运动员。据"一师"学校日志《人物互选》表记载:他的"体育"一栏有36票,是该校得体育票最多的一个。1918年,他还加入了新民学会,成为新民学会的会员。

彭道良还参加过在上海举行的远东运动会全国预备会。当时,湖南选派了7名代表参加,湖南第一师范的贺果、陈绍休(赞周)、彭道良等3人名列其中。作为好朋友,毛泽东为他们感到由衷的高兴,并衷心祝愿他们能取得好的成绩。到上海去的那天夜晚,彭道良等人正在长沙大西门外码头等候轮船,毛泽东匆匆地赶到了,考虑到旅途的漫长和乏味,他给3人送来了一本《红楼梦》。毛泽东细致入微的关心,让大家驿动的心中充满了温馨和轻松的感觉,进一步加深了相互间的纯真友谊。

从"一师"毕业后,彭道良告别毛泽东等学友,担任了蕉溪乡高小校长。受毛泽东的影响,他采取了许多改革教育的措施,如提倡写白话文、使用标点符号、提倡推广国语(普通话)、着重注意字母教学等等。平时,他关心学生身心健康,强调启发思维,开展文体活动,要求学生在德、智、体上全面发展;主张实行男女同校,规定女生不留长辫、不戴耳环,男生不穿长袍马褂;强调老师讲课要严肃认真,下课则要与学生打成一片。他还以身作则,经常脚穿草鞋,带头做一些担粪种菜、砍柴修路、养猪做饭等事情。他的这些做法,曾引起以前任校长为首的劣绅们的反对,说他把学校搞得"先生不像先生,学生不像学生"。对此,彭道良极力反驳,向群众再三阐明教学革新的重要性,并在浏阳驻省学友会浏北分会创办的《新民》刊物上发表《论体统》一文,加以驳斥。后来他被挤出学校,应聘到社港新安小学任教。

1926年8月,彭道良响应毛泽东关于开展农民运动的号召,奉派到蕉溪区筹备农民协会。他先在水源乡办起第一个乡农协,取得经验后,带动各乡筹组区农民协会,并担任第三区农协委员长。他带领农民进行减租退押,将清算恶霸所得的公款、粮食全部分给贫苦农民,促进了当地农民运动的迅速发展。

"马日事变"后,浏阳县一片白色恐怖,许多共产党人和革命群众惨遭屠杀。这时,彭道良却找到中共浏阳县委书记潘心元,坚决要求参加中国共产党。潘心元十分高兴,握着他的双手说:"党正需要你这样的好同志!"在宣誓会上,潘心元用"疾风知劲草,岁寒见松柏"两句话高度赞扬了他的革命精神,并号召大家向他学习。

1930年5月,彭道良奉浏阳县委指示,在蕉溪筹建第十九区苏维埃政府,并组织全区赤卫队,由北路总指挥徐洪统领,配合红三军团进攻长沙。9月,他调任浏阳县苏维埃政府文化委员,负责编撰列宁学校课本。他还兼任第四列宁学校校长。他编写的教材十分强调联系实际,向学生进行革命思想教育。

1932年,彭道良调任湘鄂赣省苏维埃政府文化部副部长,兼任省苏维埃机关报《战斗周报》总编辑。他根据省工农兵苏维埃第一次代表大会所通过的《文化问题决议案》，拟订出苏区文化工作具体实施细则，规定教育的宗旨主要是培育革命人才，反对帝国主义基督教育、国民党党化教育和复古倒退的私塾教育；教材内容应适合儿童、青年、成年生理和心理特点；字句宜简短，不要冗长，多带鼓动性，意义要明显，不隐晦，要含有充分的阶级斗争意义；教学方法要采取启发式，废止注入式，由近及远，由浅入深，说话通俗化等。

湘鄂赣省苏维埃由修水迁往万载小源后，创办了红旗出版社，先后出版10多种报刊，彭道良以极大的热情从事报刊的编辑工作。特别是在担负《战斗报》（先为周刊，后改三日刊）总编辑后，他日夜忙碌，孜孜不倦。虽身患疟疾，仍带病坚持工作。

1933年10月，在第五次反"围剿"中，彭道良被国民党飞机炸伤腰部后转至后方医院治疗。由于伤病与肺病并发，病逝于万载红四医院，年仅40岁。毛泽东得知这一消息后，曾遗憾了很长一段时间。

彭 璜

> 毛泽东在五四运动的浪潮中结识的亲密朋友。他们一起领导湖南学生联合会,筹办《湘江评论》,发起成立文化书社……

彭璜,又名殷柏、荫柏,1896年出生于湖南湘乡县。长沙商业专科学校毕业。五四时期湖南学生运动领袖,曾任湖南学生联合会会长、全国各界联合会干事,是当时的文化书社和俄罗斯研究会发起人之一。他是毛泽东早期在长沙开展革命活动的亲密战友。

毛泽东和彭璜是在五四运动的浪潮中认识的。五四运动爆发后,毛泽东领导新民学会会员积极宣传,动员青年学生参加五四运动,对北京学生的爱国行动予以积极的响应。当时,彭璜正在长沙商专上学,经过同乡同学易礼容的介绍,他结识了毛泽东,两人非常投缘。

1919年5月,北京学联派邓中夏等人到长沙,向湖南学生介绍北京学生运动的情况。5月25日上午,湖南工专、法专等20多所学校的学生代表在楚怡小学聚会,毛泽东主持会议,彭璜作为湖南商专的学生代表参加了会议,听取了北京代表的报告。会上,毛泽东提出:迅速重组湖南学生联合会,发动各校罢课,以实际行动支持北京学生的爱国运动。彭璜极力赞同毛泽东的提议,会议通过了重组湖南学联的决议。5月28日,湖南学生联合会宣告成立,会址设在落星田商业专科学校,法专代表夏正猷当选为会长,彭璜当选为副会长。毛泽东虽然不是学联的成员,但他每天都到这里来和学联负责人研究问题,指导学联的各项活动,成为学联的实际负责人之一。

在毛泽东的指导下,彭璜等人积极策划和领导了长沙学生罢课,组织学生走上街头游行,进行反帝爱国宣传,抵制日货。他们还仿效上海的办法,成立了"各界联合会"。1919年7月9日,在彭璜的主持下,各界代表在商专开会,组成了各界联合会代表团。

在火热的反帝爱国运动的实践锻炼中,彭璜显示了出色的组织才能,成为受人爱戴的学生领袖。

为了更好地调动和巩固群众的革命热情,毛泽东和彭璜等人还利用湖南学联的名义,于1919年7月14日正式创办了《湘江评论》,号召群众团结起来为自己的彻底解放向强权作斗争,号召各阶层的民众大联合。但是,《湘江评论》受到以军阀张敬尧为首的统治集团的极大仇视,不久被封刊,其主办者湖南学生联合会也同时被取缔。

毛泽东、彭璜积极商量对策,决定发起驱逐张敬尧出湖南的运动。他们分别率代表团赴北京、上海,联络外省"驱张"力量,揭露张敬尧的罪行,争取各界的声援和支持。1920年6月,毛泽东和彭璜参与的"驱张运动"终于取得了最后的胜利,张敬尧被驱逐出了湖南。毛泽东和彭璜还积极复组了湖南学生联合会,领导学联进行秘密活动。

在这场斗争中,彭璜的卓越才华深得毛泽东的赏识。1919年11月16日,在毛泽东的介绍下,彭璜参加了新民学会,他们也由此结下了更加深厚的友谊。

1920年8月,毛泽东、彭璜、易礼容等人在长沙邀请教育界、新闻界进步人士发起成立文化书社。9月9日,文化书社正式开张营业。它的成立,使马克思主义等新思想、新学说在湖南境内得到了广泛的传播,极大地推动了新文化运动。

与此同时,毛泽东和彭璜还发起组织了湖南俄罗斯研究会,公开宣传和研究马克思主义,热情洋溢地介绍十月革命、苏俄的国内情况和对外政策。毛泽东被推选为书记干事,彭璜为会计干事,并驻会负责主持日常工作。

毛泽东和彭璜还积极探求湖南的发展方向问题,他们发动旅沪的一些新闻界、教育界湖南籍人士,组成了湖南改造促进会,这是一个寻求如何改造和建设湖南的群众性政治团体。1920年6月,他们在上海起草了《湖南改造促进会发起宣言》,声称成立该会的目的在于推倒武力,实行民治,为建设一个理想的新湖南而奋斗。

1920年10月,长沙《大公报》发表毛泽东、彭璜等377人提出的"由湖南革命政府召集湖南人民宪法会议,制定湖南宪法,以建设新湖南"的建议。他们在报纸上发表很多文章来引导人民追求真正的民主,详尽阐述"湖南自治"问题,反响很大。不久,他们组织长沙的工人、学生、市民等各界一万多人举行了自治运动游行请愿,冲击了省议会,要求制定湖南宪法,实行湖南自治。这次请愿的失败,使毛泽东、彭璜等人认识到政治改良的办法是绝对行不通的。于是，他们开始秘密筹建长沙共产主义小组。

在斗争的岁月里，毛泽东和彭璜结下了深厚的情谊。他们坦诚相见，互相鼓励，并指出对方的缺点和不足，接受对方的批评和忠告。1921年1月28日，毛泽东在给彭璜的信中，专门谈到了处世交友问题。信中这样写道：

> 吾兄高志有勇，体力坚强，朋辈中所少。而有数缺点：一、言语欠爽快，态度欠明快，谦恭过多而直面过少。二、感情及意气用事而理智无权。三、时起猜疑，又不愿明示。四、观察批判，亦以主观的而少客观的。五、略有不服善之处。六、略有虚荣心。七、略有娇气。八、少自省，明于责人，暗于责己。九、少条理而多大言。十、自视过高，看事过易。弟常常觉得一个人总有缺点，君子总是能改过，断无生而无过……我觉得吾人惟有主义之争，而无私人之争。主义之争出于不得不争，所争者主义，非私人也。私人之争，世亦多有，则大概是可以相让的。

毛泽东认为彭璜优点十分突出，而缺点也很明显。为了帮助他克服这些缺点，毛泽东给以推心置腹的交谈和建议。在毛泽东的帮助下，彭璜终于于1921年加入了中国共产党。

令人遗憾的是，1921年冬天，彭璜因精神失常，在长沙失踪，从此下落不明。为此，毛泽东时时感叹不已。

蒋竹如

> 毛泽东在湖南省立第一师范求学时的同学,长期从事教育工作。新中国成立后,毛泽东曾鼓励他对汉语语言文字进行改革。

蒋竹如(1898—1967),又名集虚、庆蒲、继琬,湖南湘潭人。湖南第一师范第十三班学生。五四时期,在长沙加入新民学会。抗日战争时期,在湘潭新群中学任国文教员,后来又先后在湖南省立五师和"一师"教学。1950年,任教于第一师范,并兼任教导主任。

蒋竹如在"一师"时和毛泽东不同班,但他们关系非常亲近。

五四运动期间,北京的学生代表来到长沙,要求湖南的学生罢课,遥相呼应。毛泽东和蒋竹如等人负责联络长沙各校的学生代表到楚怡小学集会,与北京的代表见面。

那是1919年5月23日,蒋竹如正在自习室复习功课。忽然,毛泽东叫他出去,说:北京派来了两个学生代表,要求湖南学生和北京学生采取一致行动,起来罢课。两位代表住在楚怡小学何叔衡那里,我们需要商量一下配合北京学生运动的措施。于是,毛泽东、蒋竹如、陈书农、张国基等人来到"一师"后山草坪上,在月光下商谈,最后决定每个学校推举1~3个代表,于5月25日到楚怡小学开会,并分头联络。

在他们的发动和联络之下,1919年5月27日,湖南省学生联合会成立,会址设在落星田商业专门学校。他们积极参加学联发动的湖南学生总罢课和驱逐军阀张敬尧的活动。1919年8月,"学联"被张敬尧强行解散。但是,这并不能阻止湖南学生和各界爱国群众的革命热情和革命活动的展开。在毛泽东和新民学会的领导下,"学联"和"各界救国十人团"继续进行各种秘密的和公开的活动。学生们组织起来,或在街头,或挨家挨户做反日爱国宣传,并和工人群众取得了联系,使反帝反封建的运动得到了空前广泛的开展。在毛泽东的影响和领导下,蒋竹如参加了这其中的一系列活动。

在五四运动中,蒋竹如还加入了新民学会。当时,新加入新民学会的会员有彭璜、向警予、郭亮、罗迈、张国基、易礼容等21人。

蒋竹如从"一师"毕业以后,留在学校任教,并长期从事教育工作。而毛泽东1927年离开长沙后,两人便失去了联系。

抗日战争时期,蒋竹如在湘潭新群中学任国文教员兼班主任。不久,又先后到湖南省立五师和"一师"任教。

新中国成立后,蒋竹如和毛泽东取得了联系。毛泽东对蒋竹如很关心,经常帮助他解决生活中的困难。

1951年7月31日,正在湖南第一师范任教的蒋竹如写信给毛泽东,请求到北京的中国人民革命大学学习,还寄去了一篇关于毛泽东早年学校生活的回忆文章。读到失散多年的老同学的来信,毛泽东非常高兴,他于8月10日回信说:

7月31日来信收到。顷询革大,据称该校研究班9月间可收留若干人。似此,兄如有决心,并能吃苦(该校伙食不大好),可以来此入学研究。大作同时收到,甚谢!

1951年1月14日,毛泽东在接到李思安(新民学会会员,新中国成立后任湖南文史馆馆员)要求去北京的信后,回信时说:

同意你来北京。如果你愿意和蒋竹如同学他们一道进革命大学学习一时期,刚可以进该校。

1955年2月,蒋竹如给毛泽东写了一封长信,建议简化汉字和使用汉语拼音,进行汉语语言文字改革。他同时还寄去了一本专著,这是根据他多年从事语文教学和研究的经验写成的。毛泽东于1955年5月1日回信说:

二月惠书收读,甚谢!兄做语文学研究,提出不同意见,我虽未能同意,但辩论总是会有益的。来书已付文字改革委员会研究去了,汉字太繁难,目前只做简化改革,将来总有一天要做根本改革的。

1962年2月,蒋竹如在《湖南学生的反日驱张斗争》一文中,回忆了五四运动时期毛泽东领导、组织湖南学生罢课和驱逐军阀张敬尧的斗争,以及他在毛泽东的带领、影响下参加革命的有关情况。

1963年3月24日,毛泽东在给时任湖南省副省长周世钊的信中提到:"蒋竹如兄处,亦乞见代致意。他给我的信都已收到了。"此后,毛泽东又多次托人问候蒋竹如,始终关心他的生活情况。

1967年,蒋竹如因病去世,时年69岁。

蒋梯空

蒋、毛两家是世交,因此他很早就认识毛泽东。他是毛泽东亲自培养的中共党员,后来成为毛泽东在韶山开展农民运动的得力助手。

蒋梯空(1900—1927),湘潭县杨林乡油榨塘人。蒋家距毛泽东家仅10多里,蒋梯空的父亲和毛泽东的父亲交情很深,两家来往密切,因而蒋梯空和哥哥蒋浩然很早就认识毛泽东。

蒋梯空自幼聪明好学,虽然出生于富裕的家庭,但他从小同情贫苦的农民,曾以诗句"他年治国平天下,天下风云任卷舒"来表达自己读书、治国、救民的志向。

1920年,蒋梯空放弃学业去从军,次年回到家乡。这时他苦闷而彷徨。他思索着、探索着实现自己理想的途径,最后决定恢复学业。

1921年,蒋梯空考入了长沙妙高峰中学。他常去学校图书馆阅读外文书籍,利用一切机会吸收新文化、新思想。他在长沙求学期间,毛泽东也在长沙从事革命工作。他打听到毛泽东的住址后,经常登门求教。毛泽东便向他讲述这样的道理:帝国主义的掠夺和封建军阀割据造成了国家、民族的危亡和人民的苦难,一个有志向的青年若只埋头读书、不问政治,对救国救民都于事无补。这对蒋梯空启发很大。

1923年长沙"六一"惨案发生后,蒋梯空极为愤怒,他和同学们一起走上街头,发表演说,声讨日军的暴行。

1925年春,蒋梯空在家乡蒋氏族校担任教员(后为教导主任)。他着手整顿校务,推行新式教育,革新教学内容,要求学生"德育高尚,智育高强,体育更优良,全球之上大事业,吾辈更要担当",学校风气有了很大的改观。

1925年,毛泽东回到韶山开展农民运动,蒋梯空便经常到韶山冲去请教问题。毛泽东也常到蒋家与蒋氏兄弟交谈,他们之间总有谈不完的话题。当时,由于晚上经常召开秘密会议,活动很多,毛泽东特忙,缺少时间休息,疲倦的时候,毛泽东便倒在蒋家的床上休息,连鞋都不脱。毛泽东对蒋梯空极为熟悉,认为蒋思想进步,是可信赖、可依靠对象,就动员他投身于农民运动。

毛泽东的言行深深地激励着蒋梯空,他很快便成为毛泽东在韶山开展农民运动的得力助手。他运用平民教育的形式,在蒋氏族校办起了农民夜校,秘密组织农民运动;他还自编课本,联系农民生产生活的实际,深入浅出地启发农民的阶级觉悟。

五卅惨案发生后,毛泽东在韶山发起成立了"雪耻会",蒋梯空作为代表参加了成立大会,并被选为执行委员。他在实际的斗争实践中不断成熟,这年夏天,加入了中国共产党。1926年4月,蒋梯空出任中共韶山特区委员。他率领农民积极支持北伐战争,与土豪劣绅作斗争,接收了团防局。他和特别区农协还兴办了生产、消费、信用合作社,开办了工农夜校和女子职业学校。

1927年1月,毛泽东回到韶山考察农民运动,召集了一系列的农协干部座谈会、调查会,蒋梯空踊跃参加,他向毛泽东汇报了农运的情况和经验,聆听着毛泽东的谆谆教导。

1927年,蒋梯空以省特派员的身份到朱亭等地方开展农民运动。"马日事变"后,他率领农民自卫军参加攻打白马垅的战斗。这时的湖南,一片白色恐怖,反动派大肆搜捕。但他置个人安危于不顾,6月中旬,他回到韶山,希望联络党员继续坚持地下斗争。当得知毛泽东在湘赣边界领导秋收起义的消息后,便决定去找毛泽东。但是,他的行踪泄露。1927年11月2日,他被捕了。敌人对他进行了严酷的审讯,面对严刑拷打,他坚贞不屈,没有招供只言片语。

蒋梯空被捕后,他的哥哥蒋浩然多方奔走,托人保释他,但没有成功。不久,蒋梯空为革命献出了年仅27岁的生命。蒋梯空牺牲后,毛泽东曾经多次写信托人慰问烈士家属。1950年8月23日,他给蒋浩然写信说:

浩然先生:
  来信收到,甚谢。尊府参加革命工作者甚多,令弟为国牺牲,极为光荣。此复,顺致敬意

毛泽东
八月二十三日

1959年6月,毛泽东回到韶山,宴请乡亲们,蒋浩然也在被请之列。

国民经济困难时期,毛泽东曾经委托弟媳王淑兰、堂弟毛泽连等人去看望蒋浩然,并送去了一些豆腐干和副食品。这点点滴滴的小事,寄托着伟人对烈士的深切怀念和无限情思。

谢觉哉

曾考取过秀才,在毛泽东等人的影响下,走上了革命道路。1933年,曾担任过毛泽东的秘书……

谢觉哉(1884—1971),字焕南,湖南宁乡县肖家湾人。他从4岁时就开始读蒙馆,11岁读完了《诗经》、《书经》、《春秋》等经书。1905年,谢觉哉考取秀才,父亲非常高兴,决定大摆宴席,但谢觉哉认为秀才、举人是和土豪劣绅联系在一起的,容易使人变坏,最后毅然与封建势力决裂,当起了私塾先生,并开始学中医,后又到安化县培婴学校担任国文和历史教员。

1920年8月31日,谢觉哉来到长沙任《湖南通俗报》的主编,熊瑾玎任该报的经理,周世钊、邹蕴真任编辑。当时,报社的编辑班子除谢觉哉外,都是新民学会的会员。同年9月,报馆召开第一次大会,在湖南第一师范附属小学任主事的毛泽东也参加了大会,他说:"报纸赞成什么,反对什么,态度要明朗,不可含糊。""《通俗报》是向一般群众进行教育的武器,文字必须浅显生动,短小精干。尤其要根据事实说话,不可长谈空洞的大道理。"会后,在谢觉哉的房间里,毛泽东与他又进行了简短的交谈。虽然是第一次见面,但他们互为对方的才华和抱负所倾倒,相互都留下了很深刻的印象。

谢觉哉非常赞成毛泽东的办报主张,他结合实际斗争的需要,对《通俗报》从内容到形式进行很大的改革。当时,湖南军阀赵恒惕利用"湘事湘人自决"的口号,以"地方自治"为名,来巩固军阀统治。对此,毛泽东主张:"不赞成采取笼统的反对态度,也不赞成消极的抵制态度,而主张采取积极态度,参加到'自治'运动中去,利用矛盾进行斗争,启发民众,揭露统治者,尽可能地争取扩大民主因素。"谢觉哉完全赞成毛泽东的意见,并按照这样的思路,大力宣传真正的民权思想。

1921年元旦,经过周世钊、何叔衡、毛泽东的介绍,谢觉哉加入了新民学会。他赞同毛泽东等人主张用俄国十月革命的方法来改造中国和世界的意见。1924

年,谢觉哉秘密加入了国民党,1925年又加入中国共产党。但他的公开身份是国民党湖南省党部常委、秘书长、代理党校校长,主要做国民党的宣传工作,编国民党的秘密党报。以后,他曾任中共中央机关报《红旗》的主编,组织领导《上海报》,主编湘鄂西省委机关报《工农日报》等。

1933年5月,谢觉哉来到了江西瑞金。一到瑞金,他立刻前往时任中华苏维埃政府主席毛泽东的住地,要求分配工作。分别5年的老朋友重逢了。毛泽东穿着一身粗布制服和一双布鞋,面容瘦削,但眉宇间精神矍铄。见到谢觉哉,他深情地说:"你可来了,一路上辛苦了,身体好吗?"他们热烈地交谈着,从当时的政治形势,到农村革命根据地,谢觉哉深为毛泽东的远见卓识所折服。毛泽东对谢觉哉说:"我这里正缺人,我们继续合作吧!"从此,谢觉哉在毛泽东对面的一间空屋子里住了下来,担任毛泽东的秘书。

当时的环境非常艰难,工作紧张,生活清苦,谢觉哉常常陪同毛泽东夜里办公,又困又饿。一天深夜,看着胡子花白的谢觉哉,毛泽东深情地问道:"谢胡子,你白天吃这点子粮食,够了吗?"谢觉哉回答说:"也够了。"毛泽东笑了:"我去弄个南瓜,你去找点柴草来,咱们煮南瓜吃。"他们分头弄来南瓜和柴草,兴致勃勃地在月光下煮南瓜吃,吃饱之后又接着办公。他们之间的亲密程度也由此可见一斑。

后来,谢觉哉担任中央工农民主政府秘书长和内务部长,并兼任中央政府机关党总支书记。一天,他发现沙洲坝村的老乡到瑞金河挑水的人络绎不绝,有白发苍苍的老人,也有不足10岁的儿童。由于路程远,行走艰难。他想:如果能在村中找到水源打水井,老乡就不用到远隔几里的河里挑水了。他把自己的想法向毛泽东做了汇报,得到了毛泽东的赞同。开工的这一天,谢觉哉第一个开锄破土,毛泽东和贺子珍也来参加。很快,一口水井打成了,乡亲们再也不用远道取水了。为了世代铭记他们的恩情,1950年,当地群众在井边立了一块石碑:"吃水不忘挖井人。"

1934年9月,谢觉哉被批准参加长征。1935年,遵义会议重新确立了毛泽东在红军和党中央的领导地位。当得知这个消息后,谢觉哉高兴极了,他说:"毛泽东同志回到中央的领导岗位,事情就好办了。"

1939年2月,谢觉哉调任中央党校副校长。为了解决经费不足的问题,他发动大家开荒种地,养鸡养猪,创办中山合作社,建造礼堂。在大礼堂落成时,毛泽东亲自题写了"实事求是"的大幅匾额。

1941年至1942年,在顽固派的军事包围和经济封锁下,陕甘宁边区遇到了严重困难。谢觉哉致力于边区经济的改善,为毛泽东出谋划策,仅1941年夏季的一个多月的时间里,他就给毛泽东写了数万言的书信,提出他的发展边区生产、增加财政收入的建议。毛泽东也经常用书信和面谈的方式,征求谢觉哉和林伯渠等人的看法。

当时,针对边区工作中的问题和干部的思想状况,谢觉哉写了大量的杂文,发表在《新中华报》、《解放日报》上。《解放日报》专栏还发表了他的杂文《一得集》,深受毛泽东的好评:"我对一得书感到兴趣,是有益的。"

繁忙、劳累的工作,加上恶劣的生活条件,谢觉哉终于积劳成疾。1942年元旦,党中央决定让他搬到枣园休养。毛泽东对谢觉哉的健康非常关心,9月,他写信给谢觉哉:"关于你及林老的工作及生活,亟宜有所调整,务不过劳,文章亦不宜写得太多。"

中华人民共和国成立以后,谢觉哉被任命为政务院委员、内务部部长。他所抓的第一件大事,便是发动群众,战胜灾荒。他曾深入山东、河南等省的灾区视察,协同当地政府安置和救济灾民。他曾给毛泽东写过一封长信,反映陕北根据地人民的负担问题,要求中央研究减轻陕北人民的负担。

1959年4月27日,谢觉哉在第二届全国人民代表大会上,当选为最高人民法院院长。他要求恢复法院的正常审判制度,并指出最高人民法院一定要看案卷,还多次纠正错判的案件。

1963年,由于劳累过度,谢觉哉病倒了,左侧大脑血管栓塞,他不得不住院治疗。毛泽东知道谢觉哉病了,托人捎话,请他好好养病。

"文化大革命"时期,谢觉哉受到冲击,他的许多老战友被诬蔑为"叛徒"、"特务",先后挨批斗、被抄家,谢觉哉非常难过,他流着眼泪说:"你们不要相信,哪里会有那么多叛徒、特务?如果共产党里头有那么多坏人,怎么能领导革命取得胜利?怎么能把国民党打败,建立新中国?"

1971年6月15日,谢觉哉溘然长逝,享年87岁。

熊光楚

奉毛泽东为"己身言行之准"。曾利用自己在湖南省立第一师范学校图书馆当管理员的机会为毛泽东借书提供便利……

熊光楚(1889—1936),字昆甫,湖南湘乡人。当他1910年在湘乡中学求学时,就认识了在东山高等小学堂上学的毛泽东。1911年考入中路师范学堂(即后来的湖南省立第一师范学校)预科第一班,1912年转入本科第一班。当时毛泽东考入了湘乡驻省中学,他们以同乡学友为名,保持着联系。1914年春,毛泽东也进入"一师"学习,这为两人更密切地交往创造了便利的条件。

虽然在"一师"时,他们不同班不同年级,但他们互相仰慕。熊光楚勤奋上进,在"一师"以博学而著称,深为毛泽东所钦佩;而熊光楚奉毛泽东为"己身言行之准"。

熊光楚有坚持记日记的习惯,每有读书讲论所得,便会将其记在日记中。1914年10月的一天,熊光楚和萧子升到船山学社去听知名学者讲王船山的著作,回校后在日记中记下了自己的心得,杨昌济从查阅他们的日记中得知此事后,在各班进行了表扬,并在他的《进化斋日记》中记载:"十月十九日。阅熊、萧二生日记,知船山学校切实讲王船山所著之书。此事深惬意。""青年肯去听讲,必有益也。"毛泽东也受到影响,每逢星期天,他们都一起去听演讲,毛泽东也坚持记日记,并和熊光楚约定"互阅日记,共同向上"。

他们还经常一起到芋园向杨昌济、黎锦熙等教师请教(注:芋园是杨昌济、黎锦熙等人创办的《公言》杂志社的社址,位于长沙浏阳门),而芋园也由此成为师生们讨论时政等问题的好处所。如1915年4月11日,毛泽东同萧子升、熊光楚就曾到芋园黎锦熙处,听其讲读书方法。

出于对哲学共同的爱好,1915年5月,毛泽东、熊光楚和蔡和森、陈昌、萧子升、萧三等组织了哲学研究小组,并请杨昌济指导,对哲学和伦理学问题进行定期的讨论。

当时,他们的老师黎锦熙先生在日记中曾这样记载:

8月14日星期六。晚,昆甫前日来此住,预备考试。润之昨日至(往)校矣。章甫则任"一师"附小级任去。

8月15日星期日。上午润之、章甫至,为论读书法至昆甫处。

1915年8月,熊光楚从"一师"毕业了。由于他家里经济困难,毛泽东便向杨、黎二师建议,让他借住在芋园,准备升学考试。于是整个暑假,熊光楚都住在芋园。

一天,杨昌济从"一师"新任校长武绍程那里得知,新学期"一师"图书馆将要聘请一名图书管理员,于是他将此消息告诉了毛泽东,毛泽东立即将这个消息告诉了熊光楚,并向他建议不要升学了,到图书馆任管理员,既可以学习,阅读自己喜欢看的书籍,又可解决经济上的困难。熊光楚欣然接受毛泽东的建议,和毛泽东一起去向杨昌济申请。

就这样,刚从"一师"毕业的熊光楚成了"一师"图书馆的管理员,而平日最喜欢博览群书的毛泽东也有了读书的好去处。熊光楚非常了解毛泽东的爱好,经常把书找好,等待毛泽东去借阅,为毛泽东读书提供了许多便利。每逢假日,毛泽东便会泡在图书馆里。

当时,毛泽东、蔡和森、萧子升等人已经在酝酿成立一个革命团体,以"既和同志,创造新环境"。后来他们便经常在蔡和森家里讨论。由于白天要上班,熊光楚不能参加他们的许多讨论。随着酝酿的进展,毛泽东便经常利用在图书馆读书的机会,把自己和蔡和森等人讨论的结果告诉熊光楚,并征求他的意见。熊光楚受毛泽东的思想影响很深,非常赞同毛泽东成立新民学会的主张和毛泽东起草的学会章程,并愿意成为其中的一员。1918年4月14日,新民学会正式成立了,熊光楚虽然没有参加成立大会,但毛泽东在《新民学会会务报告》中,把他列为学会的基本会员之一。

新民学会成立不久,便积极地组织湖南留法勤工俭学活动。1918年夏,毛泽东从"一师"毕业以后,应蔡和森的邀请,到北京参加相关的组织活动。为了参与留法勤工俭学运动,1918年8月,熊光楚放弃了图书馆的工作,和毛泽东等人来到了北京。当时,杨昌济先生在北京大学任教,他们还像在"一师"一样,经常到杨先生家里讨论问题。后来,毛泽东到北大图书馆任管理员,而熊光楚则进入北京留法预备班补习法语。

  1919年春,送别第一批赴法的学生以后,毛泽东回到湖南,建立起湖南学生联合会,积极发动、组织驱逐军阀张敬尧的活动。留在北京的熊光楚从蔡和森那里得知消息后,便主动在北京揭发张的恶行。1919年12月,毛泽东率"驱张"代表团第二次赴京请愿时,熊光楚成为他的得力助手。1920年1月6日,张敬尧、张宗昌从奉天私运的大批烟种在武昌附近的车站被扣留,熊光楚积极协助毛泽东起草《湘人对张敬尧运烟种之愤》,请求政府将其撤职惩办,还将请愿书派专人送到上海刊登在《申报》上,在全国掀起"驱张"的怒潮。

  1920年5月,熊光楚从上海启程赴法勤工俭学。抵达法国后,在华法教育会的安排下,他进入枫丹白露的圣梅桑学校学习。他还参加了旅法新民学会会员举行的蒙达尼会议,赞同蔡和森提出的以"改造中国与世界"为学会的方针,并主张"走俄国革命道路,使无产阶级专政"。

  在法国期间,熊光楚从毛泽东与蔡和森、萧子升等新民学会会员的通信中,受到了极大的勉励和启发。1921年,他参加了蔡和森等人在法国发起的几次重要的斗争。在进占里昂中法大学的斗争后,蔡和森等104名留法勤工俭学学生被驱逐回国,而熊光楚则转入法国的一家工厂工作。从此,他和毛泽东完全失去了联系。

  1936年,久居法国的熊光楚回到了祖国,但这时的他,已经积劳成疾,于1936年9月病逝,年仅47岁。新中国成立后,他的女儿熊严修多次向上级申述,湖南民政部门于1977年追认他为革命烈士。

熊瑾玎

> 毛泽东主持筹建的湖南自修大学建立后,他曾担任自修大学的教务主任,为培养农民运动的骨干和党员的教育竭心尽力。

熊瑾玎(1886—1973),又名楚雄,湖南善化人。幼时父亲给他取名庆庭,而他自己立志"要做个有声有色的革命者,像玉石一样可贵",遂改名为瑾玎。他在私塾读过7年书,勤于自学,古文根底深。青年时期在农村教过私塾和小学。

1914年,熊瑾玎受聘于长沙私立楚怡小学,并由此而结识了毛泽东、何叔衡等人。他们常在一起讨论时政,交流读书心得,探讨个人和国家的未来,对黑暗的社会现实表示了强烈的不满。1918年,他加入了毛泽东发起组织的新民学会。不久,由于他思想激进,被楚怡小学辞退,于是来到了徐特立任院长的湖南孤儿院任教,得以通读徐特立的藏书,并找人补习英语,学业上有了较大的进步。

1921年,好友毛泽东、何叔衡去上海参加了中国共产党第一次全国代表大会。得知消息后,熊瑾玎极为振奋,认为"从今有道争先进,不怕阴霾黑暗天",他对中国共产党寄予厚望。毛泽东主持筹建的湖南自修大学建立以后,熊瑾玎曾担任自修大学的教务主任,后来又担任湘江学校的董事。他与毛泽东通力合作,为培养农民运动的骨干和党员的教育竭心尽力。他在湖南教育界享有盛誉,曾经是徐特立在湖南教育界的得力助手。1924年国共合作,他参加了国民党,成为长沙市党部常委。他利用负责长沙县财产保管处工作的便利机会,解决了长沙市、县工农运动的经费问题。

"马日事变"以后,湖南陷入白色恐怖之中,革命陷入低潮,熊瑾玎受到通缉。但在郭亮的介绍下,他毅然加入了中国共产党。

大革命失败以后,毛泽东发动秋收起义,率领部队上了井冈山。1928年,熊瑾玎在上海中共中央机关任会计,负责建立政治局秘密办公机关。虽然没有证据表明他们有密切的联系,但他们为着共同的事业贡献着自己的力量。

在上海,熊瑾玎和他的妻子朱端绶以"商人"身份,陆续开办商号、钱庄、布店、绸厂等,掩护中央机关工作正常进行。凡是与熊瑾玎夫妇共事过的党内外同志,总是以"熊老板"、"老板娘"称呼他们。对于他们的这段经历,周恩来同志后来在一份证明材料中写到:"在内战时期,熊瑾玎、朱端绶两同志担任党中央最秘密的机关工作,出生入死,贡献甚大,最可信赖。"

1931年,熊瑾玎调到鄂西苏区任宣传教育部长兼苏维埃政府秘书长。1932年回到上海后,负责党中央内部交通工作。1933年,他到法租界给贺龙家属送生活费时被捕。在狱中,他吟诗抒怀明志:"年来身世感奔波,毕竟仓皇入网罗。漫道者番风味苦,辛酸尝尽见闻多。"

第二次国共合作以后,熊瑾玎被释出狱,担任《新华日报》社总经理。他运用非凡的管家理财才能,与国民党的政治迫害、扣押稿件、封锁物资、断绝财源、特务盯梢、捣毁设备、殴打职工等做法作斗争,历时9年,终于完成重任。

新中国成立后,熊瑾玎负责经济工作和红十字会工作。1973年去世,时年87岁。

蔡元培

中国近现代史上著名的民主革命家、教育家、科学家,被毛泽东称为"学界泰斗,人世楷模"。毛泽东曾为他的两次演讲作过记录。

蔡元培(1868—1940),字鹤卿,号孑民,浙江绍兴人,我国近现代史上著名的民主革命家、教育家、科学家。

蔡元培是清光绪年间的进士,曾任清翰林院编修。1898年戊戌变法后,他弃官回乡兴办教育,提倡新学。1901年义和团运动后,他开始倾向于反清革命。1902年在上海创建中国教育会,并任会长。1904年,他参与建立反清的革命组织光复会,1905年加入同盟会。1907年~1912年间,蔡元培留学德国。辛亥革命后,他回到国内,担任孙中山领导的中华民国临时政府教育总长,并担任"中华民国"第一任教育总长。后因不满袁世凯的专制统治愤而辞职,赴德、法等国留学考察。1915年,蔡元培与李石曾、吴玉章、吴稚晖、汪精卫、张继等人在法国与该国政学界人士一道组织了华法教育会,以沟通中法两国文化,帮助国内有志青年以半工半读的方式到法国留学。1916年,蔡元培回到国内就任北京大学校长,在北京设立华法教育会总会,在上海、广州设立分会,向全国宣传留法勤工俭学的主张。

毛泽东最初知道蔡元培的名字,是在湖南第一师范读书的时候。由于他的老师杨昌济早年就与蔡元培有交往,经常向毛泽东等学生提起蔡元培,并把蔡元培翻译的德国哲学家泡尔生的《伦理学原理》一书定为教科书。毛泽东对该书进行了仔细的研读,他在这本总共10万多字的书上写下了12000多字的批语和提要。毛泽东还在这本书的启发下写成了《心之力》一文,杨昌济看了这篇文章后非常满意,给这篇文章打了满分。

1918年6月,杨昌济应蔡元培的聘请,到北京大学任伦理学教授。到北京后不久,他就写信给毛泽东等,劝毛泽东到北京大学学习,并告诉他们华法教育会组织留法勤工俭学的事情，希望他们能够抓住这个机会。9月上旬，毛泽东为组织湖南青年赴法勤工俭学第一次来到北京。9月底，杨昌济把毛泽东介绍给北大图书馆主任李大钊。后来，李大钊找到蔡元培，提出为毛泽东谋一份差事，蔡元培当即表示同意，并写了一张条子："派毛泽东为图书馆助理员，月薪8元。"

在北大，毛泽东当时经常就湖南学生留法事宜与蔡元培接洽，蔡元培都竭力相助。不久，从湖南赶来赴法勤工俭学青年近50人。蔡元培专门为湖南学生办了一个预备班，并在预备班成立那天亲自主持仪式，另外还邀请了一批湖南旅京名流参加。

毛泽东利用在北大图书馆任职的机会，经常旁听北大各种课程，积极参加各种社团活动。1918年10月14日，北大新闻学研究会成立，毛泽东参加了研究会，蔡元培在成立会上作了演讲。1919年2月19日，该会举行改组大会，毛泽东等24位会员与会听取了蔡元培的演讲，并选举他为会长。1919年10月16日，新闻研究会举行第一次研究期满仪式，蔡元培为毛泽东等32位获得听讲半年证书的会员颁发了证书。蔡元培高度赞扬第一期新闻研究会的圆满成功："本校之有新闻学研究，于中国实为第一次，故今兹结束，是可谓中国新闻学研究之第一次结束。"

北大哲学研究会是毛泽东参加的另一重要学术团体，它是由陈大齐、杨昌济、胡适等人发起的，蔡元培是该研究会的实际领导人。另外，毛泽东还参加了北大平民教育讲演团、少年中国学会等社团活动，蔡元培对这些组织的活动都非常支持。其间，毛泽东还和在北京的新民学会会员一起邀请蔡元培等为会员讲演，并回答他们提出的关于学术及人生观的问题。

1919年12月，湖南开展驱逐军阀张敬尧的运动。为争取全国人民的支持，毛泽东率领湖南各界"驱张"代表团第二次来到北京。1920年初，杨昌济病逝，毛泽东与蔡元培等29人联名在《北京大学日刊》上发布启事。蔡元培还同马寅初、胡适、陶孟和等联名另发一启事，向北大师生征集募捐。

1920年10月，湖南省教育会举办"学术讲演会"，邀请蔡元培、章炳麟、吴敬恒、张东荪以及杜威、罗素等国内外著名学者到湖南讲演。毛泽东受长沙《大公报》委托，担任"学术讲演会"的记录员。蔡元培到湖南后，除了按照湖南省教育会的安排讲演了7次，还应周南女校、岳云中学等校的邀请又增讲了5次。其中由毛泽东记录的有两篇，一篇是在湖南教育会做的《对于学生的希望》，另一篇是在周南女校做的《美术的价值》。后来，它们由毛泽东整理后刊登在长沙《大公报》上。

1921年8月，毛泽东利用长沙船山学社的社址和经费，创办了湖南自修大学。毛泽东亲自起草了《湖南自修大学组织大纲》，阐述了自修大学的性质和办学宗旨，发表在1921年8月16日的湖南《大公报》上。蔡元培在收到毛泽东寄来的《湖南自修大学组织大纲》后非常高兴，感到与自己的主张和理想比较吻合，他不仅为该校题了词，还撰写了一篇题为《湖南自修大学的介绍与说明》的文章，对湖南自修大学的成立作了高度评价。这篇文章1922年8月发表在上海《新教育》杂志第五卷第一期上。蔡元培的文章给了毛泽东等极大的鼓舞和支持，他们于1922年9月又开办了自修大学附设补习学校，于1923年4月10日创办了《新时代》月刊。

1930年10月24日，杨开慧被国民党长沙警备司令部逮捕，蔡元培闻讯立即设法营救。他联合几位社会知名人士联名打电报给何键，要求保释杨开慧。

九一八事变后，蔡元培坚决主张抗日，他与宋庆龄、鲁迅、杨杏佛等人组织发起中国民权保障同盟，并担任该组织副主席。1936年9月22日，毛泽东从延安写信给蔡元培，对他团结抗日的主张作了高度评价。抗战爆发后，蔡元培对于毛泽东领导下的陕甘宁边区的状况极为关心。当埃德加·斯诺及其夫人尼姆·威尔斯所写的《西行漫记》和《续西行漫记》的中译本出版后，他立即找来仔细阅读，并在1939年8月6日写了读书札记。

1940年2月5日，陕甘宁边区自然科学研究会在延安举行成立大会，毛泽东亲临讲话，蔡元培被推选为名誉主席团成员。当月20日，延安各界宪政促进会举行正式成立大会，毛泽东在会上作了《新民主主义的宪政》的重要报告，蔡元培、毛泽东等32人被推举为名誉主席团成员。

1940年3月5日，蔡元培在香港逝世，毛泽东特意致电蔡元培家属表示深切哀悼，称赞蔡元培是"学界泰斗，人世楷模"。另外，他还委托廖承志赴香港代送了花圈。4月14日，延安各界千余人在中央大礼堂举行了追悼蔡元培、吴承仕的大会，毛泽东题写了"老成凋谢"的挽联。

蔡和森

他和毛泽东相识于第一师范学校。"一个共产党员应该做的,和森同志都做到了。"毛泽东用简短的话语概括了蔡和森短暂而不平凡的一生。

蔡和森,原双姓蔡林,名龢仙,字润寰,学名彬,1895年出生于上海江南机器制造总局的一个小官员家庭,湖南湘乡永丰镇(现属双峰镇)人。1908年,蔡和森13岁时当过杂货店学徒。1913年秋考入湖南省立第一师范六班,和毛泽东结成志同道合的挚友。

湖南第一师范学校当时在湖南颇有名气,湖南大学被称为"最高学府","一师"则被称为"亚高学府"。在"一师"期间,蔡和森刻苦求学,勇于实践,有远大的理想和奔放的热情。他常说:"吾人之穷极目的,惟在冲决旧世界之层层网罗。"

毛泽东和蔡和森都是品学兼优、志向高远的青年,老师杨昌济赞扬说:"毛蔡二君,当代英才。"1920年,杨昌济在病逝前夕写给友人章士钊的信中说:"吾郑重语君,二子海内人才,前程远大,君不言救国则已,救国必先重二子。"

当时,毛泽东和蔡和森都积极地探索挽救危难的中国的途径,而很少关注个人的生活问题。在杨昌济、徐特立等进步教师的引导下,他们以极浓的兴趣研究着文学、哲学、历史,深切地关注着社会现实。

蔡和森、毛泽东、张昆弟、罗学瓒等人交情深厚,他们经常聚在一起游泳、爬山、散步、徒步旅行、露宿,交流读书心得,探讨人生和社会的各类问题,寻求中国的出路。长沙周家台子蔡和森的家成了他们经常聚会的场所。当时,23岁的蔡和森想写一本以人民群众为主体的史书,还要把文和言统一起来,以利文化教育的普及,对中国传统文化持一种批判继承的态度,体现了他思想的进步性和超前性。

1918年4月14日,经过毛泽东、蔡和森等人的酝酿,以"革新技术,砥砺品行,改良人心风格"为宗旨的团体——新民学会,在蔡和森家中成立了。学会的纪律有五不的规定：不虚伪、不懒惰、不浪费、不赌博、不狎妓。一群朝气蓬勃的有志青年，在他们的倡导下，为着共同的理想而团结起来了。他们不满于黑暗的社会现实，积极寻求中国的出路。不久，毛泽东、蔡和森、张昆弟等人还进行了"新村生活"的尝试。

1918年6月，蔡和森赴北京筹办留法勤工俭学。在北京，他如饥似渴地阅读进步书刊，广泛接触世界上的新学说、新思想，开始接触马克思主义，思想上产生新的飞跃，迅速成长为具有初步共产主义思想的知识分子。他及时地给毛泽东等新民学会会员写信，畅谈新民学会及留法勤工俭学问题，表示要"仿效列宁"，"加倍放大列宁之所为"，并邀请毛泽东前往北京。

1918年8月19日，毛泽东与新民学会的20名会员到达北京，准备赴法勤工俭学。毛泽东、蔡和森等8人住在景山东街三言井胡同吉安所左巷7号，"隆然高炕，大被同眠"，共度清苦的生活岁月。尽管如此，毛泽东和蔡和森还经常一起到长辛店铁路工人等处调研，了解中国无产阶级的劳动和生产状况。有时，他们也一起到北京的名胜古迹游览，或寻胜访幽，或谈古论今。1919年3月，他们送别了第一批赴法的新民学会会员和湖南青年之后，毛泽东便由上海回到了湖南。

毛泽东在给蔡和森的信中，曾论述了"才、财、学"的问题。蔡在回信中说：润兄"所论才、财、学三事，极合鄙意"。他主张新民学会发展会员，"须加以充分的物色与罗致，不当任其自然发展也"。至于如何造就人才，"一方要有适当之储养，一方要有适当之练习，得同时行之者上也；一先一后者次之；终于一才者下也。"他认为"储养"与"练习"、学习与实践应该紧密结合。这也正是他们行动的写照。

五四运动爆发时蔡和森正在北京，便积极投入了运动。6月下旬，北京学生再次示威请愿，阻止北洋军阀政府在巴黎和约上签字，他带领陈绍休、贺果、唐铎及北京法文专修馆的湖南同学，参加了这次示威游行。

五四时期，蔡和森还经常把毛泽东介绍给别的朋友，称赞他是个了不起的人物，坐定如山，意坚如铁。

1919年12月，毛泽东到上海为蔡和森一家3人和向警予等一批赴法的有志青年送行。在法国，蔡和森刻苦学习，"日惟手字典一册，报纸两页"，补习法文，终于从一开始只能看一些小消息，到一天能看整版报纸。他了解了很多有关欧洲各国工人运动的情况和十月革命的知识，精心研究共产主义学说，"猛看猛译"。

尽管身处异国他乡，蔡和森和毛泽东仍保持着密切的书信往来。他在信中把自己在法国接触到的社会主义学说介绍给毛泽东，并开始探讨建党问题。

1920年7月，留法的新民学会会员在蒙达尼中学举行了为期5天的会议。蔡和森主张以"组织共产的，使无产阶级专政，其主旨与方法多倾向于现在之俄"为新民学会改造中国与世界的方法。他还旗帜鲜明地表示："和森为极端马克思派，极端主张唯物史观、阶级战争、无产阶级专政。"毛泽东对于蔡和森在蒙达尼会议上的主张极为赞同，回信说："你这一封信见地极当，我没有一个字不赞同。"

1921年9月，由于蔡和森领导留法勤工俭学学生进占里昂中法大学的斗争，被驱逐回国。他回国后不久，经陈独秀、陈公培介绍，在上海加入了中国共产党，并被留在党中央工作。1922年7月和1923年6月，蔡和森出席中共"二大"和"三大"，被选为中共中央委员，任党的机关报——《向导》周报的主编。毛泽东在"三大"上，也被选为中央委员。1924年，在国民党"一大"上，毛泽东被选为中央执委候补委员，后被派往上海工作。蔡和森、向警予与毛泽东、杨开慧曾一起住在中央机关的所在地——闸北香山路三曾里，共同度过了一段繁忙而又欢快的岁月。

"五卅"运动以后，蔡和森驻共产国际，而毛泽东则在湖南等地开展农民运动。1927年春，中国农民运动形势尤其是湖南的农民运动高涨。当时，毛泽东向中央写了著名的《湖南农民运动考察报告》，严厉地驳斥了党内外对农民运动的怀疑和责难。他明确指出农民问题是决定中国革命的全局问题，只有放手发动、组织和依靠群众，才能取得革命的胜利。远在莫斯科的蔡和森也持相同的主张。1927年4月27日至5月9日，中共"五大"在武汉召开，蔡和森和毛泽东都出席了会议，蔡和森任会议秘书长。毛泽东提交了一个农民运动决议案，建议广泛地重新分配土地，主张解决农民急需的土地问题，但却遭到了陈独秀的反对，还将毛泽东排斥在大会领导层之外。蔡和森和陈独秀进行了面对面的斗争，他和毛泽东坚决主张准备武力，以暴力对暴力，反击国民党右派的进攻。在"五大"上，蔡和森当选为中央委员，毛泽东当选为中央候补委员。会后，毛泽东在武汉主持中共中央农民委员会工作，蔡和森经常到毛泽东的住处与毛泽东交流对革命形势的看法，还与湖南来的干部与农民谈话。1927年6月，蔡和森被解除代理中央秘书长的职务。"八七"会议期间，蔡和森一再建议毛泽东进入中央政治局领导中央的工作，而他自己则要求不进政治局。他向组织声明："和森与毛泽东同志之关系，绝对不是什么企图组织'左派'；只因泽东一向反对中央农民政策，1926年冬季以来，完全代表湖南土地革命的倾向，为一切敌人之所痛恨，而为一切农民之所欢迎。所以'马日事变'后，和森主张回湘工作,'八七'会议时又主张他在中央。"蔡和森对毛泽东的才能和政治主张极为赞同,是中共党内最早主张毛泽东参与中央领导工作的人员之一。

1928年6月至7月,蔡和森在莫斯科举行的中共"六大"上作了重要发言。他认为:(1)武装斗争是土地革命时期农民运动的主要方式;(2)只要发动广大群众,割据局面就有可能形成;(3)农民游击斗争的出路最后一定要发展到占领城市,发动城市工人,推翻反动统治,推翻帝国主义。当时,国内的毛泽东、朱德等人正在创建井冈山革命根据地,探索着农村包围城市的革命道路。蔡和森的发言,对于毛泽东等人,无疑是极为有力的支持。

1931年夏,蔡和森赴香港指导工作期间被捕,后来被引渡广州,惨遭杀害。

毛泽东对蔡和森的牺牲十分痛惜,对他的家属极为关心,鼓励蔡和森的儿子追求进步。1938年,他通过周恩来,派人到湘乡把蔡和森的全家接到重庆,后来又设法送到苏联。1946年1月8日,毛泽东在延安给正在苏联求学的蔡和森的儿子蔡博等人写信,鼓励他们好好学习,不断进步,成为将来建设新中国的有用之才。

谭世瑛

在东山高等小学堂,曾同毛泽东同窗共寝,友谊深厚。新中国成立后,毛泽东对他的境况"深表同情",并多次汇款,予以资助。

东山学校本来不收外姓学生,毛泽东进入该校时,是谭咏春极力推荐,多次找校长和其他教员斡旋,才破例录取的。谭咏春还把自己的儿子谭世瑛与毛泽东编在同一个班,并安排他们同住在学堂西后斋。

毛泽东自己说过,他写得一手好古文,并因此深得谭咏春的欣赏。有一次,谭咏春让学生做题为《救国图存论》的作文,毛泽东用"康梁体"写作,见解迥异于同学,谭咏春读后拍案叫绝,破例给了105分。他在文后的批语中,这样写道:"视似君身有仙骨,寰观气与,似黄河之水,一泻千里!"当时,毛泽东的文章常常被他披上"传观"二字,贴在"揭示栏"内,作为同学们学习的范本。后来,谭咏春还向校长提出建议:要在课堂上讲授康有为和梁启超的文章,让学生学习"康梁体"的写作方法。

由于父亲对毛泽东的偏爱,再加上自己和毛泽东同窗,朝夕相处,谭世瑛和毛泽东的关系自然大不一般,他们之间结下了深厚的友谊。

从东山学校毕业后,谭世瑛又读了几年私塾,国文根底深厚,在著名的湘乡春元中学教授过高中语文。有一段时间,还在国民党邵阳县政府当过科长。

谭世瑛一共生有四个儿子,长子谭可夫,当过国民党营长,参加过反革命组织,解放初被逮捕法办;次子谭吉生,买壮丁外出未归,杳无音信;三子谭斗生,当过国民党军队排长,因隐瞒其兄的罪恶,镇反时,被人民政府一同镇压;四子谭可有,一直在家务农。而谭世瑛自己,由于在国民党邵阳县政府工作过,湘乡解放以后,也对他实行了管制,他的生活陷入了困境。

1949年冬,谭世瑛怀着无比复杂的心情,试着给毛泽东写了一封信,并寄去了自己的一些诗作。1950年新年伊始,邮递员给谭世瑛送来了一封印有"中国人

民革命军事委员会"字样的信,信是这样写的:

> 惠书及大作诵悉,甚为感谢!尊况如何,甚念。如有意见,尚望随时示告。顺至敬意!

一时之间,谭世瑛所在的湘乡县12村沸腾起来,人们奔走相告,毛主席没有忘记谭老倌,附近群众、村干部、乡干部甚至县工作组的人都来了。

收到毛泽东的回信后,谭世瑛心情无比激动,思绪万千。他渴盼依靠毛泽东这个老同学来摆脱当时家庭生活困难的处境,于是再次提起了笔向毛泽东写信,诉说了自己的艰难处境。不久,毛泽东又回信,说对他的处境"极表同情",但由于对他的情况不甚明了,"不知如何可以为助",建议他在乡里"就近解决为上策"。

1953年5月,谭世瑛再一次致信毛泽东,希望能安排工作。毛泽东在回信中恳切地解释道:"现在到人民政府所属机构做事或到学校教书,薪入甚微,于对家口众多者,不易赡给。"建议他"以吾兄状况观之,能就近获得工作职位,为最好;否则须远出参加短期研究班的学习,须准备吃很大的苦楚,又难于赡家。"虽然毛泽东没有利用自己的职权为亲友谋利,但对谭世瑛经济拮据的处境,却深表同情。他曾两次汇款资助谭世瑛,并邀请谭世瑛赴京一叙。

1955年5月,谭世瑛到汉口找谭政,求治眼病。谭政少年时曾就读于谭世瑛父亲门下,他与谭世瑛是近邻,又是同族,并是东山学校的先后同学,两人早有交往。但当时谭政外出不在汉口,谭世瑛便从汉口直接北上,来到北京求见毛泽东。

在北京,谭世瑛受到了毛泽东的热情接待,并安排他到医院治眼病。他把自己的经历和遭遇向毛泽东作了详细的汇报。为此,毛泽东给当时的湘乡县委写了一封信,要求调查了解具体情况。

在北京,中共湘乡县委接到信后,派专人到谭世瑛所在的石洞乡进行调查,并将有关情况写成材料向毛泽东作了汇报。这年6月8日,毛泽东给在北京正准备回乡的谭世瑛写信。一方面,他不徇私情,告知湘乡县委和石洞乡支部反映的有关情况,说明谭世瑛的"两个儿子确实有罪","政府和人民对他们依法处理,是应该的";另一方面,又指出"县委来信认为你无其他罪行"。他引导谭世瑛改正缺点,转变态度,服从政府法令,督促全家搞好生产。关切之情,溢于言表。

在毛泽东的帮助和耐心教育下,谭世瑛回到了家乡,一直务农,直到1962年去世。

谭咏春

他是毛泽东在东山高等小学读书时的国文老师和级主任。在他和其他老师的帮助下,毛泽东得以走出乡关,到长沙湘乡驻省中学就读。

1910年秋,毛泽东报考了离家50多里的湘乡县东山高等小学堂,在参加入学考试时,他以一篇出色的作文《言志》赢得了主考老师谭咏春的赞赏。但是在决定是否录取毛泽东的问题上,该校老师中有不同意见。有人以毛泽东不是湘乡人为由,不同意录取。经谭咏春和校长李元甫据理力争,终于使毛泽东取得了入学资格。谭咏春批阅过毛泽东的作文试卷,十分欣赏毛泽东的才华,他请求学校把毛泽东安排进自己担任级主任的第戊班。

东山学堂是一所新式学校,学校在课程的设置上,除经学外,还开设有国文、算术、历史、地理、音乐、图画以及进行道德品行教育的修身课;各个班级实行"级主任制",由国文教师担任主任,全权负责学生的学习、生活、操行和其他班务活动。

谭咏春对毛泽东的学习和生活极为关心,他让自己的儿子谭世瑛搬到学生宿舍,和毛泽东"搭铺"。由于该校的大多数同学都是衣着考究的小绅士,他们瞧不起毛泽东这位衣着寒酸的"新来的乡巴佬",而谭世瑛却成了毛泽东要好的朋友。他们一家给予了毛泽东无微不至的关怀。据谭世瑛回忆,1910年冬毛泽东曾身患感冒,并因高烧引发肺炎,几天水米未进,病情十分危急。谭咏春赶忙把毛泽东送进湘乡县城的一家教会医院进行诊治,使他转危为安。此后,谭咏春父子还把毛泽东接到自己家中,对他进行精心照料,使毛泽东很快恢复了健康。

毛泽东到东山学堂后,充分利用那里的良好学习条件刻苦读书,进步很快,特别是他的文笔更是出类拔萃。谭咏春常拿他的作文作范文在班上宣读,并让同学们向他学习。东山学校现在还保留有毛泽东当年的一些作文,比如《救国图存论》、

《宋襄公论》等。这些文章都是以历史事实为依据,又能紧扣时代脉搏,做到有感而发,大都写得立意高远,气势非凡。毛泽东当时也因擅长写作被同学们誉为"文章魁首"。

当时,毛泽东并不把学习局限在课堂内,他经常从别处借阅书籍。有一次,他从表兄文运昌那里借来两种书刊,其中有几本是梁启超主编的《新民丛报》。毛泽东对《新民丛报》中的文章颇感新鲜,还把康有为、梁启超的有些文章背诵下来。通过这些报刊,毛泽东了解了康梁的维新思想。他对康梁非常崇拜,对于他们的文体也加以模仿。

当时东山学堂的一些保守的老师认为,康梁的书是"为洋鬼子说话的",不让学生看,对于模仿"康梁体"写作的文章更是大加贬斥。比如对于毛泽东用"康梁体"写的《救国图存论》一文,有位老师刚开始只给了20分。谭咏春读了该文后极为赞赏,他破例给毛泽东的这篇文章打了105分。他还向校长建议在课堂上讲授康梁的文章,让学生们学习"康梁体"的笔法。此后,东山学堂的文风更加活跃起来,毛泽东的许多文章都被批上"传观"二字,张贴在"揭示栏"上,成为其他学生学习的楷模。

谭咏春还结合课堂教学,向学生们介绍康梁的政治主张,培养学生关心天下大事,关心国家民族的前途命运。在谭咏春的引导下,毛泽东注意阅读各种书报杂志,尽力拓宽自己的知识面,主动把自己的学习和挽救民族危亡联系在一起,他还给自己取了一个"子任"的名字。

毛泽东在东山学堂读了半年书后,谭咏春见他成绩优异又胸怀大志,为了他能得到更好的发展,就和校长李元甫及另一位老师贺岚岗商量送他到湘乡驻省中学学习。一天,他向毛泽东谈了上述打算,毛泽东一方面同意老师们的计划,另一方面又谈了自己的一些顾虑(长沙没熟人怕进不了中学,另外家里无钱供自己等)。谭咏春对毛泽东说:"不要紧,我和几位先生推荐你去湘乡驻省中学就读,吃公费。"毛泽东听后非常高兴,连声向老师道谢。

1911年春,在谭咏春、李元甫、贺岚岗等老师的帮助下,毛泽东进入长沙湘乡驻省中学深造,到了一个更为广阔的天地。

新中国成立后,毛泽东托人多方打听谭咏春的下落,得知谭先生已经去世,十分惋惜。1950年5月,谭咏春的儿子谭世瑛给毛泽东写信,告知自己的生活情况。毛泽东于8月31日给他回信,对其生活困难情形表示同情,并寄去300万元(旧币)

钱，以示周济。

  1955年5月初，谭世瑛到汉口找谭政大将求治眼病未遇，便从汉口到北京求见毛泽东。毛泽东得知谭世瑛到了北京，派人把他接进中南海。老同学久别重逢，毛泽东十分高兴。在谈到自己在东山学堂的读书经历时，他对谭世瑛说："李元甫先生，贺岚岗先生，还有你父亲，都是热心的教育家，他们是爱惜人才的……没有他们，我进不了东山学堂，也到不了长沙，只怕还出不了韶山冲呢……在当时，他们能够这样关心一个学生，真是不容易呀！"

谭泮泉

毛泽东在湘乡驻省中学读书时的同学，两人过从甚密。1925年8月，毛泽东遭军阀赵恒惕围捕，在他的掩护下毛泽东得以脱险。

谭泮泉，1889年生，卒年不详。湖南省湘乡县人。1904年考入长沙湘乡驻省中学，是王季范的学生。1911年春，毛泽东从湘乡东山学堂转入湘乡驻省中学学习，与谭泮泉是同学。在长沙时，两人过从甚密。

1917年暑假期间，毛泽东住在长沙文运街巷内桔隐园。有一天，他在街上遇见了生计无着落的谭泮泉，便让谭泮泉到自己那里一起食宿。

1923年，他们又在长沙重逢。此时，谭泮泉在湖南私立平民女子职业学校（即后来的湖南民范女校）任教务主任。毛泽东经常出入平民女子职业学校，谭泮泉还请他讲授历史课。毛泽东借机对学生们宣讲革命的道理，引导他们进行反帝、反封建、反军阀的斗争。在此期间，毛泽东曾在长沙望麓园宁乡会馆宣传共产主义，谭泮泉组织学生一道去听讲。有一次，毛泽东领导长沙市泥木工人举行示威游行，谭泮泉也带领学生予以声援。

1925年8月，毛泽东回家乡韶山从事农民运动，遭到军阀赵恒惕围捕，韶山党组织事先得到情报，掩护他秘密转移到长沙。当晚，毛泽东就借宿在谭泮泉处。关于这件事，谭泮泉曾于1969年7月专门撰文回忆，他这样写道：

1925年一天的傍晚时分，毛主席身披一件黄色大衣，手拿提包，来到平民女校。见到我，他说："我今晚要和你借歇。"我说："行！"我把他带到教师宿舍。他问我："你睡哪一个床铺？"我指着厢房那边，主席将行李放在我的床上，低声道："赵恒惕要捉人，你莫说毛泽东来此。"我送他就寝后，心情很不平静，深恐他不安全，于是出来嘱咐传达室老工人和见到主席的学生，一定要保密，嘱咐完了，才回房和他同寝。翌晨，主席向我告别，我依依不舍，送他到乐古道巷口，远远地看着他走了。

就在毛主席走后的次日,我在局关祠墙上看到赵恒惕出的"赏榜",上载:"倘能生擒毛泽东,赏洋千元。"我回到学校,将"赏榜"念给葛母(葛建豪)听时,何胡子(何叔衡)正来校,向警予亦在旁。葛母说:"毛先生走了就好了!为革命,他真是饱经风霜。"在座的人均为毛主席脱险而感到欣慰。

此后,毛泽东装扮成商人模样,由韶山地下党负责人庞叔侃和工人骨干周振岳护送,由株洲经衡阳,南下到当时革命的中心广州。谭泮泉则继续留在长沙任教。后来,由于战事的阻隔,他们之间断了音讯,直到新中国成立后才恢复联系。

新中国成立后,谭泮泉曾任湖南文史馆馆员。

黎锦熙

毛泽东在湖南第四师范和第一师范时的历史老师,和毛泽东有长达60多年的历史之交。毛泽东对他非常敬重,尊称他为"邵西先生"。

黎锦熙(1890—1978),字邵西,号鹏庵,湖南省湘潭县晓雾镇石潭坝(今湘潭市湘潭县长塘乡)人,中国现代著名的语言学家。

黎锦熙从小就受到良好的教育,10岁参加家乡民间组织的"罗山诗社",1905年中秀才。1907年考入北京铁路专修科,后因该校失火被毁,返回到湖南。1909年,他又考入湖南优级师范高等学校,1912年从该校史地部毕业,被新任湖南督军谭延闿聘为秘书。一到职,黎锦熙便发现了衙门的复杂,于是坚辞不就。随后他主要从事报业活动,先后担任《长沙日报》、《湖南公报》、《湖南大公报》主编。

1913年,黎锦熙受聘到湖南省第四师范学校担任历史教师。1914年,湖南第四师范并入第一师范后,黎锦熙也转到"一师"任教。后来,他先后到北京高等师范、女子师大、北京大学、燕京大学等校任教。抗战时期,黎锦熙历任西北临大(联大)主任教授,西北师院教授、教务主任、院长及湖南大学文学院院长。

新中国成立后,黎锦熙任北京师大教授、系主任、校务委员会主席,全国政协一、二、五届委员,全国人大一、二届代表,中国文字改革委员会委员、常务理事会副主席,汉字整理委员会主任,中国大辞典编纂处总主任,中国科学院学部委员,九三学社中央常委等职。著有《新著国语文法》、《比较文法》、《国语运动史纲》、《国语新文学论》、《邵西诗存》等,主编有《汉语大辞典》。黎锦熙还是一位卓有成就的书法家,他留存下来的翰墨真迹,笔力遒劲秀拔,被人视为无价之宝。

毛泽东在长沙读书期间,与黎锦熙就有很深的交往。在四师时,毛泽东就读于预科一班,黎锦熙是他的历史老师。后来四师并入"一师",他们都到了"一师",经常在一起谈古论今,研究学问,探讨改造社会的方法。新中国成立后据黎锦熙回忆,毛泽东当年就表现出了不凡的胸襟,经常谈论的话题一是历史人物,如唐宗、宋祖、拿破仑、伊藤博文等人;二是治国平天下的道理,言谈之间不时流露出以天下为己任的气概。

黎锦熙在治学和做人方面,都曾给青年时期的毛泽东以重大影响。关于这一点,毛泽东在与黎锦熙的书信交往中曾多次提及。比如他在1915年11月9日给黎锦熙的信中说:"生平不见良师友,得吾兄恨晚,甚愿日日趋前请教。"他在1917年8月23日的信中说:"弟自得阁下,如婴儿之得慈母。"他在1920年6月7日的信中称赞黎锦熙"弘通广大,最所佩服"。

毛泽东对黎锦熙非常敬重,从这时起到新中国成立后,每一次信中都尊称黎锦熙为"邵西先生"。

1914年,黎锦熙与杨昌济、徐特立、方维夏等一起创办宏文图书编译社,并担任主任。该社以编中小学教科书、民众课本和介绍欧美的新书为主要任务,又附办《公言》杂志。黎锦熙和一些宏文书社同人住在长沙浏阳门正街李氏芋园。他们还共同发起组织了一个哲学研究小组,毛泽东和其他同学也经常去听讲和参加讨论。毛泽东还协助书社、杂志社做抄稿等工作。关于这一段时间毛泽东和黎锦熙的交往,黎锦熙曾写入日记。他在1915年4月至8月的日记中就有19次记录,他们谈论的内容涉及读书方法、在校研究科学之术、改造社会等方面。

1915年9月,黎锦熙应北京政府教育部之聘,任教育部教科书特约编纂员(后改编审员),兼文科主任。临行前两天,毛泽东和王季范、萧子升等人前去送行。黎锦熙在那天的日记中留下了"谈学颇久"的记载。在这之后,他们之间仍保持着书信联系。黎锦熙到达北京后,10月即托人带信给毛泽东,告知在京情况。当时袁世凯正在收买政客、招揽名士,准备复辟帝制。毛泽东担心黎锦熙被袁世凯拉拢,遂于11月9日致信黎锦熙,劝其不要为袁世凯所用。黎锦熙回信给毛泽东,解释他在北京专心发起国语运动,并未介入袁世凯复辟逆流。

从1915年到1920年,毛泽东和黎锦熙之间书信往来不断。黎锦熙把毛泽东在这期间给他写的6封信一直保存到新中国成立后。1953年,黎锦熙把它们作为毛泽东60岁的生日礼物送给毛泽东,毛泽东看了非常高兴,感谢他把这些信件保存下来,还特地请北京荣宝斋影印复制一大册,然后赠给黎锦熙作为留念。

在白色恐怖的年代里,黎锦熙还保存了毛泽东在湖南"一师"时的作文本、毛泽东主编的《湘江评论》、《新民学会会员通信集》以及毛泽东主持的"平民通讯社"

的通讯稿等珍贵文献。1919年7月至8月，毛泽东在长沙主编《湘江评论》，该杂志共出五期。从创刊号到第五期，毛泽东每期都给黎锦熙寄一份去。黎锦熙曾写信给毛泽东，称赞《湘江评论》办得很好。他将这些刊物一直珍藏着，在新中国成立后献给了中央档案馆。

1918年6月，毛泽东从湖南"一师"毕业。随后，他为组织湖南青年赴法勤工俭学到了北京。此时黎锦熙在北京师范大学任教，毛泽东常到他家做客，黎锦熙经常在生活上给他以照顾。1919年的春节，毛泽东就是在黎锦熙家过的。

1919年12月，湖南开展驱逐军阀张敬尧的运动，毛泽东率领湖南各界"驱张"代表团第二次来到北京。黎锦熙获悉，立即赶到毛泽东住地看望他。据黎锦熙后来回忆，毛泽东当时住在北京北长街99号福佑寺。在领导"驱张"斗争的同时，他还创办了以宣传社会主义为宗旨的"平民通讯社"。在那里，黎锦熙第一次见到《共产党宣言》，毛泽东还建议他精读这本书。

1920年1月，北京大学教授杨昌济逝世，毛泽东与蔡元培、杨度、章士钊、黎锦熙等29人联名在《北京大学日刊》发表启事，对杨昌济的逝世表示哀悼。2月19日为旧历除夕，毛泽东到黎锦熙家过年，并与黎锦熙讨论了"驱张"斗争和"文化运动方法"等问题。3月10日下午，毛泽东又前往黎锦熙住处长谈到深夜，讨论改造中国究竟应该选择哪一种社会主义的问题，黎锦熙主张中国的问题应该从"根本解决"下手。

在这之后，毛泽东离开北京到上海，他们之间虽然仍有书信联系，但却天各一方。

1938年，黎锦熙在陕西城固的西北师范学院任教。8月，毛泽东从延安寄赠《论持久战》一书给黎锦熙（他将此书一直珍藏到解放后）。当时黎锦熙也将自己的新著《建设的大众语文学》寄给了毛泽东。1948年底，黎锦熙拒绝了国民党方面延揽他到台湾的请求，留在北京。

北平解放后不久，毛泽东听说黎锦熙在北京师范大学任教，就于1949年6月17日驱车到黎锦熙的住所看望他，并宴请了黎锦熙等人。9月，黎锦熙当选为第一届全国政协委员、北京市各界代表大会代表，被指派为北京师范大学校务委员会主席。10月，黎锦熙受党中央、毛泽东之邀，参加了开国大典。同年，毛泽东还指定黎锦熙和吴玉章、范文澜、成仿吾、马叙伦、郭沫若、沈雁冰等7人组成"中国文字改革协会"，黎锦熙任常务理事会副主席、汉字整理委员会主任委员。那时，毛泽东还想请黎锦熙在政府部门担任一些实质性的职务,但黎以健康不佳为由婉言谢绝了。后来毛泽东了解到黎愿意潜心于教育和著述,也就不勉为其难了。

此后,毛泽东还几次接黎锦熙去中南海家中做客。有一次荷花盛开的时节,毛泽东还特意接黎锦熙前来同赏。1953年,毛泽东派人给黎锦熙送去不少礼物,并附信一封,信中有"黎锦熙委员:各兄弟民族先后敬献毛主席、周总理礼物一批,奉命分送给您"等字样,来人还转达了毛泽东的问候。

对黎锦熙的学术研究,毛泽东给予了充分的支持和肯定。1950年,黎锦熙出任中国大辞典编纂处主任,他曾致信毛泽东,就中国大辞典编纂处机构归属、人员编制以及辞书编辑事业应合理发展等方面的问题,提出了自己的意见。毛泽东很快回信予以肯定,并安排黎锦熙就有关事宜与胡乔木联系。工作之余,黎锦熙还认真学习毛泽东著作,并从语法方面进行研究。他写的《〈实践论〉语法图解》、《〈矛盾论〉语法图解分析》在1958年和1968年先后出版。

"文化大革命"中,黎锦熙受到了冲击,毛泽东和周恩来都曾指示要保护他。1972年,当他们得知黎锦熙居住条件较差时,特地过问他的住房问题,使他得以迁居到朝阳门内北小街一座四合院里,有了一个幽静舒适的环境。

1977年,在毛泽东逝世一周年之际,黎锦熙在《光明日报》上发表了《在峥嵘岁月中的伟大革命实践——回忆建党前夕毛主席在北京的部分革命活动》一文,文中表达了对毛泽东的深切怀念之情。

1978年3月27日,黎锦熙在北京逝世,享年88岁。